U0554482

图书在版编目（CIP）数据

2023年湖南发展研究报告 / 钟君主编；侯喜保，蔡建河副主编 . --北京：社会科学文献出版社，2023.10
ISBN 978-7-5228-2015-6

Ⅰ.①2… Ⅱ.①钟… ②侯… ③蔡… Ⅲ.①区域经济发展-研究报告-湖南-2023②社会发展-研究报告-湖南-2023 Ⅳ.①F127.64

中国国家版本馆 CIP 数据核字（2023）第111574号

2023年湖南发展研究报告

主　　编 / 钟　君
副 主 编 / 侯喜保　蔡建河

出 版 人 / 冀祥德
责任编辑 / 侯曦轩　陈　颖
责任印制 / 王京美

出　　版 / 社会科学文献出版社 · 皮书出版分社（010）59367127
地址：北京市北三环中路甲29号院华龙大厦　邮编：100029
网址：www.ssap.com.cn
发　　行 / 社会科学文献出版社（010）59367028
印　　装 / 天津千鹤文化传播有限公司

规　　格 / 开 本：787mm×1092mm　1/16
印 张：22　字 数：335千字
版　　次 / 2023年10月第1版　2023年10月第1次印刷
书　　号 / ISBN 978-7-5228-2015-6
定　　价 / 168.00元

读者服务电话：4008918866

版权所有 翻印必究

湖南省社会科学院
（湖南省人民政府发展研究中心）
湖南蓝皮书编辑委员会

主　任　钟　君

副主任　刘云波　汤建军　王佳林　侯喜保　蔡建河

编　委　唐文玉　左　宏　袁建四　李学文　郑　劲
　　　　刘　琪　周湘智　杨　畅

主　编　钟　君

副主编　侯喜保　蔡建河

《湖南蓝皮书·2023年湖南发展研究报告》

执行编辑　刘　琪　闫仲勇　张鹏飞

主要编撰者简介

钟　君　湖南省社会科学院（湖南省人民政府发展研究中心）党组书记、院长（主任），十三届省政协常委，研究员、博士生导师。国家“万人计划”青年拔尖人才、文化名家暨“四个一批”人才、国家“万人计划”哲学社会科学领军人才，享受国务院特殊津贴专家。曾担任中国社会科学院办公厅副主任、中国社会科学杂志社副总编辑、中国历史研究院副院长和中共永州市委常委、宣传部长，曾挂职担任内蒙古自治区党委宣传部副部长。主要研究领域为马克思主义大众化、中国特色社会主义、公共服务等。出版学术专著多部，在各类报刊发表论文、研究报告多篇，先后主持省部级课题多项，多次获省部级优秀科研成果奖励，曾获中国社会科学院优秀对策信息对策研究类特等奖。代表作为《马克思靠谱》《读懂中国优势》《中国特色社会主义政治价值研究》《社会之霾——当代中国社会风险的逻辑与现实》《公共服务蓝皮书》等，参与编写中组部干部学习教材。

侯喜保　湖南省社会科学院（湖南省人民政府发展研究中心）党组成员、副院长（副主任），在职研究生。历任岳阳市委政研室副主任、市政府研究室副主任、市委政研室主任，湖南省委政研室机关党委专职副书记、党群处处长，宁夏党建研究会专职秘书长（副厅级，挂职），湖南省第十一次党代会代表。主要研究领域为宏观政策、区域发展、产业经济等，先后主持“三大世界级产业集群建设研究”“促进市场主体高质量发展”“数字湖南建设”等重大课题研究，多篇文稿在《求是》《人民日报》《中国党政干部论坛》《红旗文稿》《中国组织人事报》《新湘评论》《湖南日报》等央省级刊物发表。

蔡建河　湖南省社会科学院（湖南省人民政府发展研究中心）二级巡视员。长期从事政策咨询研究工作，主要研究领域为宏观经济、产业经济与区域发展战略等。

前　言

2022年是党的二十大召开之年，也是我国踏上全面建设社会主义现代化国家、向第二个百年奋斗目标进军新征程的开局之年。这一年，在湖南省委、省政府的正确领导下，湖南省社会科学院（湖南省人民政府发展研究中心）坚持以习近平新时代中国特色社会主义思想为指导，全面贯彻落实党的二十大精神，认真贯彻习近平总书记关于湖南工作的重要讲话和指示批示精神，全面落实"三高四新"美好蓝图，紧紧围绕湖南经济社会发展的重大问题，充分发挥中国特色新型智库功能，不断加强政策研究、政策解读和政策评估工作，积极为省委、省政府提供高质量的智库成果，为全面建设社会主义现代化新湖南提供有益借鉴和智力支持。总体来看，过去一年，院（中心）智库建设和政策咨询工作实现了跨越式发展，主要呈现以下几个亮点。

一　宣传贯彻党的二十大精神有力有效

党的二十大召开前夕，院（中心）发布重大研究成果《在习近平总书记的指引下"闯""创""干"——新时代坚持和发展中国特色社会主义的湖南篇章》，在中央"三报"、湖南省"一报一刊"刊登《不断开辟马克思主义中国化时代化新境界》《深刻认识新时代十年伟大变革的里程碑意义》等理论阐释文章23篇。党的二十大胜利闭幕后，推出《增强中国文明历史研究的自觉与自信》《构建中国式现代文论新体系 铸就社会主义文化新辉煌》《加快构建新发展格局 着力推动湖南高质量发展》等理论文章13篇。2位省委宣讲团成员赴市（州）和省直单位开展10场宣讲。积极在省内外主流媒体发声，在湖南卫视开设《钟君读报告》专栏。受邀策划《思想耀江山》《思想的旅程》年度重点理论节目并担任访谈嘉宾，在社会各界引起广泛关注。在《求索》《毛泽东研究》等重要学术阵地开辟研究阐释党的二十大精神专题专栏。

二　制度平台建设更加规范高效

院（中心）智库建设始终坚持党建引领，将党的创新理论贯彻落实到智库建设的全过程，推动智库制度建设取得重大进展。落实《国家社会科学基金项目资金管理办法》，优化了院（中心）纵向课题经费预算和管理办法；出台院（中心）《集中调研办法》，修订完善院（中心）《科研管理办法》和《哲学社会科学创新工程实施方案》。落实中央加强哲学社会科学实验室建设要求，率先在全省推动建设“决策风险预警与模拟推演实验室”，着力破解湖南经济社会前瞻性、综合性、复杂性决策难题，精准做好战略性、前瞻性、综合性、复杂性决策支持研究，为省委省政府提供更高水平、更加精准、更务实管用的政策评估与决策支持。

三　建言资政服务更加精准有力

建立双周智库选题机制，紧紧围绕省委省政府重大决策部署，聚焦贯彻落实党的二十大报告、推动实现“三高四新”美好蓝图等重点、难点、热点问题，组织召开5期双周智库选题策划会，共策划100余个选题开展研究。2022年累计完成决策咨询报告180余篇，获副省级以上领导肯定性批示140人次。其中国家领导人肯定性批示1次，省委书记、省长肯定性批示26次。多篇报告印发全省学习参考，资政成果刊发数量、批示频次与转化效果均创历史新高，特别是《专家建议将异种胰岛移植作为我国开辟发展的新领域新赛道》获得国务院副总理肯定性批示；《全省人才工作调研报告》等13项智库成果进入省委省政府决策。完成省领导交办课题31项，完成多项省直部门及地方党委政府委托课题任务，院（中心）作为省委省政府核心智库的地位日益凸显。

四　重大政策评估更加务实有效

2022年，院（中心）围绕重大改革方案、重大决策事项、重大政策实施效果等，开展了一系列重大政策评估，为省委省政府决策提供了有力的支撑。组织完成了《湖南省湘江保护和治理三个“三年行动计划”实施效果评估报告》《加强乡村教师队伍建设，促进教育优质均衡发展——对〈关于加强乡村教师队伍建设的意见〉的政策评估》《〈湖南省人民政府关于加快推进农业机械化和农机装备产业转型升级的实施意见〉政策实施效果评估报告》《〈加快推进中国（湖南）自由贸易试验区高质量发展的若干意见〉实施效果评估报告》《2022年湖南县域金融生态评估报告》《〈湖南省人民政府关于健康湖南行动的实施意见〉实施效果评估报告》等10余项湖南省委、省政府出台的重大政策文件的评估报告。例如，院（中心）联合中国人民银行长沙中心支行、湖南省金融监管局、湖南省银保监局等部门，对全省86个县（市）的县域金融生态进行了评估，形成《2022年湖南县域金融生态评估报告》，获多位省领导的肯定性批示。

五　智库交流合作更加广泛深入

2022年，为进一步推进国务院发展研究中心与湖南省人民政府战略合作协议落实，确定并挂牌长沙高新区、株洲高新区、宁乡经开区、岳麓山大学科技城等18个单位（县市）作为首批基层调研基地。先后与长沙海关、国网湖南省电力公司、湖南省地质院等部门签订战略合作框架协议，在共建研究平台、共享研究成果、共商课题研究、共建合作基地等方面开展合作，汇智聚力，共谋发展，实现了“引进来”和“走出去”的高度融合。新设立“湖南省党建研究会人才研究专委会”“长株潭都市圈发展智库”等新型智库平台，智库“朋友圈”进一步扩大。承办全国社会科学院系统首届习近平新时代中国特色社会主义思想论坛，来自社科院系统和部分高校的专家学者 100 余人出席会议。

由于篇幅所限，本书只选编了院（中心）完成的部分研究成果，主要包括得到省领导批示肯定、产生了较好社会反响、适宜公开发表的报告，书中各篇报告中引用数据除已注明来源的以外，均来自各级各类统计年鉴。本书研究成果集中体现了院（中心）智库研究的特点。一是以高质量党建引领新型智库建设。我们始终坚持以习近平新时代中国特色社会主义思想为指导，深入贯彻落实党的二十大精神，深入研究新时代重大理论和现实问题，将党的创新理论贯彻落实到决策咨询研究工作全过程各方面。二是聚焦服务全省重点工作开展研究。坚持问题导向，围绕“一带一部”、“三个高地”建设、乡村振兴、文旅融合、社会民生等方面的重点、难点、热点问题，深入开展全局性、战略性、前瞻性、针对性研究。三是扎根基层开展调研。组织集中调研活动并开展论文评比，鼓励和引导院（中心）研究人员深入基层、深入园区企业、深入田间地头，扎扎实实开展调研，使调研成果反映的问题更精准，提出的政策建议更具针对性和可操作性。

2023 年是全面贯彻落实党的二十大精神的开局之年。新的一年，院（中心）将坚持以习近平新时代中国特色社会主义思想为指导，深刻领悟“两个确立”的决定性意义，增强“四个意识”、坚定“四个自信”、做到“两个维护”，全面落实全国、全省宣传部长会议，省“两会”等精神，围绕学习宣传贯彻党的二十大精神工作主线，完整、准确、全面贯彻新发展理念，服务和融入新发展格局，全力推进“三高四新”美好蓝图变为现实，着力加强新型智库建设，着力推进改革创新，着力深化全面从严治党，为全面建设社会主义现代化新湖南贡献哲学社会科学力量。

目　录

I　打造国家重要先进制造业高地

II　打造具有核心竞争力的科技创新高地

Ⅲ　打造内陆地区改革开放高地

Ⅳ　区域经济发展

Ⅴ　乡村振兴

Ⅵ　文旅融合

Ⅶ 政策评估

打造国家重要先进制造业高地

国内外复杂形势背景下湖南工业稳增长的现实挑战与对策建议

湖南省社会科学院课题组*

当前中国经济发展面临需求收缩、供给冲击、预期转弱三重压力，新冠疫情防控形势依然严峻复杂，俄乌冲突持续发酵，全球产业分工在地缘政治博弈、贸易规则扭曲影响下正在发生深刻改变，外部不确定性增加。世界经济发展的经验表明，工业在推动经济增长、带动产业升级、应对系统冲击、促进科技创新等方面的关键角色不可替代。实现经济“稳字当头，稳中求进”目标，需要工业发挥稳增长的核心支撑作用。2021 年及 2022 年第一季度，湖南工业表现出强劲发展韧性，为全省经济稳定发展奠定了坚实基础，但三重压力与外部环境变化加大了湖南工业经济下行风险，存在企业成本上涨、利润萎缩、市场疲软、需求不足、关键零部件供应紧张、部分原材料价格大幅上升等突出问题，大而不强、全而不优、结构失衡等深层次矛盾和问题亟待解决。国家陆续推出系列重大举措，全面加强基础设施建设，构建现

* 课题组组长：钟君，湖南省社会科学院党组书记、院长。课题组成员：邓子纲、陈旺民、周海燕，湖南省社会科学院研究人员。

代化基础设施体系，加快建设全国统一大市场，实施降准释放5300亿元，将进一步增强市场信心、稳定发展预期。只要坚定信心、鼓足干劲、超前谋划、靠前发力，就能把握时机扭转不利局面，以工业稳增长稳住全省经济稳增长大局，以一域之光为全局添彩。

一　工业发挥稳增长压舱石关键作用，但仍凸显“四大问题”

2022年第一季度，湖南省规模工业增加值增长了39.5%，比2020~2021年两年平均增速高2.9个百分点，比全省6.0%的地区生产总值增速高3.5个百分点，84.6%的工业子行业增加值实现同比增长，出口增长12.1%，其中工业出口占比98%。工业相对其他行业，表现出更强的发展韧性和更快、更持久的恢复增长，充分显现其对稳定经济增长的关键作用。尽管湖南采取了一系列行之有效的纾困举措，但由于内外部环境变化的持续冲击，仍存在制约工业经济稳定发展的四大问题。

1. 企业成本上升、利润下降，部分行业困难显现

受货物通关效率大幅下降、国际运输运价上涨等不利因素影响，企业成本压力加大，全省工业生产者购进价格和出厂价格涨幅分别达到9.1%、5.5%，上下游价格剪刀差比2021年全年扩大1.4个百分点，企业利润空间同比大幅萎缩。2022年1~2月，全省规模工业实现利润313.86亿元，同比下降0.6%，比全国平均增速低5.6个百分点；营业收入利润率为5.40%，同比下降0.89个百分点。其中，装备制造业实现利润67.72亿元，下降18.3%；营业收入利润率同比下降1.56个百分点。

2. 市场疲软、需求不足，部分关联指标相对疲弱

新冠疫情导致消费意愿不强，汽车、工程机械等商品销售放缓，订单不足，需求周期性下行。2022年第一季度全国挖掘机销量下降16.3%，其中国内销量下降37.6%。占全省限额以上批发零售企业29%的汽车类商品零售额增长5.0%，比2020~2021年两年平均增速低1.7个百分点，其中传统

汽车零售额仅增长 1.7%，新能源汽车销售也后劲不足。2022 年第一季度全省工程机械产值、销售同比下降，长沙经开区工程机械产值一季度同比下降 12.1%，规模工业收入同比减少 6.3%。

3. 关键零部件供应不稳，部分原材料价格大幅上涨

电子信息行业企业 IC 芯片供应紧张，价格居高不下，部分高端产品芯片及新能源电池原材料碳酸锂等价格上涨 10 倍以上。受限于关键芯片及核心零部件供应，新能源汽车产能难以释放。长沙高新区天际汽车等企业因缺芯等面临停产。煤炭、钢材、铝材等均不同程度涨价，供应链不畅，导致已建成可量产的广汽菲克等项目只能待量产。

4. 工业物流不畅，“缺柜”“缺工”不同程度存在

因新冠疫情防控措施趋紧，人流物流受阻明显，出海货柜、中欧班列等国际运输运价上涨，中欧班列运价上涨了 10%左右，国内物流成本上涨 20%~30%，企业物流成本大幅攀升。企业用工成本提升，高端人才、技术人才紧缺问题较普遍。邵阳、常德、岳阳等地经开区普遍反映三四线城市对高科技人才缺乏吸引力，技术工种、复合型人才紧缺，用工需求无法满足。

二　精准研判、科学应对工业稳增长面临的“五大冲击”

1. 受新冠疫情反复冲击，湖南工业物流及产业链供应链安全受到持续影响

一方面，新冠疫情导致全球产业链供应链重构，湖南外向型工业企业生产订单减少。全球工业品市场集中度呈现上升的趋势，不少国家为保障本国产业链供应链安全，选择把生产活动和供应链环节配置到更易掌控的本土或周边国家，进而使国际生产体系中出现更多较短的价值链并呈现更为集中的地域分布，造成湖南部分外向型工业企业失去合作伙伴。不少中小企业停工停业，生产进度变慢，原材料等供应链供给脱节，订单被动延后执行，难以发挥“船小好掉头”的优势。另一方面，新冠疫情冲击物流，影响湖南工

业企业原材料采购及企业货物外发，企业“等不起”“耗不起”。新冠疫情导致海运周期延长50%~100%，物流外发不畅，库存高企现象急剧增加。至乌克兰的中欧班列停运，部分企业只能转道第三方国家出口欧洲市场。相关企业取消陆运订单改走航运，缺柜、缺船等运力替代问题加剧，高达84%的中小企业受到新冠疫情对其生产经营活动产生的不良影响。

2. 受俄乌冲突冲击，国际大宗商品和原材料供应成本大幅攀升造成叠加影响

能源矿产等大宗商品和其他工业原材料的定价机制及其价格持续大幅走高的趋势，对湖南生产消费、出口成本控制以及进口贸易条件产生诸多不利影响。一方面，湖南工业生产成本上升，利润下降。工业生产者购进生产资料价格同比上涨11.2%，已连续15个月高于出厂价格涨幅。利润普遍微薄的加工制造企业，尤其是外贸企业，原材料价格拉升、煤油电气供应偏紧、人民币升值等因素严重挤压企业利润空间。车载芯片、风电装机材料等原材料价格猛涨，天然气等能源成本价格倒挂严重，部分企业出现“越生产越亏损”的现象。另一方面，产业链传导机制影响下游产业发展。受油价攀升影响的高端化学材料涨价，导致日本等国家和地区光刻胶产能不足、供给不稳，已影响到湖南相关产业的下游产能。矿产品等大宗商品和工业原材料的价格快速大幅攀升，俄乌冲突加剧了这一趋势。国际能源、矿产等全球大宗商品供应由发达国家大矿业集团及金融资本操控的利益格局短期内难以转变，铜、镍、钴、锂、铂等重要矿产资源对外依存度高，进口来源集中，在地缘冲突、产能周期和资本炒作等因素叠加影响下，短缺风险上升。

3. 受美联储加息冲击，湖南工业投资动能变弱、工业产品消费需求不旺

一方面，需求普遍收缩，湖南工业产品消费不足。2022年第一季度，湖南工业产品销售率为96.65%，比上年同期下降1.49个百分点，特别是外商及港澳台商投资企业工业产品销售率比上年同期下降6.58个百分点。另一方面，工业投资变弱，制造业发展不景气。2022年1月、2月湖南制造业PMI分别为48.5%、49.4%，低于临界点和全国指数。实质性开工项目占比较少，一些园区新开工重大项目为零、实际到位内资为零。2022年第一季

度市场主体注销量与上年同比增幅较大，侧面反映民营企业投资信心不足。国际市场对中国外贸订单依赖减弱，海外供需缺口收敛，形成分散替代效应。2022 年工业出口形势较为严峻，或面临出口景气拐点，减弱对工业增长的支撑作用。

4. 受美国科技封锁和产业打压冲击，湖南工业技术革新遭遇“卡脖子”

近年来，美国等西方发达国家采取“长臂管辖”“去中国化”等“卡脖子”行径，放大了芯片、工业软件等国内产业短板的海外供应风险，给湖南工程机械、工业母机、生物医药、人工智能、数据安全等资本和技术密集型战略新兴产业及相关市场主体造成严重困扰。如湖南第一大产业集群工程机械，其高端液压件、高端发动机、电控系统等三大关键零部件受制于国外，研发所需的软硬件设施对外依赖程度高达 70%，维护产业链供应链长期安全稳定的国际环境仍不容乐观。由于国际分工锁定的技术地位，部分技术领域仍需执行国外技术标准，依靠技术引进推动产业结构优化的传统路径将遇到巨大挑战，加大产业链面临的安全风险。

5. 受数字化转型及双碳目标冲击，湖南数字、绿色发展面临挑战

数字化转型是产业升级演进并持续深化的重大变革和重要趋势。受限于基础支撑能力、技术供给、人才储备等核心要素保障水平，湖南在制造业生产设备数字化率、工业设备联网率、关键工序数控率等制造业数字化转型评价指标方面低于全国平均水平，制造业生产设备数字化率为 48.4%，比全国平均水平低 2.9 个百分点，比江苏、北京、浙江、山东、天津、上海、海南等省份低 6.7 个百分点以上，与发达省份在推进制造业数字化转型方面的水平还存在较大差距，点状、局部的数字化转型改进已难以满足智能制造对工业生产环境和产业生态全过程颠覆性重构的要求。同时，截至 2021 年底，湖南的化石能源消费超过 80%，根据国家双碳“3060”强制性约束目标，湖南产业需转型升级实现绿色发展，改变湖南化石能源消费比重偏高的结构。到 2030 年，湖南非化石能源消费比重达到 25%左右，二氧化碳排放量达到峰值并实现稳中有降。到 2060 年，非化石能源消费比重达到 80%以上，碳中和目标顺利实现。要实现这一目

标，产业结构亟须做大的调整，局部绿色化转型和修修补补式改造难以实现“双碳”目标与工业稳增长的有效平衡。

三 “六大举措”推动湖南工业“强筋骨”、防风险、稳增长

湖南要始终坚持以习近平新时代中国特色社会主义思想为指引，全面落实“三高四新”战略定位和使命任务，围绕“三大支撑八项重点”工作，毫不动摇坚持以工业发展作为稳增长第一推动力，协同推进六大举措，以优异成绩迎接党的二十大顺利召开。

1. 把握建设全国统一市场的重大机遇，强化物流畅通与生产要素保障

一是“破立并举”破除市场壁垒。在“破”的方面，建议加强湖南与粤港澳大湾区、长江经济带、京津冀及成渝地区双城经济圈间产业转移项目协调合作，建立重大问题协调解决机制，着力推进湖南工程机械、轨道交通、中小航空发动机、生物医药、电子信息等优势产业的产品在全国建立销售网络，打破省际市场分割，打通省域流通关键“堵点”；在“立”的方面，利用建设全国统一市场的重大机遇，建立健全湖南优势产业集群所需高端人才、关键技术、先进管理方式的引入机制，推动优势产业由“大”变“强”。二是“内外兼修”强化要素保障。按照比较优势原则在全省进行产业布局和分工协调，充分调动各市县政府、园区组织的积极性，千方百计加强技术、资金、人才等要素保障。聚焦关键核心技术攻关，加快形成具有核心竞争力的国家战略科技力量和科技创新高地。要在巩固本省人才资源的基础上，面向全国主要劳务输出地吸引吸纳人才，为服务园区和重点企业提供用工保障。积极推广银税、银保、政银担等合作互动模式，持续开展“百行进万企”融资对接活动，健全制造业融资“白名单”制度，引导金融机构为“白名单”企业定制差别化融资方案，提升融资效率。三是“五路联动”畅通物流通道。加快推进空铁水陆航五大物流通道建设，打通以怀化为中心的西部陆海新通道，形成以长沙为中心、以岳阳为桥头堡的水运枢纽

网，实现江海联运、水铁联运，把长株潭、大湘南、大湘西等纵深区域与长江经济带有机结合，加大民用小型支线机场和通航设施建设，形成内联外畅、通江达海、物畅其流的综合交通运输体系，发挥区位优势和“一带一部”枢纽作用。

2. 树立底线思维，多措并举稳定工业产业链供应链和原材料保障

一是坚持“融入合作”，稳定关键零部件供应链。建议建立产业链供应链重大情况应急协调机制，借鉴浙江建立保供类企业“白名单”做法，设立湖南工业和信息化领域保运转重点企业“白名单”，集中资源优先保障装备制造等重点行业关键零部件供应。大力支持龙头企业开展跨地区战略合作，加强第三方市场合作，有效对接和利用全球资源，推动境外投资向研产销全链条拓展，鼓励领航企业积极在全球布局研发设计中心，支持企业在全球投资布局供应链管理中心，加速融入全球供应链、价值链和创新链。二是坚持“政策护航”，稳定工业原材料供应。建议省委、省政府出台政策，支持具备资源条件、符合生态环保要求的铁、铜等矿产开发项目，以“央省”合作模式，加大矿产研发投入，将不可再生资源变为可再生资产，避免矿产贱卖，推动资源综合利用，提高资源附加值。要加强与能源富余省份对接，加快“宁电入湘”建设步伐，攻关核心技术、共商利益分配机制，提高能源长期合同履约水平，提升能源、电力、用水保供能力。做好国际国内铁矿石、能源等大宗原材料价格监测和预警预判，指导企业通过远期合同、套期保值等金融工具，规避大宗商品价格波动风险。严格执行国家价格调控有关政策，强化市场监管执法，维护市场秩序，增强原材料产品供给稳价能力。三是坚持“纾困解难”，加快推进复工复产。在做好新冠疫情防控的同时，优先保障恢复在全球供应链中有重要影响的龙头企业和关键环节的生产供应，帮助解决原材料、资金、运力、用工等困难，通过提高预留中小企业份额、提高政府采购预付款比例、降低政府采购合同履约保证金比例等政府采购举措，帮助供应链核心企业稳定市场预期。要关注“专精特新”等小微企业发展，加强纾危扶困，稳定市场主体。对全省 1300 家小巨人企业尤其是其中的 10 家全国首批“专精特新”小巨人企业，应采取“一企一策”

“一事一议”方式精准施策、定向服务，给予水电气补贴，提供信贷金融支持，通过引导企业交叉持股等方式形成多层级、多元化市场主体支撑，大中小企业集聚发展的开放包容、充满活力的工业生态系统，抱团对冲不利影响，确保这些企业在新冠疫情过后仍能发挥全球产业链难以替代的纽带作用。

3. 加快项目开工与制造业平台建设，保障稳定扩大工业有效投资

一是按照“三个一批”，加快工业项目开工。按照“一项一策”原则，统筹推动一批因新冠疫情进展缓慢的省重点产业投资项目加快推进，新增安排一批省重点项目开工建设，滚动实施一批省市县长项目开工。建议省发改委会同有关部门制定省重点项目调度督查机制，定期调度解决重点项目实施中存在的问题，抓好招商引资和项目落地，确保重点项目多开工、早开工。二是立足“三大转向”，加快大、小、新基建建设。协同推进大、小、新基建建设，推动投资重点由传统的铁、公、机、水等大基建向基建智能化、绿色化转变，向城市水电燃气改建、老旧小区改造、城市管网改建项目等小基建转变，向新经济相关的基础投入，5G 网络建设，新能源相关的光伏、风能、氢能源等新基建转变，进一步扩大多主体有效投资，优化基础设施布局、结构、功能和发展模式，加快构建现代化基础设施体系。三是打造“三个平台”，提升工业智能化水平。加快推进工程机械、高端装备、轨道交通、陶瓷轻工、电力能源等行业的工业互联网应用平台建设及运用。全面整合云计算、物联网、移动互联网以及创新设计与协同制造等技术，加快湖南工业企业尤其是中小制造业企业提供产品创新的服务平台建设。通过技术孵化做大产业集群，加快国家先进轨道交通装备等制造业创新中心为核心节点的创新平台建设。

4. 促进工业品出口量稳质升，优化全球布局与扩大利用外资

一是加强“双区联动”，推进工业稳出口。通过政策引导，充分发挥自贸试验区、湘江新区的产业优势和制度优势，吸引外商投资高端制造和高新技术项目、现代服务业项目、重大基础设施项目等，探索建立国际产业开发园区、国际合作园区和国际社区，鼓励跨国公司在湘设立第二总部、区域性总部、功能型总部。二是发挥“伙伴力量”，吸引外资直接投资。充分利用

RCEP国家之间的产业互补性，发挥湖南产业优势，聚焦新能源、装备制造、汽车、生物医药、数字经济等产业领域，进一步营造更有利于RCEP产业投资合作的营商环境，与RCEP成员国在资本、技术、项目等方面实现更广泛的深度合作，大力引进产业链头部企业来湘投资，逐步完善产业链布局，确立湖南制造在RCEP协作中的领先地位，提高制造业对外开放水平。三是坚持“统筹兼顾”，稳定工业出口。统筹新冠疫情防控和供应链安全畅通，坚持“一断三不断”，确保供应链产业链安全稳定，保持供应链体系的安全畅通、高效运转。统筹国际、国内两个循环，把握“一带一路”及周边国家基础设施互联互通、非洲“三网一化”、东盟和拉美地区重大基础设施建设等投资发展机会。统筹产品服务质量提升和品牌宣传推广，在创新技术提升质量的同时，充分发挥商业协会的纽带作用，宣传湖南优质品牌和产品形象，帮助外方客观评价国内新冠疫情和厂商生产状态，增强与湖南企业合作的信心。

5. 推动绿色数字化转型发展，推进工业产业结构调整与转型升级

一是坚持“智能融合”，推动数字化转型。优化工业投资结构，引导投向大数据产业、数字经济、绿色技术产业、环保产业，在已有数字化基础设施规模化部署基础上，重点建设工业算力系统，加快推动5G+工业互联网融合在中小微企业的应用，不断激发湖南工业发展新动能。二是坚持“双碳发展”，推动绿色化转型。加强工业绿色技术的研发创新和推广应用，强化工业绿色低碳发展的制度保障，分行业、分地区科学有序地推进工业碳达峰、推动传统产业绿色低碳发展，壮大发展绿色低碳产业。三是坚持“转型升级”，促进高质量发展。加快绿色低碳基础数据平台建设，强化数字化赋能，实施“工业互联网+绿色制造”行动，全面推进工业领域数字化、智慧化、绿色化、融合化发展。把握全球汽车产业“电动化、智能化、网联化”变革机遇，加强车规级芯片、车用传感器、车载操作系统、智能底盘、新一代车身、自动驾驶智能控制系统等技术研究攻关，推动汽车产业与能源、交通等产业的深度融合，提升新能源及智能网联汽车的普及率，实现绿色低碳发展。

6. 优化营商环境，打响“马上就办”的营商环境品牌

一是推进政务服务提优行动。加强企业开办标准化规范化建设，提升政务服务水平，优化纳税服务，推进跨境贸易便利化。二是推进项目审批提速行动。深化工程建设项目审批制度改革，提升获得水电气服务水平，提高不动产登记效率。三是推进经营成本减负行动。加强企业信贷支持，加强企业用工保障，强化惠企政策落实。四是推进市场环境提质行动。优化政府采购环境，促进招标投标公平，完善市场监管机制，推进包容普惠创新。五是推进权益保护提标行动。加大中小投资者保护力度，加强知识产权创造、保护和运用，提高合同执行效率，优化企业破产程序和配套机制。

参考文献

中国社会科学院工业经济研究所课题组、史丹：《工业稳增长：国际经验、现实挑战与政策导向》，《中国工业经济》2022 年第 2 期。

李晓华：《工业经济为稳增长提供有力支撑》，《财经界》2022 年第 22 期。

贺仁龙：《防疫情　稳增长　工业互联网加速制造业转型升级》，《上海信息化》2020 年第 9 期。

刘世磊、张凯、陈致达：《我国区域工业经济运行情况分析》，《中国国情国力》2022 年第 8 期。

史丹：《我国工业稳定发展的长期态势不会变》，《智慧中国》2022 年第 6 期。

周琦：《疫情反复、经济承压　数字经济能否扛起“稳增长”的大旗》，《中国经济周刊》2022 年第 9 期。

湖南发展电力储能的对策研究

湖南省社会科学院（湖南省人民政府发展研究中心）调研组*

党的二十大报告指出，要加快规划建设新型能源体系，加强能源产供储销体系建设。继 2021 年冬季用电紧张后，2022 年夏天湖南省电力系统又经历了 4043 万千瓦历史最大负荷的考验，在这场全力保障电网安全运行和电力可靠供应的战役中，为电网调峰和提升保供能力发挥了不容忽视的作用。尤其是在“双碳”背景下，发展电力储能已经成为深入推进能源革命的重要手段和构建新型能源体系的重要支撑，是保障全省能源电力供应安全、促进可再生能源大规模高比例发展的必然选择。

一　加快发展电力储能是形势所需

随着湖南能源结构向清洁化、低碳化转型，以及城镇化、电气化进程不断推进，电力系统“双峰”“双高”（夏、冬季负荷高峰；高比例可再生能源、高比例电力电子装备）特性明显，灵活性资源不足问题凸显，发展电力储能是形势所需。

1. 发展电力储能是湖南电力可靠供应的保障

湖南一次能源资源严重匮乏，整体处于全国能源流向末端，能源对外依存度高达 80%，基础支撑电源占比偏低，电力系统调节能力不足。一是具有稳定器作用的火电占比偏低，2021 年湖南省火电装机占比仅为 45%，比

* 调研组组长：钟君，湖南省社会科学院（湖南省人民政府发展研究中心）党组书记、院长（主任）。调研组副组长：侯喜保，湖南省社会科学院（湖南省人民政府发展研究中心）党组成员、副院长（副主任）；蔡建河，湖南省社会科学院（湖南省人民政府发展研究中心）二级巡视员。调研组成员：左宏、刘琪、戴丹、侯灵艺，湖南省社会科学院（湖南省人民政府发展研究中心）研究人员。

全国平均水平约低 10 个百分点；二是水电基本开发殆尽，开发率达 95%以上，且近 80%为不具备调节能力的径流式水电站，枯水期出力不足装机的 50%；三是新能源装机快速提升，但出力不足，且消纳形势相对严峻，尤其是在“风雨同期”的天气状况下，弃风现象频发。随着经济社会发展，湖南用电负荷快速增长，电力供需形势愈趋严峻，预计“十四五”期间最大电力缺口将达 1000 万千瓦，全省将面临大面积缺电。发展电力储能相当于在电力系统中配置大型“充电宝”，可以在用电紧缺时段提供有效电力支撑，极大缓解电力供应能力不足问题，保障湖南能源电力安全。

2. 发展电力储能是电网调峰和促进新能源消纳的关键

湖南工业用电占比低（低于全国平均水平 15 个百分点）、居民生活用电占比高（高于全国平均水平 12 个百分点），导致用电负荷波动大，最大日峰谷差率接近 60%，位于全国第一，且峰谷差率呈逐年扩大趋势，电网调峰和运行难度较大。而湖南新能源发电高峰与用电负荷高峰存在明显时间错位[①]，新能源这种反调峰特性，进一步加大了电网调峰压力。截至 2021 年底，湖南新能源装机达 1250 万千瓦，超过电源总装机的 23%，预计到 2035 年，新能源装机年均新增将接近 100 万千瓦，在电源总装机中的占比将接近 30%，“十四五”及以后新能源开发潜力和消纳能力矛盾会更加凸显，大量弃风、弃光难以避免。发展储能技术，可以在用电低谷时段将原本不能消纳的“弃风”“弃光”存储起来，在用电高峰时段释放，极大提高系统调峰能力，提升新能源利用效率，促进湖南能源清洁转型。

3. 湖南在电力储能主流领域具备发展优势

无论是全球或是我国，现阶段主流的储能方式有两种，一是抽水储能，二是以电化学储能为主的新型储能，两种方式具有一定互补性[②]。湖南在这

---

① 用电负荷高峰一般在中午 12：00 和晚上 19：00 左右，风电发电高峰一般在凌晨，刚好是用电负荷低谷期，光伏发电高峰一般在下午 14：00~15：00，刚好是用电负荷次低谷期。

② 从原理特性角度分析，抽蓄单站体量大，并网电压等级为 500 千伏段，适合用于主干电网计划调峰；电化学储能配置灵活，可实现秒级响应，并网电压等级为 220 千伏及以下，适合用于精准调峰和电网一、二次调频，两种方式在调节能力、响应速度、建设条件、建设规模等方面具有一定互补性。

两个领域均具备优势。从抽水储能来看，湖南多属丘陵地貌，水资源丰富，具备建设抽水蓄能电站的优越条件。根据国网湖南公司调研，湖南抽蓄资源居全国前三，具备大规模开发条件。从电化学储能来看，湖南初步形成了“前驱体→正负极材料、电解液、隔膜→电芯制造与组装→储能电池终端应用→回收再利用”的纵向完整链条，是国内产业链条最完备的先进储能产业集聚区之一；产业结构和产品具有优势，正负极材料、隔膜、电解液的技术水平、研发能力和产能居全国前列，并且拥有被誉为中国储能材料产业的“黄埔军校”之称的中南大学冶金工程学科；在应用方面，湖南省电力公司已建成多个储能电站，装机规模已达 12 万千瓦，在建规模达 12 万千瓦，储能装机规模位于全国前列。

4. 双碳背景下发展电力储能迎来历史机遇期

随着“双碳”战略及构建“新型电力系统”目标提出，市场对电力储能的需求越来越大，政策推动的力度不断增强，电力储能发展正迎来历史机遇期。国家层面，继 2017 年《关于促进储能技术与产业发展的指导意见》出台后，又先后发布了《抽水蓄能中长期发展规划（2021—2035 年）》和《关于加快推动新型储能发展的指导意见》，成为“十四五”期间储能发展的指导纲领；在顶层文件指引下，多部委密集出台各类政策，包括行业管理规范、储能价格机制探索、市场机制建立、科技创新规划等。地方层面，储能政策更是密集出台，仅 2022 年 6 月，地方性储能政策就发布了 48 条，主要涉及储能补贴、储能装机规划、储能设施建设等方面，进一步加快了行业发展步伐。

二　湖南发展电力储能还面临若干难点

湖南是国内电力储能起步较早的区域之一，经过多年的发展取得了一定的成效，但也存在一些问题和难点。

1. 湖南电力储能建设与需求有待进一步匹配

总体来说，湖南储能建设规模、布局、时序与实际需求不匹配，发展较为滞后。新能源配套储能普遍滞后于本体工程，业主投资建设积极性不足，且建设主体多元导致标准不统一，建设水平参差不齐，质量管控困难。抽水储能与实际需求不匹配，全省仅建成投产1座抽水储能电站（2010年建成装机120万千瓦的黑麋峰抽水蓄能电站），此后十年无新增产能，而新能源装机占比却从0.9%提升到25.2%。截至2022年6月底，湖南纳入国家中长期规划的抽水蓄能项目有18个，居全国第二位，根据规划到2030年全省抽蓄装机要达到2000万千瓦，也就是未来8年要新增15倍装机容量，再考虑到抽水储能建设周期长、投资规模大的现实难题，可谓是时间紧任务重。

2. 湖南电力储能产业发展层次有待提高

湖南的电化学储能材料虽然品种齐全，但规模化电池储能高科技、高附加值的产品不多，且产品95%销往省外；集聚效益主要体现在产能方面，如磷酸铁锂电池产品，虽产量占优，但主要集中在常规低端成熟产品，未掌握高循环次数电芯制造等先进技术，储能电池整体集成制造厂家的数量也较少，规模也较小。此外，对飞轮、超级电容、制氢、压缩空气等其他新型储能领域的技术研究不够，技术储备不足，尚无其他技术路线的新型储能工程示范应用，先进储能产业技术不够多元。

3. 与电力储能相匹配的市场化机制有待完善

当前，湖南电力市场建设还处于起步阶段，虽然储能部分应用场景已形成商业模式并具备经济性，但受制于储能产业政策体系不完善、商业模式单一、投资回报机制不健全等问题，储能产业尚未实现规模化发展。究其原因，主要是市场机制不够完善，尤其是新型储能参与电力市场中的调度、交易、结算等商业模式还不够成熟，电力市场和价格体系无法反映储能价值。湖南电网侧在役的8座储能电站，无一例外，均采用“租赁+调峰”的商业模式。

4. 湖南电力储能标准和规范有待健全

储能涉及设计、运输、安装、验收、投运、运维、灾后处理、电池回收等多个环节，其项目实施还涉及工程、环境、消防、交通等多行业与领域，不仅需要技术支持，还需要涉及多领域的运行制度支撑。目前，储能的相关标准、制度和规范还有待完善。一方面，现有的标准和制度指导性不强，例如，目前储能电站设计主要依据国家标准《电化学储能电站设计规范》（GB 51048—2014），但由于电化学储能这一新兴行业的迅速发展，现行标准更新相对滞后，对储能电站设计缺乏有效指导，不能完全满足运行要求。另一方面，部分标准和制度缺失，如系统集成设计、EMS（能源管理系统）、BMS（电池管理系统）、日常管理技术等相关标准全部处于空缺状态，储能技术、制造和建设相关技术标准暂未明确，导致省内规模化电池系统集成行业仍然存在“系统拼凑”、非一体化设计、未全面测试验证等问题，暗藏安全风险隐患。

三　湖南加快发展电力储能时不我待

“十四五”是贯彻落实国家“双碳”目标的战略关键期，也是储能技术和产业发展的难得机遇期，加速发展电力储能时不我待。

1.“一基地”：着力打造全国电力储能示范基地

一是明确战略目标。尽快编制出台湖南省储能发展规划，明确湖南打造国家电力储能基地的战略远景目标，提前谋划布局，在满足省内需求的基础上，统筹考虑省际、区域内能源资源互惠互利，构建以抽水储能为支撑、以新型储能为重点的多元储能系统，形成以长时储能为中心的大型储能电站群，在全国率先试点示范，建设一整套的储能产业发展、相关制度配套和应用场景设计的试点示范区域。二是规划重点方向。组织专家系统研究论证在新型电力系统源、网、荷各环节中，储能的功能定位、合理配置容量、运行调度规则等，科学制定储能电站建设实施方案，合理确定规模布局和建设时序，科学制定储能建设实施方案，合理确定重点发展方向。对电源侧，重点围绕风光水资源集中区域，支持源网荷储一体化和多能互补项目开发建设，推动新能源项目配套建设集中式新型储能电站和抽水储能电站；对电网侧，重点在湘西、张家界、怀化、永州、邵阳等电力外送困难地区和长株潭等电力负荷中心建设集中式储能电站，促进电力就近平衡，提高电网供电能力和应急保障能力；对用户侧，围绕大数据中心、5G 基站、工业园区、公路服务区等终端用户，探索智慧电厂、虚拟电厂等多种新型储能应用场景和商业模式。

2. “一集群”：打造具有全国影响力的储能产业集群

一是推动产业向规模化发展。将湖南先进储能材料产业链向下游延伸到储能装备产业，打造具有全国影响力的先进储能产业制造集群，形成以长沙为核心，株洲、湘潭、益阳、永州、常德多点发展的产业布局，制定储能产业链、供应链、资本链、科技链等招商图谱，梳理配套产业链企业，成立储能装备制造业招商专班，围绕上下游产业链开展“产业链招商”“以商招商”，加快补齐配套链条，推动产能扩大，实现储能从商业化初期向规模化发展转变。二是推动技术向多元化发展。提前布局空气储能、液流储能、氢储能等前沿技术领域，开展试点示范工程，研究设立储能专项发展基金或省内专项支持补贴资金，在核准备案、用地审批等方面予以政策倾斜。支持衡阳盐穴压缩空气储能、吉首全钒液流储能建设试点示范工程。以“揭榜挂帅”方式调动企业、高校及科研院所等各方面积极性，主动参与国家储能示范项目申报，推动储能材料、单元、模块、系统、安全等基础技术攻关。三是推动行业向智慧化发展。构建全省储能智慧运营管理体系。一方面，建立全省范围的储能大数据平台，强化数据驱动、故障智能分析，实现对储能电站的全生命周期管理，尤其是对电池热失控等异常工作状态的安全监控。另一方面，搭建“平台+标准”线上线下相结合的储能大数据安全聚合平台，通过标准体系来规范，并以平台运行数据验证，对不同厂商设备的运行状态监督，引导规范储能上下游健康发展。

3. “一模式”：加快电力市场建设探索储能商业模式

一是完善储能的独立市场主体地位。研究建立储能参与中长期交易、现货和辅助服务等各类电力市场的准入条件、交易机制和技术标准，推动储能参与各类电力市场，体现多重功能价值。二是建立合理价格机制。尽快出台电价政策性文件，参照抽水蓄能充放电价格机制明确新型储能充放电价格。明确独立储能充电时可作为大工业用户、放电时可以作为发电企业参与市场化交易。推动负荷侧用电主体进入辅助服务市场，扩大辅助服务市场规模的同时，形成完整的双边市场。尽快在全国率先出台明确新型储能电力碳资产和碳减排属性的支持性政策，率先推动新型储能进入碳交易市场、开拓新型储能商业模式。三是健全新型储能项目激励机制。建立绿色电力抵扣能耗机制，优先保障纳入电网侧示范规模的储能设施能耗指标。对于配套建设或共享模式落实新型储能的新能源发电项目，动态评估其系统价值和技术水平，在竞争性配置、项目核准（备案）、并网时序、系统调度运行安排、保障利用小时数等方面给予适当倾斜。

4.“若干规范”：形成行业管理规范提升运行水平

一是完善标准体系。健全新型储能相关材料研发、设备制造、规划设计、项目审批、施工调试、并网验收、运维检修、安全防控、应急处置、质量监管和环保监督等全领域、各环节协同发展的标准体系。强化储能标准体系与现行能源电力系统相关标准的有效衔接，推动省内具有优势的产品和技术转化为国家标准和行业标准，加大国际标准化制定参与度。二是规范项目建设。严格落实省内支持储能产业发展的“新能源+储能”政策要求，对未按要求落实储能配置的新能源项目予以惩罚。加强统一规划指导，规范抽水储能项目审批流程，制定抽蓄电站标准化建设方案，确保规范有序建设，以应对抽蓄电站进入开发、建设、投产高峰叠加期后的各种困难挑战，并且避免在国家“能核尽核、能开尽开”号召下出现无序开发和资源浪费的现象。三是强化新型储能安全及消防管理。加强新型储能全过程安全管控，规范执行储能电站选址、监控预警、防火分区、防火间距、消防给水、灭火设施等设计要求。新型储能项目安全设施与主体工程同时设计、同时施工、同时投入生产和使用。科学制定应急处置预案，配备专业人员和装备，定期组织演练。建立新型储能消防验收（备案）制度，建立健全新型储能安全及消防管理机制。

参考文献

国家发展改革委、国家能源局：《关于加快推动新型储能发展的指导意见》（发改能源规〔2021〕1051号），https：//zfxxgk. ndrc. gov. cn/web/iteminfo. jsp？id = 18204，最后检索时间：2023年6月15日。

陈海生、李泓、马文涛等：《2021年中国储能技术研究进展》，《储能科学与技术》2022年第11期。

国家发展改革委、国家能源局：《关于推进电力源网荷储一体化和多能互补发展的指导意见》（发改能源规〔2021〕280号），http：//www. gov. cn/gongbao/content/2021/content_ 5602023. htm，最后检索时间：2023年6月15日。

李军、胡斌奇、杨俊等：《湖南电网电池储能电站概况及调控运行启示》，《湖南电力》2020年第40期。

路建明、石辉、贺鹏程：《湖南电网调峰特性分析及建议》，《湖南电力》2019年第39期。

才秀敏：《储能将成为新型电力系统中的要素》，《电器工业》2021年第6期。

唐芳纯：《储能在新能源中的应用分析》，《电子世界》2021年第10期。

着力推动湘绣在保护传承中创新性发展的对策建议

湖南省社会科学院（湖南省人民政府发展研究中心）调研组*

湘绣是中国四大名绣之一，诞生于两千多年前的春秋时期，曾多次作为国礼走出国门，是中华民族的文化艺术瑰宝，因受自身发展制约和市场环境变化影响，当前湘绣的生存空间日益受到冲击。2022 年 8 月，时任湖南省委书记张庆伟在湖南省湘绣研究所调研时强调，要推动湘绣在保护传承中创新性发展，让更多人感受到“针尖上的湖湘之美”。近期，课题组以沙坪湘绣为重点对湖南湘绣产业进行了深入调研，认为新时期湘绣要实现文化与经济“双面绣”，应立足基础、开拓思路，转变模式、创新发展。

一　湘绣产业发展的现状及存在的主要问题

湘绣自新中国成立以来，先后历经了国礼传奇、外贸繁盛、市场洗礼等几个重要发展阶段。1995 年，湘绣发源地长沙市开福区沙坪被国务院授予“中国湘绣之乡”的称号，2006 年入选第一批国家级非物质文化遗产名录，2016 年开福区湘绣被工信部列为第三批全国产业集群区域品牌试点。截至 2021 年底，仅沙坪湘绣产业年销售总额超 4 亿元，从业人员达

* 调研组组长：钟君，湖南省社会科学院（湖南省人民政府发展研究中心）党组书记、院长（主任）。调研组副组长：蔡建河，湖南省社会科学院（湖南省人民政府发展研究中心）二级巡视员；陈军，湖南省社会科学院（湖南省人民政府发展研究中心）办公室主任。执行组长：罗黎平，湖南省社会科学院（湖南省人民政府发展研究中心）区域经济研究所所长、研究员。主要执笔：马骏、肖琳子、徐淑芳，湖南省社会科学院（湖南省人民政府发展研究中心）研究人员。

5000余人，全省形成了以沙坪为发祥地的产业集聚区、以省湘绣研究所为中心的研发创新区、以后湖为基地的文创展示区以及以星沙湘绣城为主体的湘绣交易区四大板块。但总体上，湖南湘绣及湘绣产业发展不足、不充分的问题比较突出，据统计，湘绣年销售额仅占全国刺绣市场12%左右，而苏绣年销售额占到全国刺绣市场的80%，湘绣产业发展存在极大的提升与拓展空间。课题组通过调研发现，当前湘绣产业发展主要存在以下四方面的问题。

1. 产业生态不优，湘绣产业难以做大做强

湘绣企业大部分规模都很小，甚至很多只能算手工作坊。在生产与经营方式上，很多企业依然延续个体绣庄传统，一个企业独立完成设计、刺绣、装裱、销售等众多环节，原材料生产、文创产品加工等配套企业较少，无法进行大批量、规模化生产。此外，湘绣行业同质化竞争激烈，发展定位、生产模式、销售方式相近，产品同质化程度高，企业之间各自为政，抢人才、争资源。这与苏绣形成了较大的反差，以销售额占苏绣80%的镇湖苏绣小镇为例，小镇现有苏绣企业120家左右，围绕苏绣工艺，集聚了丝线、木架、装裱包装等上下游产业，长约1.7公里、聚集了四百多家商户的绣品街涵盖了苏绣产业链上的所有环节，形成了完整的传承、研发、展示、生产、经营和销售的苏绣产业链，构建了良好的产业生态。

2. 创新能力不足，不能有效匹配市场需求

一方面，题材创新不足，对消费者缺乏吸引力。湘绣产品的图案仍然是以狮虎、熊猫、花卉、人物肖像等传统题材为主，单一、传统的题材，缺乏符合时代特征的个性化元素，不符合“80后”“90后”“00后”等当前市场主要消费群体的审美与需求。另一方面，产品创新不足，远离大众日常生活。时下的湘绣产品仍然以摆件、挂件、屏风等为主，产品开发没有很好匹配生活化的应用场景，给普通消费者的感觉是价格昂贵、非生活必需，导致湘绣产品的市场化率不高。

3. 人才青黄不接，严重影响湘绣可持续发展

近年来，由于绣工社会认同感低、工资待遇不高、就业选择多样化等原

因，从事湘绣的年轻人越来越少，即使通过中职院校定向培养年轻绣工，真正能留下来工作的也非常少，绣工群体进入老龄化阶段。据统计，苏绣发源地镇湖现有绣娘8000多人，还有5000多人从事刺绣相关行业，其中有不少“80后”“90后”创新型刺绣人才，而沙坪现有绣工不到1000人，其中50岁以上的占比高达85%。此外，湘绣不仅是一个产业，更是一门艺术，它吸收了我国优秀传统文化中绘画、刺绣、诗词、书法、金石等诸多艺术精华，真正优秀的湘绣从业者、传承人必然是复合型人才，且具有较高的文化水平，但现在的绣工普遍来自当地农村，文化基础薄弱，综合素质不高，难以担当湘绣传承与创新的重任。

4. 宣传力度不够，影响品牌推广与市场拓展

目前湘绣文化及产品的宣传仍主要依靠书籍、电视、广播、门店等传统宣传渠道，对户外广告、会展、新媒体、淘宝等多元化、信息化的现代化宣传手段运用较少，不利于广大消费者获取湘绣信息，导致人群对湘绣了解不多，不能真正认识到湘绣的文化艺术价值，从而缺少购买湘绣产品的原动力。近年来，相关部门制作了一些宣传湘绣的歌曲，如《湘绣》《神韵湘绣》《千年湘绣》《湘绣姑娘》《湘绣香》等，但是传唱度比较低，相比由李宇春演唱并登上2015年中央电视台春节联欢晚会舞台的《蜀绣》，宣传效果不尽如人意。电影《国礼》展现了一段惊心动魄的湘绣传奇，但类似的湘绣题材的影视作品和文学作品仍然比较少，难以唤起更多人对湘绣文化和产品的认同。

二　推动湘绣在保护传承中创新性发展的对策建议

《百度2021国潮骄傲搜索大数据》报告显示，“国潮”在过去10年关注度上升528%。“国潮”热本质上是一种文化现象，是民族文化自信在新一代消费者群体偏好上的表现。作为针尖上的国粹，湘绣完全有基础、有条件被打造成为当今“国潮”复兴大潮的引领者，湘绣产业有着巨大的发展空间与广阔的市场前景。为此，湖南应深入贯彻习近平总书记关于非遗保护的重要指示批示精神，坚持文化与经济“双面绣”，做好提升品牌、打造生态、涵养人才“三篇文章”，走湘绣文化时代化、湘绣产品日用化、湘绣产品文创化以及湘绣业态文旅化的“四化发展”之路，力争用5年左右的时间，将湘绣产业打造成为百亿级产业，真正将湘绣打造成为全国非遗创新性发展的标杆、湖湘文化的新IP、湖南文化产业的“新势力”。

1. 深入挖掘湘绣文化价值，赋予全新时代内涵

一是深入挖掘并弘扬湘绣“惟精惟一”的“绣道文化”。将湘绣大师、湘绣技艺中惟精惟一、持之以恒、从一而终的精神境界以及追求细节与完美的“绣道文化”挖掘并弘扬出来，成为各行各业学习的标杆。二是充分展现湘绣传承中兼容并蓄的开放创新精神。湘绣2000年发展历程中，不断汲取苏绣、粤绣、京绣等绣系精华优点，要把其背后所秉持的开放视野和圆融理念展现出来，把湘绣针法千变万化且交叉运用的创新精神描绘出来，融入大国文明包容万象、革故鼎新的精神谱系。三是大力抒写湘绣在保护传承中的大师故事。全面梳理湘绣国省大师成材、成师、师传的传奇人生，把大师知行合一、德艺双馨、桃李天下的故事描述出来，成为新时期激励后辈保护传承优秀传统文化的不竭动力。四是大力彰显湘绣在走出国门时的文化自信。把湘绣参加日本、巴拿马、美国等地举办的国际博览会斩获大奖，并在国际市场上享有盛誉的历史荣誉，以及20世纪湘绣广获东南亚、欧美、日韩市场青睐的价值魅力，真实还原再现，以此彰显国家文化自信。

2. 顺应产业发展新趋势与多元市场需求，持续加大湘绣内容、技术和产品创新力度，推动湘绣产品日用化、文创化与业态文旅化并进发展

一是要加快湘绣产品日用化。充分融入大众化日常生活需求，尤其是消耗品需求，做好“湘绣+生活”这篇大文章。大力开发湘绣+家居用品、化妆用品、文化用品、体育用品、服饰箱包、日用食品、首饰挂饰、包装礼盒等，充分发挥湘绣的实用价值。近期重点加强与国内外大型品牌服饰厂商对接与合作，依托株洲服饰这一湖南乃至中部地区最大的服饰产业集群的生产能力，走“创意授权+品牌合作+委托生产”之路，加快做大做强湘绣服饰产业。

二是要加快湘绣产品文创化。主动适应新美学风格和新审美人群，拓展主题范围、融入文创元素，使内容表达多元化、使用人群多样化。大力开发湘绣动漫卡通作品、时尚运动产品等，提高湘绣作品的文创含量。在做好国礼定制产品的基础上，进一步开拓企业、高端客户、个性人群等特殊市场，大力开发湘绣+姓名、肖像、生肖、生日、婚庆、全家福、私人用品等产品，提高湘绣的附加值。在保留传统的基础上，将科技元素、人工智能、智慧体验和数字化仿真融入湘绣，如声光音影、AR/VR 技术，充分提升产品科技感、艺术表现力和乐趣体验度。

三是要加快湘绣业态文旅化。以保护湘绣国家非物质文化遗产为核心，挖掘特色民俗资源，深入推动农旅融合，导入观光休闲、康养、教育等产业，大力发展研学体验，将沙坪小镇景区、汉回民俗文化村、园林生态园三个国家 3A 级景区升级为 4A 级景区，联动省湘绣研究所、省湘绣城、沙坪绣坊街等文化节点，整合沿线休闲度假资源，打造湘绣文化产业的核心辐射圈和文化旅游景区，积极申报省级旅游度假区，聚集人气。

3. 全面塑造湘绣国潮、时尚与创新的文化 IP，将湘绣打造成为新时期的国风国潮引领者

一方面，要着力从三个方面塑造湘绣的文化 IP。其一，全面传递湘绣的国风国潮韵味。积极回应国风国潮流行趋势，充分表达湘绣浓郁的中国风，抓取针法中细腻、自然、雅致的特点，充分展现湘绣精美传神与经典古风的意境感知，将湘绣打造成为新时期国风国潮的引领者。其二，全面释放湘绣的时尚锐意气息。将湘绣在内容形式和应用场景上勇于创新、与时俱进的时尚锐气，通过年轻群体使用湘绣产品的行为传达出来，让湘绣成为一种积极向上、自信进取的外在表达物。其三，全面刻画湘绣的创新创意特质。从新定位、新工艺、新功能、新场景、新价值和市场、产品、技术等多维度、多层次赋予湘绣创意新潮的形象气质，让湘绣成为传统文化瑰宝创新发展的典范，成为非遗在保护传承中与时俱进的杰出代表。

另一方面，要在湘绣的营销传播策略、渠道和方式上下功夫。首先，要大力发展网络媒体营销。由行业协会牵头打造湘绣网络营销旗舰店，加强淘

宝、京东、微店等网络销售平台建设。在淘宝、抖音、快手、拼多多等 App 开展直播营销。通过绑定顶流明星、旅行博主、KOL 达人等，实现流量带货。运用影视广播等主流媒体、城市广告电子屏、高速公路广告牌，实现广告营销。其次，要大力发展体验式与嫁接式营销。参照梁雪芳 101 绣吧模式，在长沙人流量密集区创办湘绣体验中心。将湘绣植入茶颜悦色、文和友、墨茉点心局等网红品牌的包装或伴手礼，开展嫁接式营销。最后，要大力推动融合式营销。积极推动马栏山视频文创园、金霞跨境电商产业园与湘绣进行深度融合，通过视频文化与跨境电商加速湘绣以及湘绣文化的推广与传播。

4. 大力加强湘绣人才培育与涵养，推动非物质文化遗产保护和传承

一方面，要大力培育和涵养各类湘绣人才。制订扩大职业绣工群体、提升绣工薪资待遇水平、职业发展空间等相关政策，实现职业绣工“培得出”“引得进”“留得住”。将原沙坪中学的场地改办绣乡职校，并由省市区政府出台相关扶持政策，为湘绣行业输送真正能服务湘绣行业的刺绣人才。以湖南师范大学、湖南工艺美术职业学院、湖南省湘绣研究所等院校和机构为重点，定向培养和打造一批湘绣产业研发人才、设计人才、文创人才、营销人才、管理人才等各类行业发展人才。

另一方面，要持续推进湘绣保护传承。加快在沙坪建立湘绣文化保护基地，大力传承和发展“绣道文化”，构建完整的传统湘绣艺术文化遗产研究和保护体系。发挥大师工作室的作用，对湘绣的保护和创新开展常态化攻关研究。运用人工智能技术，推动湘绣手工针法的数字化信息保存、展示、传播与创新。进一步完善工艺大师传承人制度，积极培育湘绣国省大师。

5. 加大政策支持力度，规范行业发展，营造健康良性的湘绣产业发展生态

一是加大产业政策扶持力度。成立省市区三级湘绣产业办，对湖南湘绣产业与沙坪湘绣进行重点扶持。制定湘绣产业扶持政策，重点支持行业龙头企业、文博机构和行业领军人物。出台相关政策让具备职称的从业者、国家认定的湘绣大师、湘绣非物质文化遗产代表性传承人、劳模、技术能手、乡

村工匠等行业佼佼者在退休后享受到体制内相应待遇。出台政策在沙坪扶持成立一个高精尖画、绣创新基地，大力引进画、绣、设计、策划等人才来绣乡，提升行业整体技术水平与艺术水准。政府牵头并出台创意宣传湘绣的政策，以长期、系统地宣传湘绣，扩大知名度。

二是积极打造湘绣产业链群。充分借鉴苏绣推广机绣经验，将数字化技术和机械化生产手段与湘绣产业有机结合，有效提高湘绣产能，加快推动湘绣产业的现代化转型。鼓励沙坪现有湘绣企业通过股份制改造、股权置换、交叉持股等方式，联合成立湖南省湘绣实业集团公司，协力打造领军企业。积极引入创投基金，规模引入绣线生产、文化创意、刺绣企业、绣品装帧、商品包装等上下游企业，做大湘绣产业、做全做强产业链。在沙坪规划建设湘绣省级产业园区，完善研发、孵化等相关平台配套，吸引优质绣品制造企业、文化创意企业集聚发展，实现整个产业链、供应链、价值链优化提升。

三是促进湘绣行业规范发展。充分发挥行业协会功能，改善湘绣协会人员年龄结构，给予年轻人更多决策权。授权行业协会培训和自主评定职称、职业技能资格。强化协会人才培养、技师评定、展会赛事、技术认定、地理品牌注册保护等工作，积极争取各项扶持政策。加快制订湘绣质量标准和评估体系、健全中介服务体系。建立湘绣质量艺术鉴定中心、沙坪湘绣地理标志保护与管理中心、湘绣行业职称评定标准体系。加大知识产权保护力度，建立湘绣版权作品数据库，搭建湘绣版权许可交易平台。

参考文献

薛媛媛：《湘绣女》，人民文学出版社，2010。

彭泽益编《中国近代手工业史资料》，中华书局，1962。

张立青：《江西非物质文化遗产发展报告》，江西人民出版社，2021。

王松华、廖嵘：《产业化视角下的非物质文化遗产保护》，《同济大学学报》（社会科学版）2008 年第 1 期。

王玭、王宏付：《湘绣与蜀绣的技艺比较》，《纺织学报》2016 年第 3 期。

潘立军、朱春辉、刘喜梅：《湘绣产业创新发展的再思考——基于对长沙市湘绣企业调研》，《湖南工程学院学报》（社会科学版）2018 年第 2 期。

熊元彬：《论民国湘绣的技艺及其产销》，《西北民族大学学报》（哲学社会科学版）2018 年第 5 期。

陈羽峰、胡翼青：《从“上手”到“在手”：非物质文化遗产的媒介化生存与反思》，《传媒观察》2022 年第 4 期。

黎琦宇：《沙坪湘绣的品牌形象打造及营销策略研究》，南华大学硕士学位论文，2014。

杨柳：《人工智能视域下湘绣文化代表性基因鬅毛针的传承研究》，湖南师范大学硕士学位论文，2021。

关于湖南打造工程机械租赁高地的形势研判与对策建议

湖南省社会科学院课题组*

工程机械是湖南走向世界的“金色名片”。2021 年湖南工程机械企业在全球 50 强和全国 10 强中均占据 4 席；规模企业营业收入占全国三成以上，行业资产总额、营业收入、利润总额连续 12 年高居全国首位。但与之形成鲜明对比的是，在 2021 年中国工程机械租赁商 10 强和 2019 年全国工程机械租赁平台 10 强中，却看不到湖南企业和平台的身影。租赁产业作为工程机械产业发展的黏合剂和助推器，2025 年市场规模有望超过 15000 亿元，为湖南工程机械产业发展提供了广阔的市场空间。湖南打造工程机械租赁高地，既是抢抓租赁产业发展机遇的内在要求，又是进一步壮大湖南工程机械产业的必然选择，更是落实习近平总书记要求打造国家重要先进制造业高地的关键举措。

一　湖南打造工程机械租赁高地的形势研判

在工程机械行业进入存量时代的背景下，工程机械“由买转租”已是大势所趋。湖南打造工程机械租赁高地，必须准确把握时代脉搏，树立责任感、紧迫感，统一思想、坚定信念，抢抓机遇、尽快推进。

* 课题组组长：钟君，湖南省社会科学院党组书记、院长。课题组成员：李晖、杨顺顺、黄东、肖欣、盛彦文，湖南省社会科学院研究人员。

1. 中央有要求、省内有部署、市场有需求，湖南打造工程机械租赁高地其时已至

随着湖南工程机械迈上高质量发展轨道，工程机械租赁市场也面临新任务、新要求。打造工程机械租赁高地是响应中央号召、推动政策落地、顺应市场发展规律的必要举措，对更好服务工程机械市场发展意义重大。

一是习近平总书记提出了殷切期望。工程机械租赁是盘活工程机械市场、支撑制造业高质量发展的重要基础。习近平总书记考察湖南时，赋予了湖南“三高四新”战略定位和使命任务，要求湖南着力打造国家重要先进制造业高地，推动工程机械租赁市场迈上更高的台阶。

二是湖南省委、省政府做出了相应规划。工程机械是湖南发展的重中之重。近年来，省委、省政府高度重视湖南工程机械行业的发展。2022 年出台的《湖南省工程机械产业“十四五”发展规划》也提出“一体两翼多向延伸”的产业形态布局，明确指出要培育租赁等全生命周期服务的生产性服务业，为工程机械租赁发展提供了政策保障。

三是行业发展提出了刚性需求。工程机械租赁是反映工程机械市场竞争力和繁荣程度的“晴雨表”。根据行业规律，一个地区的工程机械市场越发展，工程机械租赁市场占比越高。美国、英国、日本的工程机械租赁使用占比分别达到 65%、85%、50%，而我国占比不到 30%，还有巨大的提升空间。当前，工程机械行业由增量市场为主的需求结构向存量市场升级、更新并重的需求结构转变，对湖南工程机械租赁市场的支撑提出了更高要求。

2. 国内有标杆、行业竞争大、模式待创新，湖南打造工程机械租赁高地势在必行

当前工程机械市场进入窗口期，工程机械租赁市场结构调整的重大机遇已经来临。打造工程机械租赁高地，是遵循产业转型升级路径的必然逻辑，也是湖南迎难而上、战胜挑战的主动作为。

一是行业龙头有示范。工程机械制造企业依托自身优势占领租赁市场，可以迅速推动销售市场的发展。徐工集团的子公司徐工广联租赁是我国最早的内资融资租赁企业，自取得租赁资质后经营发展较快，2021 年的融资租

赁销售收入占比达到 30.59%，租赁业务有效促进了母公司的发展。在最新公布的全球工程机械 50 强榜单中，徐工集团排名世界第三，是市场份额最大的中国企业。湖南尚未形成相匹配的工程机械租赁商，对工程机械销售市场的支撑不足，必须提速提质工程机械租赁市场建设。

二是市场竞争有压力。工程机械租赁行业规模大、参与者多，使得内部竞争激烈。目前我国工程机械租赁市场处于初级阶段，以中小型租赁企业为主，并不断有新兴租赁公司涌入。据统计，全国前 100 强工程机械租赁公司合计市场份额约为 4%，超过 15000 名中小规模参与者瓜分剩下的 96%，行业集中度极低，而美国头部租赁企业联合租赁约占北美市场的 14%，前 10 大租赁商市场份额合计占比约 34%，龙头企业带动效应明显。湖南如不能抢抓机遇、尽快发展，不仅难以缩小差距，甚至面临被市场边缘化的风险。

三是运营模式要转型。当前，工程机械租赁市场正从“量”到“质”转变，租赁模式不再是传统的工程机械设备数量，而是附带的租赁网络。欧美成熟市场形成了融资租赁、经营租赁、杠杆租赁、转租赁等多种模式，并在产业链上游的资金链、供应商、其他服务商等方面具备较强的稳定性，形成了较强的抗风险能力。而我国工程机械租赁以经营租赁为主，模式单一，盈利能力差。只有加快打造工程机械租赁高地，在工程机械租赁产业链上争先进位，才能在产业链中谋求更有利的位置。

3. 产业有基础、区位有优势、拓展有空间，湖南打造工程机械租赁高地未来可期

湖南作为中国最大工程机械制造基地，具备发展工程机械租赁市场的基础和信心。打造工程机械租赁高地是湖南立足内部条件和市场空间的科学决策，也是趁势而上、彰显担当的合理选择。

一是产业集群奠定了基础。湖南是工程机械大省，长沙是工程机械之都。工程机械全球 50 强湖南占 4 席、全国 10 强湖南占 4 席，湖南企业资产、收入、利润总额居全国第一，建筑起重机、混凝土机械等产品市场份额世界第一。三一重工、中联重科、山河智能、铁建重工等头部制造企业为全省、全国工程机械租赁市场奠定了坚实的基础。如能在湖南打造工程机械租赁高地，将进一步促进湖南产业集群效应转化，提升行业影响力。

二是区位条件凸显优势。区位交通是畅通工程机械租赁网络的必要条件。湖南立足“一带一部”新坐标，具有承东启西、贯通南北、通江达海的区位交通优势，高铁里程、高速公路里程、货运总量居全国第一方阵，叠加中国（湖南）自贸区辐射网络，是构建物流中枢、信息中枢的最佳地，这些都为湖南建设全国工程机械集散地、打造工程机械租赁高地，提供了天然有利的支撑。

三是市场延伸留下了空间。随着租赁市场的拓展，工程机械使用过程中的衍生服务逐渐引起行业关注。以挖掘机市场为例，在生命周期中的后市场维修和配件潜力与新设备价格之比几乎达到1∶1，当前维修服务和配件的后市场有上千亿元的规模，二手设备更是达到万亿元的规模。湖南通过“机甲圈”等交易平台试水后市场服务，为拓展工程机械租赁市场积累了先行先试的经验。

二　湖南加快打造工程机械租赁高地的对策建议

根据国际工程机械租赁产业发展规律、国内租赁市场发展态势和湖南先进制造业发展要求，为加快打造工程机械租赁高地，湖南亟须明确思路、加大力度，以“1+1+4”的发展举措，即创建一个产业园区、打造一个数字平台、提升四项基础能力，推动湖南工程机械租赁市场发展壮大，为湖南国家重要先进制造业高地打造提供新支撑、增添新动能。

1. 创建一个产业园区：高标准建设工程机械租赁产业园

探索建设线上线下相结合的工程机械租赁示范园区，将其打造成全国工程机械产业展示窗口和全球工程机械交流集散地，使其成为“强省会”战略中建设工程机械之都的又一重大抓手。一是推动建立骨干企业联盟和开展园区筹备。建议由工信、住建、商务等相关职能部门牵头组织，由三一重工、中联重科、铁建重工、山河智能等湖南头部企业、骨干租赁企业和省工程机械租赁协会具体负责成立企业联盟和租赁产业示范园筹委会，先期开展园区论证、方案设计等筹备工作。二是建设租赁产业实体园区和整合线上平台。结合特色小镇建设推进示范园区选址。线下实体园区主要包括工程机械产品陈列馆、高端装备科技馆和租赁企业展示服务中心。集中湖南头部企业及徐工、柳工等国内龙头企业进驻园区，积极邀请卡特彼勒、日立建机等世界知名企业在园区建立办事处，通过实体园区助力第一接触、第一租售，孵化壮大一批本土大型租赁企业。线上园区整合提升线上租赁平台功能，推广“租、售、融、服、处”一站式服务。三是加强产业园项目引流和全面营销推介。遴选一批政府投资的工程机械租赁类重大工程在园区线上平台发布，对进驻园区企业承接重大工程给予政策倾斜，以吸引更多知名企业进驻园区，推动园区快速打响市场知名度。对标上海宝马展，通过在园区举办国际工程机械展、中国工程机械租赁产业信息大会等展销会、博览会、行业论坛等打造湖南本土品牌。通过市场化媒体、资讯平台、社交平台、自媒体，以及文旅融合等方式，多渠道开展园区营销推介。

2. 打造一个数字平台：推动工程机械租赁市场智慧转型

引导工程机械租赁行业信息化、数字化、智能化的开发和应用。一是推动“线上平台+租赁”实现供需精准匹配和业务闭环管理。参考即时租赁、铁甲帮等 PC 端、手机端平台模式，通过主管部门和行业协会牵头，以骨干企业为主，建设线上租赁的湖南自有平台品牌。汇聚租赁供需资源，引领租赁市场定价权，实现快速信息对接和智能撮合。推动交易和租赁全周期阳光操作、电子化跟踪，支持对服务质量、项目回款进行全程监管。二是建设工程机械租赁公共数据库和数字博物馆。依托湖南工程机械产能优势和自有线上租赁平台，建设完善工程机械租赁公共数据库，包括产品及配件数据库、营收数据库、供需方信用数据库、政策法规数据库、行业标准数据库、技能人员（匠人）数据库等，支持市场风险管理、租赁后市场开发等。建设工程机械数字博物馆，推动工程机械产品线上浏览比对、信息展示和业务接洽。三是积极开展工程机械租赁数字化咨询。挖掘线上租赁平台和各类数据库资源，引导咨询机构面向租赁企业拓展数字化咨询业务，重点开展宏观政策走向、市场需求数字调研、数字模型、智能运维等便企服务。

3. 提升增资融资能力：引导财税支持和金融个性化服务

发挥财税政策“四两拨千斤”作用，推动租赁企业做大做强，针对租赁行业资产和运营特点设计提供金融产品。一是加快打造租赁行业头部企业和培育上市公司。对重点拟上市企业进行专业化、个性化全过程跟踪指导，对达到一定规模或新上市企业给予奖励，引导3~5家租赁企业新四板挂牌。引进优质租赁企业落户增资，按照注册资本给予一定比例的奖励。二是加大对土地、人才、技术的资金支持力度。加大土地资源支持，对租赁产业园区项目，可以按规定分期缴纳土地出让金。对行业相关技术标准制定和技术、管理人才的引进给予资金支持。三是加紧落实留抵退税等税收优惠政策。全面落实国家支持租赁产业发展的有关税收优惠政策，对符合加速折旧条件的机械设备，向税务机关进行备案后，可采用缩短折旧年限的方法计算。四是针对性完善应收账款质押、信用贷款、上游企业授信等融资服务。鼓励引导金融机构推出以应收账款为质押的贷款产品，构建工程机械租赁行业债权委托转让金融平台，进一步盘活行业资产，加速企业资金回流。建立完善工程机械租赁行业信用评级机制，推进工程机械租赁行业信用贷款的发展，鼓励产业链上游生产端企业向租赁企业提供授信支持。

4. 提升风险防控能力：强化供需侧和租赁过程风控能力

积极化解租赁行业财务风险、市场风险和信用风险，引导工程机械租赁行业理性和规范发展。一是遏制行业无序恶性竞争和价格战。参考美国“联合租赁”的“兼并—合作—收购”模式，鼓励支持工程机械租赁行业内部进行并购，规范压缩个体租赁数量，改变行业“小散乱”的局面，遏制无序竞争、低价竞争的发生，引导规范全行业良性有序发展。二是推进全行业信用体系建设和配套“白黑名单”。主管部门、行业协会可根据租赁企业规模、资信、服务评价等信息建立租赁提供方推介目录（白名单），同时将频繁发生失信、违规操作、恶意欠款等情形的企业列入黑名单，并将其不良记录纳入社会征信管理系统，强化供需方风险约束。三是加强企业财务会计信息披露与监管。监督承租人和出租人按照企业会计准则对租赁的会计核算和相关信息予以披露，商务、金融、银监会等相关部门按相关规定对租赁行业加强全过程监管。四是鼓励开发风险防控类产品。支持租赁企业与保险、担保等金融机构进行合作，鼓励保险公司针对机械工程租赁业务开发相应保险产品。

5. 提升营运盈利能力：丰富创新工程机械租赁商业模式

整合利益相关方，降低租赁企业负担，规范用工环境，提高租赁企业市场把控能力和拓展业务范围。一是引导租赁模式向“干租”发展并优化劳务供给方式。参考国际租赁模式发展趋势，引导租赁形式由人机同租的“湿租”向人机分离的“干租”转变，降低租赁公司人力成本。出台工程机械劳务派遣公司筛选推荐制度，规范工程机械的劳务中介和劳务派遣活动，维护机械操作工人在收入、保险等方面的合法权益，形成高标准、高质量的劳务市场体系，打造湖南工程机械租赁劳务市场中的“万科物业”。二是促进项目工程“捆绑式”整包和“全科式”定制租赁。紧跟国家新基建步伐，打造多元化、多样化的产品组合租赁包，支持挖掘机、叉车等不同类型工程机械租赁企业的整合或联合经营，用大设备租赁带动小设备租赁、主体设备租赁带动配套设备租赁，提高租赁企业的整体效益，扩展租赁企业的产品业态和客户群体。三是依托中非合作等平台拓展后租赁市场和海外业务板块。针对非洲、拉美市场特点，发挥省自贸试验区和中非合作论坛等平台优势，鼓励租赁企业扩大工程机械二手设备、配件、再制造设备海外业务，海关、税务、商务等相关职能部门研究制定工程机械二手设备、再制造设备出口扶持政策，推动租赁企业盘活固定资产，延长产品价值链条。

6. 提升服务保障能力：优化政府服务推动企业效能提质

加大政府对租赁企业的指导和关爱，共同构筑诚信经营环境，以政府服务“高质量”提高工程机械租赁企业“含金量”。一是助力企业加快各层次人才队伍培养和储备。鼓励租赁企业加大运营管理、机械操作维护人员引进，实施政府补贴性培训项目。加强对中高端运营管理人才的继续教育投入，提高企业领导者、管理者的战略布局和管理创新能力。推动大规模职业技能培训，提高工程机械操作维护人员的专业素质和技能，开展行业技术能手、知名工匠评选，发挥行业标杆的示范引领作用。二是支持制定工程机械操作流程规范和租赁行业标准。相关职能部门加大资金扶持和专业指导力度，推动由全国性的工程机械中心牵头、与省工程机械租赁协会一起完善工程机械租赁操作流程规范和行业质量、安全、环保、碳排放等系列标准制定，建立相关认证体系和准入门槛，支撑全行业规范化服务。三是政府带头引导全行业形成公开透明、践约守诺的诚信环境。营造公开公平公正的营商环境，健全工程机械租赁项目的招投标制度，形成阳光透明的招投标机制。司法部门加大对企业的法律帮扶和指导，帮助企业有效应对国内及海外市场法律风险。政府带头加强守信履约的契约精神建设，推动解决行业“回款难”的现实困境。

参考文献

于德惠：《“工程机械租赁”之我见》，《民营科技》2014 年第 5 期。

李红艳：《中日工程机械设备融资租赁的发展比较与经验借鉴》，《长沙大学学报》2016 年第 4 期。

李曲：《工程机械租赁行业的困境与出路》，《中国市场》2018 年第 23 期。

蔡继红：《中国工程机械在线租赁平台“互联网 +”模式管理探索》，《中国设备工程》2020 年第 1 期。

孟庆泽：《石油工程机械租赁行业的困境与对策探究》，《中国市场》2021 年第 7 期。

湖南以全产业链思路推进中医药产业发展的对策建议

湖南省社会科学院（湖南省人民政府发展研究中心）调研组*

习近平总书记指示，要做好中医药守正创新、传承发展工作，要使传统中医药发扬光大。时任湖南省委书记张庆伟多次指出，要做大做强中医药产业，构建从种植养殖、加工、销售到临床的全产业链。为此，课题组在省内调研基础上，借鉴河北省的做法，提出了湖南打造中医药全产业链发展的对策建议。

一　有什么：湖南打造全产业链的基础

1. 产业链前端，中药材资源优势独特

据第四次全国中药资源普查阶段性成果统计，湖南中药资源共计 5670 种，居全国第 4 位。全国 361 个常用重点中药材品种中，湖南拥有 241 个，居全国第 2 位。湖南是全国 8 个中药材种植基地省份之一，种植面积达 450 万亩，大宗道地药材种植品种近 60 个，常年规范种植面积达 280 多万亩，其中双牌厚朴、安化黄精、邵阳玉竹、龙山百合等品种形成了极具特色的产业集群带。

---

* 调研组组长：钟君，湖南省社会科学院（湖南省人民政府发展研究中心）党组书记、院长（主任）。调研组副组长：侯喜保，湖南省社会科学院（湖南省人民政府发展研究中心）党组成员、副院长（副主任）；蔡建河，湖南省社会科学院（湖南省人民政府发展研究中心）二级巡视员。调研组成员：左宏、李银霞、戴丹、文必正、侯灵艺、言彦，湖南省社会科学院（湖南省人民政府发展研究中心）研究人员。

2. 产业链中端，中药制造业基础扎实

湖南中药材初加工（饮片原料）生产企业有1540家。拥有中药工业规模以上企业162家，营业收入342.7亿元，年产值超亿元的中药大品种有23个，汉森制药、千金药业、天地恒一等企业跻身2021年全国中药企业百强。

3. 产业链后端，中药商贸流通业快速增长

邵东廉桥市场和长沙高桥市场为国家级中药材交易市场。邵东廉桥市场已基本完成规范化市场改造，建立了省内首个中药材仓储物流交易中心，有药商经营户800多家，年交易额近70亿元，交易品种1000多个。长沙高桥市场为全国唯一位于自贸试验区范围内的中药材专业市场，年交易额近4亿元。湘潭湘莲、隆回金银花、靖州茯苓等中药材集散地在全国的影响日益提升。全省拥有药品零售企业近两万家，形成覆盖城乡的药品流通网络。

4. 产业链延伸，相关服务业不断发展

一是中医医疗服务业基础良好。全省现有县级及以上公立中医医院117家，其中省级4家、市级15家、县级97家（二级以上）、中外合资1家。中医医疗机构数、编制床位数全国排名分别为第7、第4。二是中医药康养文旅业蓬勃兴起。根据省足浴按摩业协会不完全统计，湖南有大小足浴按摩企业3万多家，“足浴”产业规模逾200亿元，约占全国足浴市场的10%；从业人员约80万人。湖南中医药大学在全国率先成立省级药食同源工程技术研究中心；九芝堂的“膳食调理养生保健”特色鲜明，理念先进。

二　缺什么：湖南中医药全链条发展需要解决的问题

河北省推动中医药全产业链发展，成效显著。对比河北经验，湖南还面临若干发展难题。

1. 体制机制不顺畅，产业发展缺乏链式统筹

中医药产业发展涉及多个部门，需要强力推进的领导协调机构才能更好地发挥作用。河北省政府很早就成立了由分管省领导任组长的中医药事业发展领导小组，强力统筹全省中医药事业发展。湖南虽在2009年就成立了省

中医药工作协调小组，但2021年以来才做实职能，多头管理的问题尚未完全解决。其中，中医药管理局牵头负责中药资源普查、中医药事业发展，农业农村部门牵头负责中药材种植，工信部门牵头负责企业生产，市场监管部门牵头负责药品流通经营，药品监管部门牵头负责质量监管，医保部门牵头负责药品价格等，多头管理容易导致条块分割，缺乏统筹规划，政策落实难度大。例如，国家2002~2016年推行《中药材生产质量管理规范》（GAP认证），13年间全国约有195个中药材种植基地获得GAP认证，湖南仅1个。

2. 缺少核心要素集聚地，产业链生态还需培育

河北省将安国中药都建设作为带动全省中药材全产业链发展的“牛鼻子”，从2012年10月开始，提出了突出特色、产城互动、全产业链打造安国中药产业的思路和以“三区三基地三体系”为核心的建设方案。为此，河北省政府成立建设领导小组，并建立厅际联席会议制度，吸引了北京中医药大学、天津中医药大学等入驻，引进同仁堂、天士力、百消丹等一批企业落户，打造国内首家以信息化、数字化为内涵的“统一仓储、统一物流、统一标准、统一检验、统一票据”的升级版专业市场。联合组建了国家级中药材检验检测中心、中药研发中心，与中国中医科学院签订了安国中医药技术研究所建设合作协议。相比来看，湖南虽然拥有邵东廉桥市场和长沙高桥市场为国家级中药材交易市场，但是交易规模和产业配套程度都不及安国中药都，缺乏一批大企业入驻，也没有形成能够辐射和带动全省的产业生态体系。

3. 质量体系不健全，全链条标准化种植尚未建立

截至2021年底，河北省中药材种植规模达225万亩，千亩以上中药材示范园有396个，2375个种植基地入驻省级中药材质量追溯平台，良种覆盖率和标准化生产率达到65%。湖南虽然是全国8个中药材种植基地省份之一，种植面积达450万亩，但仍以农户分散种植为主，规模小，抗风险能力弱，规范化、标准化种植不足，相关药材的种植、质量、检验等一系列标准体系尚未建立，导致道地药材及特色优质品种资源逐步退化和减少，药材种

植质量总体不高，难以在全产业链中占据重要的一环。例如，九芝堂等企业反馈，虽然湖南是茯苓等大宗药材的重要产地，但本地种植出来的中药材通不过标准化认证，药品有效成分含量和萃取指标等无法达到企业要求，不得不依赖外省采购。

4. 规模效益不高，支撑产业链的大品种较少

湖南中药企业数量多，知名独家配方品种多，老品牌的无形资产价值高，但大品种缺乏，导致药企的利润低。截至 2021 年底，湖南拥有过亿元中成药品种 23 个，过 5 亿元中成药品种 1 个，没有 1 家像河北以岭药业的连花清瘟销量达到数十亿元的大品种。2019 年《中药大品种科技竞争力研究报告》显示，湖南共有 18 个品种入围中药大品种，占全国（579 个）的 3.1%，大品种数在全国排名第 14。创新能力不强，湖南总科技竞争力排名全国第 25，总科技因子仅相当于河北的 28%、江苏的 16%。

5. 本地市场链接不畅，“湘人不用湘药”现象突出

与河北相比，湖南对本土中医药企业的重视和支持远远不够。河北在全省公立医院医药价格改革中保留了中药饮片加成政策，放开了公立医疗机构制剂价格，在全国率先对医院制剂、中药配方颗粒医保支付标准进行规范，还将本省的神威药业、以岭药业等 5 家企业生产的 573 种中药配方颗粒纳入医保范围。而《湖南省医保“双通道”单行支付管理药品目录（2022 年版）》公布的 258 个药品商品名品种中，湖南企业生产的为 9 个，其中中成药仅 1 个。

三　做什么：推动湖南中医药全产业链发展的对策

湖南要以建设国家中医药综合改革示范区为契机，充分借鉴河北省经验，牢牢抓住“全产业链”这一关键，加快发展。

1. 完善发展思路，从全产业链的角度设计湖南中医药产业发展思路

一是借鉴河北省顶层引导高位推动经验，增强湖南省中医药工作协调小组统领全局作用，推进湖南中医药产业发展规划。二是利用湖南省被批准建设国家中医药综合改革示范区的重大机遇，加大改革创新力度，建立符合中

医药发展规律的管理体制机制。三是建立“两个清单”。每年围绕全产业链建设确立一个“问题清单”和一个“项目清单”，逐一入单销号。

2. 构建“1+1+N”产业布局，打造“长株潭现代中医药核心原创地+邵东廉桥中药材核心集散地+一批高标准种植和原料供应基地”

借鉴河北经验，湖南以中药材集中交易牵引前端规模化种植，以现代中药研发打开后端销售市场需求，形成“1+1+N”区域全产业链布局。一是打造长株潭现代中医药核心原创地。利用国家医疗中心创建契机，推动湖南中医药大学、湖南中医药研究院等加强创新药的研发和老品种的二次开发；在长株潭地区布局建设专业的中医药产业特色园，培育龙头企业，推进中药配方颗粒研制和产业化、规模化发展。二是推动邵东廉桥专业化市场提质升级。借鉴河北省安国药都建设经验，建立“统一仓储、统一物流、统一标准、统一检验、统一票据”的现代化中药材电子交易市场。三是实施“乡村振兴+中药材种植基地+原料药材供应基地”建设。将中药种植与乡村振兴战略紧密结合，支持在武陵山片区、雪峰山片区、南岭片区、罗霄山片区和环洞庭湖区等五大片区建设9家道地药材种子种苗繁育基地、大宗道地药材生态种植基地、林下生态种植基地，并开展示范推广，推动中药材种植向规模化、标准化方向发展。

3. 推进多链融合模式，发展中医药多业态，丰富全产业链品类

借鉴河北省经验，湖南打造涵盖中药材种植、中药制造、仓储物流、科技研发、健康养生等的全产业链，形成“大健康企业+大健康基地+大健康产品+大健康服务”模式。一是抓好中药大健康产业和大中药产业的深度融合。支持开展湘产大宗药材产地趁鲜加工炮制一体化试点，从湖南省内优势中药材资源中研发培育功能性强、市场需求大的中药食品、保健食品和保健用品、日化与化妆品、农业投入品。二是多用途开发提升药材种植的附加值。对药材的根茎叶花果等非用药部分的有效成分多层次提取，将其应用于美妆、药疗、茶饮、酒类、调味品、食品等方向，不断挖掘中药材资源市场。借鉴“云南白药”经验，开发深加工系列产品。三是发展中医药健康旅游业。深度挖掘和整合株洲炎陵神农文化、娄底涟源龙山、永州零陵异蛇、郴州苏仙橘井泉香等优秀中医药文旅资源。

4. 实施四个工程，形成发展合力

一是大品种培育工程。扶持一批“湘九味”大品种，重点挖掘和培育中药大宗品种二次开发，实现经典名方向经典产品转化。推进经典名方、民间验方向医疗机构制剂，医疗机构制剂向中药新药的递级转化。鼓励省内知名中药企业与医疗机构联合攻关，推动妇科千金片（胶囊）、汉森四磨汤、蛇胆川贝枇杷膏等大品种销量上台阶。二是标准化种植工程。以新版 GAP 实施为契机，加快标准化湘产中药材种植基地建设。组织企业开展中药材全过程质量控制标准体系建设，与下游配方颗粒、饮片及经典名方产品开发等企业进行联姻，合作捆绑。三是数字化赋能工程。运用数字化、信息化、智能化、大数据、云计算、区块链、物联网技术和手段，开展中药全产业链智能制造技术、数字化追溯体系建设，保障中药资源优质、高效开发和可持续利用，更好地服务于公众健康。四是湘品牌铸造工程。以“湘九味”品牌为引领，培育、保护、推广湖湘道地中药材。加强中药溯源管理和中药全产业链质量保障，建立完善中药材、中药饮片、中成药全产业链质量监管系统。

5. 出台若干政策，破局中医药产业链发展制度瓶颈

围绕创新投入、药材流通、湘人用湘药、市场培育、医保市场准入等方面，出台一系列实用管用的支持政策。一是推荐湖南优质中成药纳入国家医保目录及基药目录调整范围。多渠道向国家卫健委、国家医保局了解目录遴选原则及进度，指导本省重点中成药品种取得国家基药及医保准入资格。并积极向国家卫健委、国家医保局建议“首批获准建设国家中医药综合改革示范区的湖南等 7 省市，可由省级卫健和医保部门，推荐该省市优质中成药纳入国家基药目录、国家医保目录调整范围”。二是出台支持湖南大品种培育的招采政策。例如，湖南药品招标采购中，建议允许湖南医药企业对“全国独家、独家剂型和重点中成药大品种”申请退出湖南带量采购目录。三是优化医疗机构制剂注册审批机制。鼓励重点医疗机构研发中药特色制剂，对国医大师提供的临床处方，基于 2 年以上有效临床应用数据申报医疗机构制剂注册的，可免提交药效学试验、药理毒理试验及临床研究资料。

参考文献

湖南省卫生健康委员会、湖南省中医药管理局、中共湖南省委外事工作委员会办公室、湖南省人力资源和社会保障厅、湖南省商务厅、湖南省药品监督管理局、湖南省归国华侨联合会：《湖南省中医药“海外传播”行动实施方案（2021—2025年）》（湘卫函〔2021〕203号），http：//tcm. hunan. gov. cn/tcm/xxgk/tzgg/202109/t20210924_20647655. html，最后检索时间：2022年6月28日。

国务院办公厅：《“十四五”中医药发展规划》（国办发〔2022〕5号），https：//www. ndrc. gov. cn/fggz/fzzlgh/gjjzxgh/202206/t20220601_1326724_ext. html，最后检索时间：2022年8月17日。

河北省人民政府办公厅：《关于支持医药产业发展若干措施》（冀政办字〔2021〕104号），https：//kjt. hebei. gov. cn/www/xxgk2020/228104/228107/246371/index. html，最后检索时间：2022年8月18日。

邓勇：《互联网+中医药产业政策与法律问题研究》，中国政法大学出版社，2021。

罗臻：《甘肃中医药产业创新发展战略与路径研究》，清华大学出版社，2019。

湘药制造如何扬长避短锻造新的竞争优势

——基于中部6省税收经济数据的分析与建议

汤建军　陈懿赟　唐　畅*

2022年中央经济工作会议强调，要狠抓战略性新兴产业培育壮大，着力补强产业链薄弱环节，在落实碳达峰碳中和目标任务过程中锻造新的产业竞争优势。医药制造业对保护人民生命健康、抑制新冠疫情蔓延、促进国民经济和社会发展发挥了至关重要的作用。在我国步入老年化社会、新冠疫情尚未得到根除等情况下，锚定“三高四新”战略定位和使命任务，做大做优医药制造“湘”字品牌，对促进湖南经济健康发展、造福湖湘人民意义非凡。作为我国战略性新兴产业和湖南支持的重点产业，湖南医药制造业发展势头良好。目前，国内该行业发展正处于上升分化、竞争加剧的时期，培育壮大并锻造出湖南医药制造业新的竞争优势正当时。通过对中部6省医药制造业经济税收数据的比较分析，课题组全面深入地查找了湖南优势及面临短板，并提出了湘药制造锻造新的竞争优势的对策建议。

一　中部6省医药制造业经济税收数据比较分析

1. 税收总量位居中游水平，湖南医药制造业发展呈上升趋势

从税收总量来看，湖南医药制造业2019～2021年平均年税收规模达

* 汤建军，湖南省社会科学院（湖南省人民政府发展研究中心）党组成员、副院长（副主任）；陈懿赟，国家税务总局湖南省税务局科研所副所长；唐畅，中南大学博士后。

32.69 亿元，排名中部地区第 4，较之医药制造业相对发达的湖北少 21.4 亿元，比排名第 6 的山西多 14.53 亿元。税收在总量上与安徽等省相近，稳居中部 6 省第二梯队。3 年间，湖南医药制造业税收年均增长率为 5.09%，位居中部 6 省第 3；湖南医药制造业税收收入整体上呈上升趋势。2021 年医药制造业税收占全省税收收入比重为 0.75%，上升了 0.1 个百分点。

2. 税收贡献主要来自增值税，湖南医药制造业经营还有较大提升空间

增值税是流转税，能够反映企业经营规模和经营能力状况，具体可以从增值税收入额和贡献率两项指标反映。从税收规模上看，2021 年中部 6 省医药制造业完成增值税收入分别为湖南 21.43 亿元、安徽 16.26 亿元、河南 22.03 亿元、江西 21.03 亿元、山西 10.25 亿元、湖北 32.35 亿元，湖南位居第 3；从增值税贡献率看，中部 6 省分别为湖南 62.54%、安徽 50.29%、河南 56.49%、江西 57.01%、湖北 57.75%、山西 74.23%，湖南仅低于山西，反映出湖南医药制造业经营还有较大的提升空间。

3. 企业所得税贡献率稳步提升，湖南医药制造业实力逐步增强

企业所得税反映企业盈利能力状况，能够作为判断企业经营质量和发展潜能的指标。数据显示，中部 6 省医药制造业加速分化的状况将日趋明显。2019~2021 年各省企业所得税平均贡献率分别为：湖南 21.58%、湖北 27.79%、安徽 21.07%、江西 25.57%、河南 25.67%、山西 10.45%。三年间，企业所得税平均贡献率增幅最大的是安徽，为 17.11 个百分点；其次是江西，为 9.47 个百分点；湖南为 7.55 个百分点，排名第 3。而山西等省徘徊不前，说明中部 6 省医药制造业正在经历快速分化的过程。在湖南医药制造业实力逐步增强的同时，行业竞争加剧态势也在日益显现。

4. 生物药品制品制造等细分行业税收增长迅猛，湖南医药制造业研发能力逐步增强

生物药品制品制造是近年来兴起的医药制造业新军。其科技水平含量高、研发投入大，是中部 6 省医药制造业近年来税收增长较为迅速的细分行业。税收数据显示，2019 年中部 6 省生物药品制品制造业税收总额为24.34亿元，而2021年税收总额已跃升至31.01亿元，年均增长率达到12.87%。同期，湖南生物药品制品业税收从2.28亿元增至7.62亿元，年均增长率达82.81%。湖南该细分行业的企业所得税贡献率从2019年的22.01%增长到2021年的59.49%，年均增长达49.34%，位居中部6省第1。同期，中部6省该细分行业增长较快的还有安徽、河南等省，企业所得税贡献率分别为56.86%、47.04%。湖南近年该行业营业利润增幅排名中部省份第1、年均增长26.27%，研发费用率均值6.8%、排名中部省份第1等经济数据，反映出近年来湖南高度重视生物药品制品制造业的研发投入和科技创新，大力鼓励支持医药制造业企业上市等努力已经初见成效。

二　推进湖南医药制造业发展的相关建议

在全球新冠疫情尚未消退、国内近期新冠疫情呈现新波动的情况下，加快医药制造业发展具有特殊重要的意义。医药制造业属于湖南确定的重点发展行业，建议应顺势而为、加快发展。

1. 扩大产业规模，加强湖南医药制造业集群建设

产业规模扩大有助于抢占市场份额，形成有效的竞争优势。尽管湖南医药制造业上市公司在中部6省数量最多，但行业投资报酬率在中部6省中处于偏低水平。加速整合产业资源，加强湖南医药制造业集群建设，进一步扩大医药制造业的产业规模任务紧迫。

一是优化医药制造业产业空间布局。围绕构建“一核多点”空间格局，以长沙为核心，其他地区立足自身优势，统筹推进特色医药产业发展，提升重大项目承接能力。督促已经将医药产业列为主导产业的有关市（州）及其县（市、区）尽快制定产业发展规划。

二是集中规划一批重大产业化项目。在符合国土空间总体规划的前提下，加大土地保障力度，在湘江新区、高新产业园区等重点园区规划布局一批重大医药产业化项目。按照集中、集聚、集约原则，引导有条件的地区建设和打造新的医药产业集群，不断优化医药产业布局，提升中医药产业链、价值链、创新链。

三是加大对医药公共服务平台、数字化园区建设的支持力度。各市州应加快推动医药制造产业集群建设，加快企业项目集聚，加大产业招商和人才引进力度，打造各自优势和产业特色，推动差异化发展。

2. 抢占细分市场，提高湖南医药制造业市场份额

一是提升医药制造业的核心竞争力，着力经营生物药品制造业等新兴市场。支持免疫治疗、基因治疗、干细胞治疗等新兴领域的技术创新和产业发展，重点推动基于抗体类的生物治疗药物、临床急需紧缺的重组蛋白质药物、重大疾病防治疫苗、核酸药物、基因治疗药物和细胞治疗药物等产品研发和成果产业化。

二是大力发展“互联网+医疗服务”，拓展医药制造业的线上市场。积极发展智能医疗设备、软件、配套试剂和全方位远程医疗服务平台，打造线上线下相结合的智慧医疗新业态。发展远程健康管理、远程门诊、移动医疗和网订店送等健康管理服务，推动构建医疗健康大数据共享平台。

三是支持省内企业参加国家药品集中带量采购，拓展国内市场。全面落实推进国家药品集中采购试点相关政策，出台系列鼓励省内企业积极参加国家药品集中带量采购的政策。

3. 加强支持力度，提升湖南医药制造业竞争实力

中部6省医药制造业的发展阶段相类似，正处于市场转型和竞争分化的时期，仅依靠销售但医疗效果不佳的企业将面临生存危机。我国医药制造业步入竞争分化阶段已显现，应进一步加强调研，摸清底数，有针对性出台支持湖南医药制造业发展的政策措施，整合提升核心企业竞争实力，未雨绸缪做好应对。

一是加快培育一批龙头企业。以生物药品制造业为核心，培育一批具有国际知名度和竞争力龙头企业和细分领域的“隐形冠军”。同时，积极招引全球领军型医药企业在湖南设立区域总部、研发中心和生产基地。

二是加大企业兼并重组支持力度。支持医药制造业上市企业开展资本运作、跨境投资和兼并重组，提升企业规模和综合竞争力。推动符合条件的优质医药企业赴境内外资本市场上市融资，鼓励已经上市的医药企业通过增发等方式扩大再融资。推动药品流通企业建设区域性物流配送中心，培育大型现代药品流通骨干企业。

三是加大财税等方面政策支持力度。统筹财政专项扶持资金，进一步加大对医药产业的支持力度。落实研发费用加计扣除，固定资产加速折旧，高新技术企业、技术先进型服务企业所得税减免等各项税收优惠政策，鼓励医药企业积极加大研发投入，提升创新能力。研究制定鼓励创投企业和天使投资个人投资初创科技型医药行业的相关优惠政策。

4. 聚焦科技研发，增强湖南医药制造业内生动力

科技研发是增强医药制造业内生动力的关键，也是制约湖南医药制造业高质量发展的痛点。医药制造业作为知识和技术密集行业，研发投入不足已经成为制约产业发展关键的阻滞点。聚焦科技研发，加强研发高地建设，聚集医药科技人员，培育和引进技术人才，已成为普遍共识。

一是前沿布局高水平创新载体。力争医药前沿领域的国家级重大科技基础设施和创新平台在湖南布局设点。探索与国际知名院校和高端样本库、资源库开展战略合作。大力支持中南大学湘雅医学院、湖南中医药大学、南华大学等高校和科研机构创新发展，支持创建国家实验室、国家重点实验室、国家技术创新中心、国家制造业创新中心、国家级企业技术中心、国家临床医学研究中心、国家医学中心等重大创新平台。

二是完善政产学研用协同创新体系。发挥政府引导作用，推动企业与高校、科研院所和医疗机构加强技术协作，加快完善一体化协作创新体系。建立与产业发展相配套的技术创新平台、科技孵化器和产业化基地，发挥医疗机构在医药创新上的主动性，提高新药临床研究水平，促进科技成果转化和应用。

三是强化重点领域创新。鼓励医药制造业企业自主研发，强化企业技术创新主体地位，积极引导骨干企业整合科技资源，重点扶持掌握关键技术的研发型中小企业发展。

参考文献

袁永、胡海鹏：《国内外生物医药产业创新发展政策研究》，华南理工大学出版社，2022。

王晓珍：《中美产业创新能力比较分析——以生物医药产业为例》，中国经济出版社，2018。

中国致公党北京市委员会：《加快推进北京生物医药产业创新发展》，《北京观察》2022 年第 1 期。

黄建伟、谢兆海：《把握生物医药行业特点　进一步发挥商业银行金融支持作用》，《中国银行业》2022 年第 1 期。

韩鹏、武志昂：《我国生物医药可持续创新政策体系框架研究》，《中国新药杂志》2022 年第 1 期。

打造具有核心竞争力的科技创新高地

精准施策，打造湖南专利技术产业化新高地

湖南省社会科学院（湖南省人民政府发展研究中心）调研组*

科技是第一生产力，创新是第一动力，保护知识产权就是保护创新。世界知识产权组织2022年9月29日发布的《2022年全球创新指数》显示，中国创新指数排名不断上升，2020年居第14位，2021年居第12位，2022年居第11位。习近平总书记指出，科技创新绝不仅仅是实验室里的研究，而是必须将科技创新成果转化为推动经济社会发展的现实动力。专利是重要的知识产权，发明专利是核心竞争力，最能体现自主创新能力。湖南要践行“三高四新”战略定位和使命任务、建设知识产权强省、实施创新驱动和高

* 调研组组长：钟君，湖南省社会科学院（湖南省人民政府发展研究中心）党组书记、院长（主任）。调研组副组长：侯喜保，湖南省社会科学院（湖南省人民政府发展研究中心）党组成员、副院长（副主任）；蔡建河，湖南省社会科学院（湖南省人民政府发展研究中心）二级巡视员。调研组成员：袁建四、贺超群、曾万涛、屈莉萍，湖南省社会科学院（湖南省人民政府发展研究中心）研究人员。

质量发展、建设现代化新湖南，专利技术产业化是必由之路。为此，调研组先后赴湖南省市场监督管理局、国家知识产权局专利局长沙代办处、湖南省知识产权交易中心等 10 多家单位调研，形成了本调研报告。

一　湖南专利技术产业化发展现状

专利技术产业化是指专利原始权益人通过自行实施或转让或许可或作价入股等方式实现专利技术产品化的过程。湖南近年来专利技术产业化呈现以下特点。

1. 授权量逐年稳步增长，专利结构以实用新型为主

2021 年，湖南专利授权量 98936 件，同比增长 25.68%，其中发明专利授权量 16564 件，同比增长 43.57%。截至 2021 年底，湖南发明专利拥有量 70114 件，同比增长 24.57%，每万人发明专利拥有量 10.55 件，同比增长 29.61%；高价值发明专利拥有量 23633 件，每万人高价值发明专利拥有量 3.56 件。2021 年湖南 PCT 国际专利申请受理 849 件，同比增长 36.06%。专利种类中，实用新型专利最多。专利权人类型中，工矿企业最多。2022 年 7 月，国家知识产权局发布关于第二十三届中国专利奖授奖的决定，30 项全国专利奖金奖中，湖南省获得 2 项，专利权人是长沙矿冶研究院和湖南大学。

2. 高价值专利不多，专利发展在全国处于中等水平

2021 年，湖南国内专利授权量排全国第 13，发明专利授权量排全国第 10，实用新型专利授权量排全国第 17，外观设计专利授权量排全国第 10。截至 2021 年底，每万人口发明专利拥有量排全国第 14。湖南高价值发明不多，截至 2021 年底，湖南每万人高价值发明专利拥有量为 3.56 件，而全国平均水平为 7.5 件。

3. 高校专利本土转化率低，跨省份转化现象突出

专利技术产业化不甚理想，特别是高校。2020 年湖南的高校、科研院所有效专利转化率 7.15%，低于全国（7.94%）。当年转化占当年授权的比重甚低，2020 年湖南的高校专利授权量 14785 件，但专利转化量仅 436 件，转化只占授权的2.9%。有报道，中南大学、湖南大学等重点在长沙高校的专利转化率大概为4%~5%。如中南大学湘雅医院王锡阳教授医用三类“医用多功能脊柱后路钉板棒系列产品”专利无一产业化。从转化量上看，湖南的高校之中，中南大学转化最多；科研院所之中，48所转化最多。湖南专利技术产业化超过5成转让到外省份，并且主要是专利发达省份，比如广东、江苏、安徽。

二　湖南专业技术产业化低的原因分析

1. 从创新主体来看

一是为专利而专利，专利技术产业化意愿不强，不想转。根据《专利法》，专利申请应以发明创造的产业化为导向，实际情况并不尽然，高校老师大都不以转化为目的，而是出于绩效考核、职称评定、课题结项、专利补贴等而申请专利。有的为了获得更多补贴，甚至将一个专利拆分成几个甚至十几个专利。另外，对于职务专利，转化的股权比例、收益分配、工作机制很难使得各方都称心如意，也存在不想转的情况。二是专利不能满足市场需要，没法转。专利与产业发展匹配度不高，并且垃圾专利多，高价值专利少，专利新颖性、创造性、实用性不够。三是自行实施产业化，不会转。研发团队对于专利技术产业化如何转一头雾水，不知道怎么操作，研发创新成为孤岛，不晓得转。

2. 从体制机制来看

一是怕担责，不敢转。高校职务专利是国有资产，害怕因工作纰漏、操作不规范导致国有资产流失，学校管理人员和发明人在专利转化工作上如履薄冰，生怕承担责任。二是估价难，转不了。专利是无形资产，估价难，过高的专利转让费让投资者在市场前景难以预测的情况下很难接受，有运营中心参与其中，也往往出现专利权人傲气、对抗性阐释的情况，导致不欢而散。三是风险大，很难转。专利变为产品的过程相当复杂，需要经过多道坎，说不定夭折。比如技术坎，专利很多指标还停留在实验室阶段，不见得即刻可以在企业投入生产，需要不断调试和检验。另起炉灶新成立一家公司，也需要有资金保障、市场保障，还要有企业管理类人才。

3. 从转化服务来看

一是运营机构不力，不好转。运营机构普遍只能在某些环节发挥作用，很难打通整个转化链。高校运营中心大多只有 1～2 个专职专利管理人员，且对专利技术产业化不大精通，也不愿意热心迎合教授们的“高姿态”。二是机构多，转不顺。湖南设有省知识产权局、国家知识产权局专利局长沙代办处、省知识产权保护中心、省知识产权交易中心等政府性质机构，专利代理机构众多，市场不规范、服务质量不高，诸多主体不知道该找谁申请专利，同时机构众多也使得专利掉价。山东、河南、宁夏等省、自治区都在清理专利非正常申请，为专利正本清源。如江苏、青海、宁夏等地下发了 2022 年第一批非正常专利申请名单，其中宁夏石嘴山市共梳理出涉及 7 家专利代理机构 35 件非正常专利申请。

三　打造湖南专利技术产业化新高地时不我待

打造专业技术产业化新高地是湖南全面践行“三高四新”战略定位和使命任务的有力支撑和坚强保证，是建设知识产权强省、实现创新驱动、推动高质量发展、建设现代化新湖南的需要。专利本身就是科技创新，处于科技的高端、前端、尖端，打造具有核心竞争力的科技创新高地和重要先进制造业高地，需要推动专利技术产业化。湖南具有以下三个打造专利技术产业化新高地的条件。

1. 形成了省部共建格局

2022 年 7 月 25 日，湖南省人民政府和国家知识产权局联合印发《湖南省人民政府　国家知识产权局共建“三高四新”知识产权强省实施方案》，湖南省高标准建设知识产权强省进入新阶段。长沙市、湘潭市是国家知识产权强市示范市，株洲市、常德市、益阳市是国家知识产权强市试点市，中南大学、湖南大学是国家知识产权局、教育部 2020 年 10 月认定的知识产权示范高校。2022 年 5 月 26 日，国家知识产权局发布“关于 2022 年专利转化专项计划实施成效评估结果的公示”，确定 16 个省市获得专利转化专项计划中央财政奖补资金支持，湖南成为国家专利转化专项计划重点支持省份。

2. 创新能力较强

《中国区域创新能力评价报告 2021》显示，2021 年湖南创新能力综合指标位列第 11。《中国城市科技创新发展报告（2021）》显示，在全国 288 个地级以上城市中，长沙市位列第 20。《国家创新型城市创新能力评价报告 2021》显示，在包括创新治理力、原始创新力、技术创新力、成果转化力和创新驱动力 5 个一级指标的创新能力评价中，长沙市位列第 8，仅排在深圳、杭州、广州、南京、苏州、武汉、西安之后。据 2022 年 10 月 2 日发行的《湖南日报》报道，湖南企业创新综合指标在全国排名第 8，全社会研发投入经费跻身全国前 10。湖南拥有一批关键核心技术，诸如超级杂交稻、超级计算机、超高速轨道交通牵引、北斗、深海钻机、盾构机等。

3. 研发平台较多

长株潭城市群是国家自主创新示范区。长沙、株洲、衡阳是国家创新型城市。2022 年 9 月，工业和信息化部复函湖南省人民政府，支持长沙创建国家人工智能创新应用先导区（全国共有 11 个）。高校、科研院所较多且有较高水平。湖南拥有 3 个世界级先进制造业集群和 3 个国家级先进制造业集群；拥有国家重点实验室 19 个、国家工程技术研究中心 14 个、国家工程研究中心 12 个；拥有 1 个国家级制造业创新中心、62 家国家级企业技术中心和 11 个省级制造业创新中心、624 家省级企业技术中心。2022 年，岳麓山实验室、湘江实验室、芙蓉实验室等重点实验室相继揭牌。高定位、高起点、高标准的湘江科学城也在规划建设中，湘江科学城将是湖南创新的闪亮名片。

四　精准施策，打造湖南专利技术产业化新高地

牢记“创新是引领发展第一动力”，锚定“专利技术产业化高地”目

标，永葆“争先进位、走在前列”壮志，以习近平新时代中国特色社会主义思想为指导，政府统筹、主体发力、中介助推、金融支撑，打造政、企、产、学、研、融、服相结合，团结奋斗的专利生态圈，推动创新链、产业链、资金链、人才链深度融合，促进专利的高价值创造和高质量运用。

1. 强化区域协同，打造长株潭都市圈专利强圈

对外省（区域）特别是专利发达的北京、上海、粤港澳大湾区，要主动对接融入，发挥长株潭三市在龙头企业、配套企业、高等院校、科研院所、第三方平台、金融机构方面的优势开展合作，推动与国际科技创新中心建立高质量的跨区域专利技术产业化协作机制，建设协同创新共同体，打造长株潭都市圈专利强圈，协同规划都市圈专利发展蓝图，常态化共商专利发展大计，合作培育都市圈高价值专利组合，建立都市圈专利信息公共服务平台，一网打尽专利基础数据检索、业务办理、信息查询，一窗受理一网办理跨地区、跨部门、跨层级的数据共享和业务协同。各市州要确立知识产权强市战略。长沙要高标准建设国家知识产权强市示范市，并充分发挥“强省会”战略对全省的辐射带动作用，发挥长沙知识产权法庭对专利的跨市域工作职能。

2. 发展专利导航，促进专利与产业供需一体化

围绕产业链部署创新链，强化产业集群专利导航服务。聚焦“3+3+2”现代产业体系，按照“一产业一基地”相匹配原则，加强专利导航服务基地建设，以专利数据为核心，深度融合各类数据资源，全景式分析区域发展定位、产业竞争格局、企业经营决策、技术创新方向，实现专利信息分析与产业运行决策深度融合、专利创造与产业创新能力高度匹配，助力优势产业集群发展，打造国之重器。加大财政支持企业委托高校、科研院所开展研发力度，鼓励企业、高校、科研院所合作建立技术研发中心、产业研究院、中试基地等新型研究开发机构，创造高价值专利，培养科研人员商业意识。知识产权管理部门要加大组织召开专利转化对接会频次，并召开年度专利保护和运用大会。

3. 完善专利制度，实行专利供给侧结构性改革

对专利实行单列管理。高校职务专利不再由国有资产管理部门管理，改由科研管理部门管理。实施尽职免责制度，明确高校领导及职能部门在专利转化过程中的尽职免责清单。优化专利管理流程。设立专利转化基金。建立职务专利转化收益分配制度，明确专利权人、专利技术完成人、专利申报人员、专利转化人员的收益分配关系。完善高校考核制度。考核区分基础研究与应用研究，一个人很难做到基础研究和发明创造双赢。另外，专利获得授权后，也要实行后续监测评价，防止专利“沉睡”。允许科研人员将横向科研项目结余经费以现金方式入股专利技术产业化公司。建立专利技术产业化职称评审制度。

4. 做强专利服务，优化专利转化运营机构职能

建立专利服务业集聚区。专利运营机构不要太分散，聚集在一起更能发挥对专利技术产业化的推动作用。强化中介服务机构职能。熟悉专利法规、政府政策，知道专利价值评估，精通专利转化方式，了解产业发展市场营销，熟悉金融服务。制定专利公共服务事项清单、服务标准、办事流程。能为供需双方提供全方位服务，做到对接渠道通畅，能在专利转化上为对方出招，也能为需求方找到好的专利。鼓励专利权人开展开放许可。发挥众创空间对专利技术产业化的促进作用。对促成专利转化的中介机构，给予补助，对取得的收入免征增值税。

5. 推动金融创新，推动专利资产质押、证券化

发展金融超市。借鉴常德金融超市经验，一网连通政银企，一键实现融资供需对接，大力发展具有信贷、担保、股权投资、债权融资、供应链金融等综合性金融服务，也是信保基金、风险补贴和政策性担保、贴息、低息等金融政策的集成功能的金融超市。大力推行专利质押融资。设立质押融资风险补偿金，完善省、市、县三级优势互补的专利质押融资风险补偿机制，建立政府、银行、担保、保险多方参与的风险分摊机制，探索完善质押物处置机制。质押融资风险补偿资金委托给运营机构市场化运营。积极开展专利资产证券化。专利资产证券化的本质是将专利资产未来现金流转变为现在现金

流，实现专利技术使用价值与交易价值的内在统一。专利资产证券化是新事物，可在湖南湘江新区先行先试，积累可供推广复制的经验。

6. 加强法制保障，加强知识产权地方立法保护

加强知识产权地方立法保护。2022 年 9 月 26 日湖南省人大常委会通过了《湖南省知识产权保护和促进条例》（2023 年 1 月 1 日起施行），对知识产权的创造、运用、保护、服务和管理进行了明确规定。我国知识产权地方立法不多，湖南可以说走在全国前列。鉴于专利与产业发展匹配度不高、专利技术产业化不甚理想，建议修改《湖南省专利条例》。在全省推广长沙市“长沙市公安局、长沙市知识产权局保护知识产权驻企业工作站”知识产权挂牌经验，加强行政执法建设。

7. 回归专利初心，正本清源推动专业技术产业化

建议取消专利申请、授权的补贴、奖励、考核，代之以专利技术产业化。加强专利知识宣传普及，专利外行的普遍性容易诱发专利假冒和专利侵权行为，专利审查要严格，去伪存真，第一发明人要货真价实。不再沿袭对实用新型专利、外观设计专利的不实质性审查制度，消灭垃圾专利。采取断然措施整治代理机构，净化代理生态。

参考文献

周小雷：《外科医生的“硬茧”》，《湖南日报》2016 年 9 月 8 日。

曹娴、王铭俊、黄婷婷：《奋力打造“三个高地”》，《湖南日报》2022 年 9 月 30 日。

卓萌、赵俩芳：《金融超市，让企业融资更容易》，《湖南日报》2022 年 10 月 21 日。

熊焰、刘一君、方曦：《专利技术转移理论与实务》，知识产权出版社，2018。

中国知识产权研究会：《各行业专利技术现状及其发展趋势报告（2016—2017）》，知识产权出版社，2017。

朱国华：《高新技术产业化的专利、标准与人才战略》，化学工业出版社，2010。

将异种胰岛移植作为湖南发展新领域新赛道的战略思考

湖南省社会科学院（湖南省人民政府发展研究中心）调研组*

“计熟事定，举必有功”。当前，百年变局与世纪新冠疫情交织叠加，全球经济持续衰退，经济结构面临重塑，发展赛道悄然转换。大疫当前，百业艰难，但危中有机，唯创新者胜。作为最大发展中国家的典型发展中省份，湖南如何在新一轮发展赛道转换中提前预判、前瞻谋划、抢先布局，开辟湖南发展新领域新赛道，是值得全省上下重视与关注的战略问题。根据新领域新赛道开辟的政治性、社会性和经济性三大属性，为更好彰显国之大者、服务人民群众、符合经济规律、贴近湖南实际，湖南应利用新一轮科技革命和产业变革的重大机遇，将异种胰岛移植作为湖南发展新领域新赛道，在全球产业链供应链中抢占独有地位，成为新的竞赛规则的重要制定者、新的竞赛场地的重要主导者。

一 异种胰岛移植是湖南开辟发展新领域新赛道的突破口

异种移植作为新兴的生物技术，是对猪进行特殊培育，提取其细胞、器官治疗人类重大疾病的技术，具有突破性、引领性等显著特点，是推动生物经济高质量发展的有效力量，是满足人民对生命健康需求的重要举措。湖南

* 调研组组长：钟君，湖南省社会科学院（湖南省人民政府发展研究中心）党组书记、院长（主任）。调研组成员：李晖、闫仲勇、宋春艳、张诗逸、李詹，湖南省社会科学院（湖南省人民政府发展研究中心）研究人员。

在异种胰岛移植领域具有良好基础和先发优势，完全可以成为湖南开辟发展新领域新赛道的突破口和着力点，以培育湖南万亿产业、造福国家亿万黎民。

1. 异种胰岛移植是国际新一轮生物科技竞争的新赛道

异种移植是新一轮科技革命角逐的关键技术，已成为生物科技革命的关键触发点，将开辟新一轮生物科技竞争的新赛道。联合国世界卫生组织指出，异种移植是生物经济领域的新兴产业，为需要移植治疗的患者生产出无限量细胞、组织和器官供体资源，不受供体数量和时间的限制。异种胰岛细胞移植是异种移植中安全性最高、伦理风险最小的技术，猪胰岛移植技术已临床应用于糖尿病治疗。较之于国内其他机构异种移植尚处于临床研究阶段，中南大学湘雅三医院王维团队在国际上首次建立了“猪胰岛移植供体培养—猪胰岛提取—临床应用”的完整技术体系，受到联合国世界卫生组织的高度评价。异种移植技术在湖南的率先突破，将使我国实现抢占生物经济制高点和领跑新一轮科技变革的宏伟目标成为可能。

2. 异种胰岛移植是破解糖尿病对人民健康威胁的“杀手锏”

糖尿病是世界公认的重大疾病。世界卫生组织统计，糖尿病并发症高达100多种，患者寿命明显缩短。据联合国世界卫生组织统计，每年约400万人由于糖尿病死亡，100万糖尿病患者截肢，肾移植患者中超过一半是由于糖尿病。绝大部分1型糖尿病患者带病生存不超过30年。而猪胰岛移植能够使糖尿病患者恢复自主血糖调节，实现血糖快速调整，精准维持血糖稳态，防止高血糖和低血糖对患者血管、神经的损伤，阻断糖尿病并发症的发生和发展，最终实现糖尿病的治愈。临床应用表明猪胰岛移植在1型糖尿病治疗中疗效显著，康复后患者可回归正常的工作和生活，满足了人民对生命健康和美好生活的双重需求。

3. 异种胰岛移植是减轻医疗保障体系负担的重要“利器”

中国是糖尿病患者最多的国家。国际糖尿病联合会（IDF）2021年11月发布的数据显示，中国成年糖尿病患病人数达1.4亿。1型糖尿病患者接近1000万，近90%的1型糖尿病患者在发病30年内死于糖尿病并发症或无预警低血糖。据国际糖尿病联合会统计，到2030年我国与糖尿病相关的健康支出将达1850亿美元。2012年6月，《柳叶刀》杂志发表了题为《糖尿病掠夺中国的健康与财富》文章，文中论述道："巴克莱证券研究估计在未来10年内，全球29%的糖尿病将发生在中国；另据国际糖尿病联合会统计，在2010年，13%的中国卫生经费支出（大约250亿美元）都用于糖尿病的治疗；世界银行预期在未来5年中国的总卫生经费支出将再增长50%，这将'大大削弱'中国在扩大医疗保险覆盖范围方面的努力，同时增高了未来经济增长放缓的可能性。"包括胰岛在内的异种器官在人体临床应用的突破将完全改变终末期疾病患者的命运，并将极大地减轻我国医疗保障体系的负担。

4. 异种胰岛移植是湖南推动经济高质量发展的增长点

生物经济是新经济形态，蕴藏着巨大的经济潜能。异种移植作为生物经济的新兴产业，具有巨大的发展潜力和可观的市场收益。国际有关机构和专家预测，异种移植在全球拥有巨大的市场需求和广阔的发展空间，可创造出产值上万亿美元的新兴生物医药产业。从现有技术的市场应用前景来看，糖尿病患者数量巨大，根据国际糖尿病联盟的数据，2021年全球共有成年糖尿病患者（20~79岁）5.37亿人，我国糖尿病患者高达1.4亿人。但是目前的治疗难以阻止糖尿病发生致命的并发症。中南大学湘雅三医院在多项国家科研项目支持下，自主创新研发了异种胰岛移植糖尿病全产业链关键技术，在国家卫健委批准下开展了国际领先水平的临床研究，证明了异种胰岛移植治疗糖尿病的安全性和有效性。目前具有异种移植临床应用资质的医院很少。湘雅三医院是国内唯一获批准进行猪胰岛移植治疗糖尿病的医院，也是国际上少数开展了异种胰岛移植治疗糖尿病的单位。国内启函生物（杭州）、中科奥格（成都）和盖兰德生物（北京）的主要特点是开展培育转基因猪的基础研究，但与异种移植的要求以及异种移植临床研究尚有相当大的距离。目前猪胰岛移植的利润率约20%，其盈利水平和市场前景相当可观。从潜在市场和收益来看，目前湘雅三医院猪胰岛临床研究和应用已经在并发症轻微的1型糖尿病患者中获得很好疗效。但并发症严重的患者移植愿望更强烈，市场预期更大。湘雅三医院联合湖南赛诺生物科技股份有限公司正在开展针对 2 型糖尿病的异种胰岛细胞芯片的动物实验和转基因猪治疗糖尿病的动物实验，积极准备申请临床研究。2 型糖尿病患者占糖尿病患者总数的 92%，目前虽然通过吃药能够基本控制病情，但随着人们对生活质量和健康水平的高层次需要，开发可以自动调节血糖的生物芯片将成为抢占发展先机的需要，新型的转基因猪胰岛移植有可能使患者获得治愈的疗效。

5. 异种胰岛移植是湖南在新一代生物技术领域下好的“先手棋”

湖南不仅在异种移植技术和伦理方面在国内率先开展探索，还积极参与国际异种移植临床研究和应用规范的制定。在技术上遥遥领先。湖南是国内唯一拥有异种胰岛移植产学研医一体化整合的省份。湘雅三医院早在 20 世纪 90 年代中期就开始尝试胰岛的介入治疗和猪胰岛移植根治 1 型糖尿病的探索，目前已经自主创新建立了异种胰岛移植治疗糖尿病的全产业链技术体系。湖南赛诺生物提供符合 WHO 倡导的异种移植供体猪（DPF 级），其猪胰岛提取、保存与运输技术获得了 10 项国家发明专利。在伦理和规范上进行了先行探索。湘雅三医院 1999 年获卫生部“猪胰岛移植治疗糖尿病的实验与临床研究”批准件，通过了关于科学性和伦理性的复合审核，在全球处于领先地位。2008 年和 2018 年两次受世界卫生组织委托主导完成国际异种移植研究规范《长沙宣言》，2016 年参与了国际异种移植科学标准和伦理标准的制定。此外，还参与了异种移植湖南省地方标准的制定。

二　湖南异种胰岛移植事业发展面临的主要困难

推动湖南异种胰岛移植发展，开辟湖南发展新领域新赛道，不仅要在技术创新方面首屈一指，也要在成果转化方面硕果累累。目前，湖南在异种胰岛移植治疗糖尿病研究领域，具有全体系、成套自主知识产权技术，解决了技术创新从 0 到 1 的问题，但是距离从 1 到 100 还有很长的路要走，主要面临着四大困难。

1. 存在基础设施短板和资金缺口，产能严重不足

DPF 供体猪是开展异种胰岛移植治疗必需的原材料，直接影响着异种胰岛移植的受者数量。中南大学投资的湖南赛诺生物科技股份有限公司是国内唯一掌握 DPF 猪培育关键技术的单位。每年只能提供 100 头左右 DPF 供体猪，治疗 60~80 位糖尿病患者，而全国需要异种胰岛移植治疗的糖尿病患者超过 2000 万，其中湖南达到 50 万以上。湖南已经掌握了 DPF 供体猪培育全部技术，但由于资金缺口，缺少产能较大的供体猪培育中心，造成 DPF 供体猪数量远远难以满足潜在患者需要。

2. 应用场景较为单一，产品尚待延展

目前，湖南异种胰岛移植主要治疗 1 型糖尿病，但是从患者数量看，2 型糖尿病治疗才是异种胰岛移植的“蓝海”。湖南科研团队瞄准 2 型糖尿病治疗的重大需求，以实现血糖稳定控制为目标，积极研发异种胰岛芯片，已形成了比较成熟的理论模型和技术路线，正在申报发明专利，但是生物材料和低温 3D 打印技术、抗缺氧抗免疫排斥的胰岛细胞治疗芯片等一系列课题尚待攻克。此外，异种器官移植，心脏瓣膜、骨材料、角膜制备也具有广阔的市场前景，正处于临床前及临床研究阶段。只有这些新技术、新产品都研发成功、批准上市，才能改变当前异种胰岛移植治疗糖尿病技术单打独斗的局面，形成全面产品矩阵，打造以湖南省为龙头的异种移植国际高地。

3. 治疗费用较高，有效需求有待释放

治疗效果是患者做出医疗行为决策的重要依据，治疗费用也是影响患者是否接受异种胰岛移植治疗的重要变量。考虑到异种胰岛移植主要用于 1 型糖尿病治疗，课题组根据统计资料和调查问卷，估算了 1 型糖尿病传统治疗方法和猪胰岛移植的各年费用，将 1 型糖尿病患者平均发病年龄设定为 20 岁，由发病到出现并发症的时间间隔设定为 10 年，发生并发症后的寿命多数在 20 年左右，参考我国预期寿命 78. 2 岁，将 1 型糖尿病患者的预期寿命设定为 60 岁左右，对传统治疗方法和异种胰岛移植的治疗总费用现值进行了计算。结果表明，按照当前收费标准，在发生并发症以前的糖尿病患者异种胰岛移植的治疗费用高于传统治疗方法，一定程度上会抑制异种

胰岛移植需求的释放。调研反映，如果每年可以开展 1000 例猪胰岛移植临床治疗，那么就能形成一定规模效应，接受猪胰岛移植后每年的医疗费用将下降到 500 元，有助于扩大 52 岁及以下患者群体对异种胰岛移植的有效需求（见表 1）。

表 1　1 型糖尿病传统治疗方法与异种胰岛移植费用现值比较

年龄	传统治疗方法	猪胰岛移植治疗（当前）	猪胰岛移植治疗（1000 例）
30 岁	38.3 万元	28.9 万元	16.4 万元
40 岁	29.6 万元	26.5 万元	16.1 万元
50 岁	18.9 万元	23.5 万元	15.9 万元
60 岁	5.9 万元	19.9 万元	15.5 万元
预期寿命	71 岁	71 岁	71 岁
支出明细	在没有并发症情况下，医疗支出 5000 元/年；10 年后出现并发症，医疗支出 18000 元/年	猪胰岛移植治疗支出 15 万元（已扣减医保报销的 5 万元）；接受猪胰岛移植后，医疗支出 5000 元/年	猪胰岛移植治疗支出 15 万元（已扣减医保报销的 5 万元）；接受猪胰岛移植后，医疗支出 500 元/年

注：无风险利率设定为 2%。

资料来源：相关数据综合参考了中华医学会糖尿病学分会统计数据、省级医院统计数据、《异种胰岛移植情况调查问卷》。

4. 资金和市场支持不够，推广环境有待优化

创新技术的产业化进程与推广环境密切相关。湖南异种胰岛移植的产业化潜力巨大，但是尚未形成良好的推广环境。一是资金支持面临两难。技术深化研究和拓展以及推广离不开资金支持。当前，无论是 2 型糖尿病治疗实验研发，还是 1 型糖尿病异种胰岛移植产业化的推广应用，均处于关键期，有着较大的资金需求。但是为避免技术外溢、过度资本化等风险，湖南科研团队对大量引入社会资本持谨慎态度，造成资金引入的两难境地：社会资本乃至国外资本供给充裕，但是团队不愿引入；倾向引入财政资金或者国有资本，但是寻求难度较大。二是临床应用受到地域限制。目前猪胰岛移植治疗糖尿病只能在中南大学湘雅三医院开展临床应用，其他地区和其他医院无法提供猪胰岛移植治疗糖尿病技术服务，给外地患者就医带来不便。三是医患

对异种移植的认知度不高。糖尿病属于内分泌科，内分泌医生对异种胰岛移植不够熟悉，他们主要还是采取传统方法进行治疗。相当一部分糖尿病患者对异种胰岛移植的了解偏少，还有一些患者将异种胰岛移植与异种大器官移植混为一谈，对这种治疗方法的安全性存有疑虑。

三　推动湖南异种胰岛移植加快发展的对策建议

当前，生物经济成为继农业经济、工业经济、数字经济之后的第四种经济形态，发展生物经济已成为大势所趋。湖南要充分发挥异种胰岛移植领域的全国领先优势，在进一步加强推广宣传、拓展资金支持渠道的基础上，做好异种器官移植监管预警和未来技术储备，稳步推动异种胰岛移植技术产业化，将异种胰岛移植作为湖南发展新领域，开辟湖南生物经济发展新赛道。

1. 加强推广宣传，提高湖南异种胰岛移植的国际影响力和公众认知度

异种胰岛移植作为治疗糖尿病的一种有效的新兴医疗技术，要更好地为广大患者服务就必须提升其公众认知度。一是通过官方背书增强公信力。通过官方媒体跟踪报道等方式对湘雅三医院异种胰岛移植这项世界领先的医疗技术予以肯定，并将王维团队作为先进医疗技术典型推介给科技部、国家卫生健康委员会，扩大异种胰岛移植的影响力。二是提高专业人士认知度。定期在湖南举办异种胰岛移植专题论坛，邀请国内外内分泌科专家参与，将异种胰岛移植作为省内糖尿病相关研讨会议的重要议题，并纳入湖南医疗内部系统培训、前沿生物医学宣讲的内容，通过各类权威生物医学平台来提高医疗从业人员对异种胰岛移植的认知度。三是提升糖尿病患者的认可度。进一步加强对异种胰岛移植患者的跟踪回访，并及时公开患者治疗后的相关健康指标数据，让患者能清楚看到、感受到异种胰岛移植的良好疗效，赢得患者的认同。

2. 拓展资金支持渠道，稳步推动异种胰岛移植技术产业化

推进异种胰岛移植技术研发，推动异种胰岛移植技术产业化，离不开大量的资金投入。湖南可灵活利用现有政府产业创新资金支持政策，对异种胰岛移植予以倾斜，加大政府扶持资金投入，加速技术产业化进程，扩大猪胰岛产能，增强企业自主“造血”能力。一是发改委—科技厅—卫健委三家联动，支持异种胰岛移植申报湖南科药联合基金、企业扶持基金，并将其纳入临床医疗技术创新引导项目。进一步精简优化项目申报流程，引导与整合社会资源投入异种胰岛移植技术研究，加大对湘雅三医院开展的“自动调节2型糖尿病患者血糖的生物芯片”和“新型转基因猪胰岛移植治疗糖尿病临床研究”支持力度，促进有关部门、企业和湘雅三医院异种胰岛移植团队的合作，培养生物制药、临床医学等方面的研究人才，推动湖南异种胰岛移植技术产业化水平的持续提升。二是适当提升异种胰岛移植的医保报销比例。进一步提升异种胰岛移植治疗的医保报销比例，将治疗使用的湖南自主研发的药品和耗材纳入甲类医保，异种胰岛移植手术纳入乙类医保，尽可能降低异种胰岛移植在临床应用中的经济成本。三是积极争取国家资金支持。把握“十四五”生物经济发展机遇，将异种胰岛移植作为湖南向国家发改委申报生物经济创新能力提升工程和生物医药技术惠民工程项目的重要内容，将胰岛移植作为湖南科技创新重大项目予以支持，为湖南培育壮大生物经济产业奠定坚实基础。

3. 做好监管预警，筑牢异种胰岛移植的安全屏障

由于异种胰岛移植存在的群体风险，其临床试验和程序需要得到有效监管与预警，切实做到异种胰岛移植生物安全、生命伦理等风险可控，筑牢异种胰岛移植的安全屏障。一是建立异种移植科技伦理监管机制。探索建立异种移植区域性科技伦理审查中心的可行性，对研发进行全周期伦理审查，指导从事异种移植的高等学校、科研机构、医疗卫生机构、企业等设立异种移植科技伦理（审查）委员会，明晰科技伦理审查和监管职责，完善科技伦理审查、风险处置、违规处理等规则流程，制定异种移植的科技伦理规范、指南等，引导科技机构和科技人员合规开展科技活动。建立异种移植伦理审查结果专家复核机制，组织开展对异种移植重大科技伦理案件的调查处理，并利用典型案例加强警示教育，有效防范科技伦理风

险。按照国家伦理审查的相关规定，开展第三方伦理审查机构或者国家级伦理审查机构审查。二是建立异种移植法规监管预警体系。健全异种移植法律法规体系，推动在相关立法中对异种移植监管、违规查处等治理工作做出明确规定。加强对异种移植涉及的基因编辑等技术研究、开发与应用活动的安全管理，对涉及生物安全的异种移植重要设备、器官等实施追溯管理。建立终身随访机制，对接受异种移植的患者以及他们的密切接触者进行终身随访，根据随访人员情况，加强风险研判。加强异种移植风险预警，及时跟踪异种移植发展前沿动态，提升对异种移植的动态跟踪、风险评估和突发事件应急处置能力。

4. 增强技术储备，审慎推进异种器官移植研究

当前，异种器官移植临床应用和产业化尚有距离，但在国际上已经呈现激烈的技术竞争态势，必须跟上国际先进水平，做好异种器官移植技术储备。一是加强关键核心技术攻关。滚动编制异种移植关键核心技术攻关清单和进口替代清单，形成异种移植关键核心技术研发攻关目录，开展“卡脖子”揭榜挂帅，举办有影响力“揭榜挂帅”大赛，实施“首功奖励制”，以项目化形式定期发布异种移植关键核心技术机会清单，引导全球高校院所、科研机构、企业对“卡脖子”技术清单揭榜，力争突破抗免疫排斥治疗技术、基因编辑技术等一批关键共性技术、前沿引领技术、现代工程技术、颠覆性技术，为产业链供应链安全稳定提供有力支撑，解决异种基因致病问题、免疫排斥反应等异种移植难题。二是打造异种移植创新平台。依托湘雅三医院研究平台，推动建立以异种移植为主攻方向的国家工程中心，加强异种移植的基础研究，培养异种移植专业人才。打造基因修饰供体猪临床试验平台，完善相关配套设施，加强无指定病原体（DPF）设施的建设，开展基因编辑供体猪治疗相关疾病的临床研究，加强“猪到猴”等临床推广应用场景建设，审慎推动异种器官移植技术产业化，打造具有国防建设意义的“创伤修复组织库”和“未来器官工厂”。三是培育异种移植创新企业。实施“一龙带百小”计划，依托湘雅三医院和湖南赛诺生物，吸引启函生物、中科奥格、盖兰德生物等外地企业在湘设立研发总部（第二总部)，以湖南龙头企业为主体，培育医用动物检测、生物材料制作、生物打印和精确制备产业，建立产业链上下游企业联系制度，组建协同创新共同体，加强战略、技术等协作，支持龙头企业联合中小企业成立核心技术研发投资公司，以龙头企业引领中小微企业发展配套产业和关联产业，打造形成从医用供体猪育种/养殖到供体细胞制备再到临床应用的完整产业链。

参考文献

雷瑞鹏：《异种移植的哲学反思与伦理问题》，人民出版社，2015。

段伟文：《科技伦理治理，如何伦理先行?》，《中国医学伦理学》2022 年第 5 期。

雷瑞鹏、张毅：《生物医学研究伦理审查质量影响因素探讨》，《北京航空航天大学学报》（社会科学版）2022 年第 1 期。

李丹妮等：《异种移植新进展：从实验到临床》，《中国普外基础与临床杂志》2022 年第 6 期。

米夏埃尔·宽特、李靖新弘：《伦理视角下的异种移植》，《当代中国价值观研究》2022 年第 3 期。

Reardon, Sara, "Will pigs solve the organ crisis? The future of animal-to-human transplants," *Nature* 611 (2022): 654-656.

以5G高新视频引领马栏山高质量发展的对策建议

湖南省社会科学院（湖南省人民政府发展研究中心）调研组*

马栏山视频文创产业园（以下简称马栏山）作为湖南省实施“三高四新”战略定位和使命任务“领头雁”、文化强省建设“主阵地”，当前正处于发展的关键时期，必须始终坚持以习近平总书记考察马栏山时的重要指示为指导，站在全球信息科技革命和产业变革的潮头，将5G高新视频作为推进文化产业数字化、引领马栏山高质量发展的新“引擎”。

一 以5G高新视频引领马栏山高质量发展其势已成

当前，伴随新一代信息技术革命，5G高新视频已进入蓬勃发展的快车道，逐渐成为马栏山高质量发展的新动力。

1. 5G高新视频瞄准未来传播形态引领创新发展

5G高新视频是指在5G环境下产生的“更高技术格式、更新应用场景、更美视听体验”的视频，视频融合4K/8K、3D、VR/AR/MR、高帧率、广色域等高技术格式，具备新奇的影像语言和视觉体验的创新应用场景，易于吸引观众兴趣并拉动消费。与传统视频比较，5G高新视频内涵更丰富、外延更具包容性、互动观看体验更强，是运用高新视频技术对传统影像语言的有效演进延伸。当前，马栏山不断集成虚拟视频、全息视频

* 调研组组长：邓子纲，湖南省社会科学院（湖南省人民政府发展研究中心）产业经济研究所所长、博士、研究员。调研组成员：廖卓娴、徐淑芳、向松林，湖南省社会科学院（湖南省人民政府发展研究中心）研究人员；唐苗苗，湖南交通职业技术学院讲师。

等技术，推出虚拟制片、虚拟舞台、虚拟演唱会等创新产品，为湖南广电等企业内容生产提供跨屏制播服务。同时，不断摸索数字人新赛道，积极打造引领行业创新发展的数字人生态创新平台，为马栏山高质量发展提供坚实技术保障。

2. 5G重点实验室布局马栏山实现关键突破

当前，以湖南广电优势资源为支撑，湖南成功争取到“5G高新视频多场景应用国家广播电视总局重点实验室”（以下简称5G实验室）布局马栏山，并在探索产业创新发展中积累了经验、集聚了资源，实现了融创应用到感知颠覆等环节的关键突破。5G实验室研发的54云魔数字媒体产品体系，实现新闻宣传“云录制、云采访”，应用于《歌手》等节目录制，开创节目播出云生产先河；“时空凝结”技术应用到《舞蹈风暴》节目录制中，引领全国潮流；研发的数字主持人“小漾”在湖南卫视上线后，引发全网热议。目前5G实验室运用“互动+虚拟+云渲染”技术底座，正在搭建芒果的元宇宙平台，积极参与未来传播形态竞争，推动形成产业聚集效应，为马栏山发展积聚动能。

3. 马栏山文创产业价值链延展提升“崭露头角”

以云网一体化基础设施和数字内容制作共享云平台建设为契机，重点与5G、4K/8K、大数据、云计算等技术领域实验室和科技类企业合作，基于湖南广电的品牌效应，加快布局视频文创产业链上下游企业，先后与腾讯、华为、爱奇艺等头部企业在电影电视、版权服务与内容审核、游戏研发、电竞教育培训、赛事运营和服务等方面展开合作，进一步拓展了产业协同深度，提升了产业价值链。同时，积极探索将平台功能延伸到制造业服务领域，通过“长沙先进制造业5G云VR公共服务平台”，联手三一重工、中联重科等先进制造业头部企业，全力探索前沿视频技术与先进制造业融合发展，获评2020年湖南省“5G+制造业”典型应用场景。通过产业链“朋友圈”的扩大，生产要素互补共生的聚合效应和规模效益不断提升，逐步推动其他产业与马栏山文创产业的共融、共建、共享。

二　以5G高新视频引领马栏山高质量发展面临的主要问题

尽管5G高新视频产业蓬勃发展其势已成，但与“引爆”马栏山，打造具有国际影响力的“中国V谷”还有一定距离，还存在一些短板和问题。

1. 资源融合创新发展不足

一是与湖南省内高校、科研机构融合发展不足。苏州工业园成功的最大要素之一就是加快园区与本地高校融合发展，基于“企业学院”的校企合作模式，既填补了技术的空白，又实现了人才培养过程与实际工作过程的一致性，达到产教深度融合。湖南的岳麓山和马栏山（以下简称“两山”），前者的科技、人才资源和后者的内容生产优势，可融合的点面较多。但由于马栏山园区管委会单位架构只是处级，难以直接协调“两山”之间的资源，虽有省委、省政府高位推动，但目前“两山”还未形成强强联合之势，湖南大学的超级计算机中心、国防科技大学的计算机与军民融合研究机构等科技资源优势在视频生产领域未能充分发挥。二是与省内优势产业融合发展不足。目前，5G高新视频产业未能与湖南工程机械、轨道交通装备、航空动力等核心产业形成融合发展态势，有效延伸上下游产业链不足，结合长沙国家中心城市创建促进自身跨越式发展的意识缺乏，未能通过延伸优势产业链，实现自身价值增长与产值扩大。三是与相关科技融合发展不足。湖南移动互联网产业具备一定基础，突破了一批新兴领域的关键技术，但5G高新视频产业与互联网技术之间的融合还有待加强，能助力马栏山视频主业的数字技术和虚拟技术还处于攻关阶段，创新主流媒体的未来传播形态尚处于孕育阶段。

2. 优质要素供给不充分

一是高端人才供给不充分。近年来，长沙市、马栏山均出台了系列人才政策举措，吸引了一批专业人才向园区聚集，但高端人才的缺乏仍是马栏山发展的痛点。由于当前马栏山头部企业不足，创业环境、薪资待遇相比北上广深差距明显，在“抢人大战”中缺乏优势，人才引不来、留不住。如5G

实验室在谈的一个专业技术人才，被腾讯公司以10倍薪酬“抢走”。二是产业链配套供给不充分。从园区内来看，湖南5G高新视频产业集群尚未形成，2021年上半年规模以上互联网和软件信息技术服务企业营业收入1.48亿元，同比下降11.6%，增速与全省平均水平相比，低40.4个百分点，园区数字经济发展基础有待进一步提高；从园区外来看，湖南优势在于传统视频产业，但5G高新视频产业的上下游产业核心企业主要集中在北京、长三角区和粤港澳大湾区，这些地区集聚的全国互联网百强企业占到82%。三是创意开发资金供给不充分。各类政策配套资金支持力度大，但难以精准投入，“撒胡椒面”式的投入易导致“添油战术”的战略资源消耗弊端。核心产品线全面铺开对资金的持续需求也难以单靠财政资金满足，亟待成立或用好相应产业基金，整合资金、技术等关键资源，分层次、有重点地参与市场化运作，支持产业链核心企业做大做强。四是其他生产要素供给不充分。如马栏山企业用电纳入大工业用电范围、长沙接入国家级互联网骨干直联点等问题还有待解决，园区硬件建设和软件服务水平还需进一步提升。

3. 产业协同效益不显著

湖南5G高新视频产业还处于萌芽期，其从成长、成熟到稳定产出尚需周期性发展，目前经济效益尚不明显。重点建设中的5G实验室等科研机构尚处于发展起步阶段，在短期内还难以实现核心产品的大规模市场化应用，更不足以实现资源整合、建立全产业链集群。相比之下，高新视频发展较快的广东省，自开通全国首个省级4K频道后，已集聚形成广、深、惠等3个产值超千亿元的超高清视频产业集群。山东青岛5G高新视频实验园区围绕高新视频内容产品创新、高新视频云、软硬件设备研发生产、应用集成创新、内容监测监管与数字版权服务五大产业板块，已签约引进高新视频产业企业及机构108家，其中华为、海信、京东方等行业头部企业近20家。

三　以5G高新视频引领马栏山高质量发展任重道远

紧紧围绕习近平总书记考察马栏山时肯定马栏山“文化和科技融合”

模式的指示精神，对标全国领先、世界一流的目标，聚焦5G高新视频产业存在的短板弱项，精准施策、攻坚克难，高位推动5G实验室申报国家重点实验室，把5G高新视频产业打造成马栏山高质量发展的新引擎、新优势。

1. 加快产研融合，实现技术新突破

一是打通“两山”之间产教融合和资源共享渠道。深入贯彻落实湖南省委、省政府“两山”协同发展思路，进一步完善马栏山园区管理体制机制，发挥好5G实验室的技术龙头作用，强化科技突破对产业规模效益的提升支撑作用。二是培育孵化文化与科技融合重要平台。将5G实验室作为核心技术研发平台，整合湖南广电全系统的技术研发资源、创新人才资源、行业数据资源，积极向科技部申报5G实验室为国家重点实验室；与腾讯、阿里、抖音、快手等核心互联网企业展开深度合作，积极引进国内IT行业头部企业和技术研发类企业，孵化本土科技创新引擎和独角兽企业，以高新视频创新型企业引进带动产业发展。三是依托湖湘科教力量，与省内高校、科研院所、核心信息企业建立合作攻关机制。聚集5G高新视频全流程最前沿技术要素，协同开展重大技术专题攻关。加快“高新视频产业云平台”等公共技术服务平台建设，致力变现、整合、连接、输出“四大能力”建设。

2. 加快产业融创，拓展产业新业态

一是大力推进5G高新视频在湖南广电、芒果TV落地应用。在牢牢把握政治方向、舆论导向、价值取向的前提下，用更有想象力的技术底座和内容产品，加速传统媒体转型未来新媒体，形成新的产业优势和核心竞争力。二是推动5G技术与文化产业的合作与应用。围绕视频产业生态圈、动漫游戏电竞产业生态圈、数字出版产业生态圈三个核心圈层，结合体育产业、文旅产业、康养产业等其他相关产业，打造高新视频新产品、新应用、新业态。三是推动5G跨界融合、催生新兴业态。构建“高新视频+工业互联网”的智能制造专网等新型城市文化业态，将5G数字技术、视频内容与先进制造业、教育、医疗、养老等行业融合起来，产生变革升级飞跃。

3. 打通内外循环，开拓业务新市场

一是巩固扩展国内市场占有率。以高新视频企业为主体，积极探索基于

5G 网络的个性化定制、精准化营销、协作化创新、网络化共享等新型高新视频生产经营方式和业务形态，形成多元商业模式，保持国内行业第一方阵的领先地位。二是加大国际合作交流力度。依托马栏山园区，根据与国际接轨的交流合作需求，做好 5G 高新视频 XR 棚建设，吸引国际投资，推动马栏山在高新视频制作、影视拍摄方面深度参与国际合作与交流，从而更加高效地整合全球优质资源，搭建面向世界的开放平台。三是发展高新视频产品服务出口贸易。抓住湖南自由贸易区建设的契机，积极推动高新视频产品、服务走出去，推动 5G 高新视频产业在更高层次上参与世界行业标准规则制定，参与国际分工体系，以更加有力的竞争优势占据全球产业价值链的中高端。

4. 强化要素设计，提升政策新优势

一是加大配套政策支持力度。站在全国视野，加强对园区、对高新视频产业政策的研究，制定出台在全国具有竞争力的政策举措，依托园区加强 5G 相关新型基础设施建设，打通技术向现实生产力转化的通道。二是加大资金投入力度。整合现有财政专项资金，通过贴息贷款、运营补贴和创新奖励等方式，参照湖南给予农林类重点实验室的做法，将马栏山 5G 实验室纳入财政专项预算，每年给予一定研究经费支持。充分发挥文化类产业基金的作用，支持内容视频产业转型升级。三是加大人才培养引进力度。建设好马栏山新媒体学院，打通学院与园区合作通道，定向培养 5G、超高清、虚拟技术、人工智能等专业技术人才。通过实施核心创新项目，在实战中培养经验，推动传统内容创作者向高新视频研发制作复合型人才转型。进一步优化园区人才政策，以打造国家重点实验室为契机，引入高精尖人才，提升人才的储备厚度和聚集力度。

参考文献

靳戈：《中国网络视频产业发展战略研究》，光明日报出版社，2019。

郑自立：《新时代中国数字文化产业高质量发展研究》，中国社会科学出版社，2022。

张蕾：《5G 产业：新智能时代革命》，电子工业出版社，2021。

杨剑飞：《文化产业园区生命周期研究》，社会科学文献出版社，2016。

刘沛林、黄柏青、胡显斌：《广播电视网络视听节目交易中的问题及对策研究——来自马栏山视频文创园区的探索》，《湖南社会科学》2021 年第 5 期。

汪子皓：《从多边市场到产业平台——长沙马栏山视频文创园研究》，《视听》2018 年第 8 期。

李璨、龙腾：《中国（长沙）马栏山视频文创产业园现状及其发展战略研究》，《金融经济》2019 年第 8 期。

以数字化转型培塑湖南制造新优势

湖南省人民政府发展研究中心调研组*

随着“大智移云”等新一代信息技术的发展及信息化水平的普遍提高，数字技术日益渗透融入制造业全过程，数字化转型正成为制造业变革的主旋律。为此，湖南要准确把握新科技革命和产业变革新趋势，深刻认识“大智移云”对促进产业变革的重要作用，以制造业数字化转型为抓手，持续提升制造业占比，不断扩大规模工业企业数量和市场主体中企业数量，努力在新一轮科技革命和产业变革中塑造优势、争得主动。

一　立足优势：湖南制造业数字化转型的三大特色成效

近年来，湖南数字技术与制造业加速融合，数字新基建加快推进，数字生态持续改善，在产业数字化、数字化平台、数字化政策方面取得了较为显著的成效。

1. 数字技术与制造业加速融合，产业数字化成为数字经济“主阵地”

数字制造化重点领域按下“加速键”。2020年，湖南数字产业化增加值规模达到906亿元，在电子信息、软件以及新兴领域跑出了高质量发展的“加速度”。“十三五”时期，湖南规模以上电子信息工业增加值连续五年保

* 调研组组长：谈文胜，原湖南省人民政府发展研究中心党组书记、主任。调研组副组长：侯喜保，原湖南省人民政府发展研究中心党组成员、副主任；蔡建河，原湖南省人民政府发展研究中心党组成员、二级巡视员。调研组成员：刘琪、闫仲勇、言彦，原湖南省人民政府发展研究中心研究人员。

持两位数以上增长，2020 年增速更是高达 16.4%，高出全国 8.7 个百分点；“十三五”时期，湖南软件产业年均复合增长率 21.9%，2020 年同比增长了 53.9%；2021 年上半年，湖南 12 家省级大数据产业园的大数据产业产值同比增长 29%，全省重点调度的 20 家人工智能及传感器产业链企业核心产业产值同比增长 25.1%。制造数字化实现“新跨越”。在全国率先推行中小企业“两上三化”行动计划，全省累计推动 38.3 万户中小企业“上云”、1.65 万户中小企业“上平台”。2020 年，全省大型企业两化融合水平居全国第 9、中部第 1，产业数字化增加值规模超过万亿元，占数字经济比重上升至 92.1%，成为数字经济发展的“主阵地”。

2. 数字新基建加快推进，数字化平台成为制造业转型的“硬支撑”

工业互联网平台建设取得“新进展”。建成国内首个电子行业标识解析二级节点，中国工业互联网研究院湖南分院、中国信通院湖南工业互联网创新中心等国家级平台相继落户湖南；拥有 3 个全国 30 强工业互联网平台，三一重工的根云平台连续两年入选国家级跨行业跨领域工业互联网平台，4 个方案入选 2021 年工业互联网 App 优秀解决方案名单，入选数量居全国前 10。截至 2021 年 7 月，全省主要工业互联网平台累计研发工业 App 超过 1.2 万个，连接工业设备超过 300 万台。人工智能平台建设实现“新突破”。建成机器人视觉感知与控制技术国家工程实验室等一批重大创新平台，长沙国家新一代人工智能创新发展试验区成功获批。5G 规模化建设达到“新水平”。全省累计建成 5G 基站 4.5 万个，实现 14 个地级市城区 5G 网络覆盖，5G 建设支持力度进入全国前 10。算力基础设施建设迈出“新步伐”。建成长沙国际互联网数据专用通道，建成和在建规模以上数据中心 47 家，其中超大型数据中心 5 个、大型数据中心 7 个。

3. 数字生态持续改善，政策支撑体系成为数字制造的“软环境”

“三化转型”政策体系为数字制造擘画蓝图。湖南省委、省政府先后出台《湖南省信息通信基础设施能力提升计划（2018—2020 年）》《深化制造业与互联网融合发展的若干政策措施》《关于深化新一代信息技术与制造业融合发展支撑打造国家重要先进制造业高地的实施意见》等政策文件，省委网信办、省发改委印发《湖南省“十四五”信息化发展规划》，省工信厅发布《湖南省数字经济发展规划（2020—2025年）》和软件、工业互联网App、大数据、人工智能、5G应用创新等产业专项行动计划，形成较为完善的“三化转型”政策规划体系，从产业、技术、平台、生态等方面全方位部署了湖南制造业数字化转型的路线图和时间表，明确了制造业数字化转型的发展方向和重点任务。“要素配套”政策体系为数字制造保驾护航。印发《湖南省制造强省专项资金管理办法》《湖南省创新民营企业专业技术人才职称评审10条措施》《湖南制造强省重点项目库建设与管理办法》《支持先进制造业供应链配套发展的若干政策措施》等，从资金、人才、项目等方面健全了数字制造发展的配套体系。例如，从制造强省专项资金中安排不少于4000万元的资金，用于支持工业互联网等基础工作，安排1000万元对40家“上云上平台”标杆企业进行奖励等。

二　直面劣势：湖南制造业数字化转型的三个薄弱环节

对标先进地区，湖南数字产业综合实力与领先地区仍有差距，数字技术赋能传统产业的能力需进一步提升，数字制造标准体系需加快制定。

1. 数字产业综合实力与领先地区仍有较大差距

2020年湖南数字产业化增加值占GDP比重不足3%，显著低于全国7.3%的水平，远低于北京、江苏、广东15%以上的水平，与天津、上海10%以上以及浙江、重庆、四川、山东、福建、湖北、陕西等5%～10%的水平也有较大差距，数字产业化规模在全国处于中下游水平。究其原因，主要有两个。一是关键数字技术自给率低，产业化有难度。湖南“大智移云”等关键数字核心技术自给率偏低，“卡脖子”问题突出。例如，在长沙调研发现，人工智能及机器人（含传感器）产业链的关键核心技术自给率仅为20%左右。此外，湖南很多数字技术达不到产业化要求，而达到产业化要求的技术由于政策跟不上，导致“墙内开花墙外香”，导致技术产业化规模偏低。例如，湖南虽然拥有47个大数据中心，但由于技术不成熟以及缺乏应用场景等原因，导致数据中心平均利用率仅为35.4%，数据难以产业化。二是数字产业起步较晚，集群化发展基础有差距。湖南软件等重点产业发展虽然较快，但与广东、江苏、浙江、福建、湖北等省份相比，湖南数字制造起步晚，缺少积累，规模与其他地区差距较大。例如，湖北早在2001年就制定《关于鼓励软件产业和集成电路产业发展的若干政策实施意见》等系列政策，支持软件业发展，2019年工信部正式批准授予武汉市“中国软件特色名城”称号。湖南只是在近几年才大力发展软件产业，基础仍然比较薄弱，软件产业规模不足湖北的1/3。

2. 数字技术赋能传统产业的能力需持续提升

湖南传统制造业有一定优势，但数字技术与制造业融合深度和广度不足，赋能价值有待进一步挖掘。主要原因有两个，一是企业信息化水平低，数字化改造有难度。湖南绝大多数制造业企业仍处于工业2.0阶段，部分企业处于工业1.0阶段，尤其是中小企业数字化程度普遍偏低，阻碍了企业“上云用数赋智”的进程。二是技术尚未形成成熟的商用模式，规模化赋能有差距。以工业互联网、5G等为代表的新技术，研发门槛较高，投入多且投资回报周期长，而成效难以预估，尚未形成稳定的盈利模式，仍处于“圈钱”“烧钱”的过程，导致这些技术对传统产业的升级改造仍处于点状开花、相对零散的状态，难以形成规模价值。国家工业互联网大数据中心平台发布的《工业互联网发展应用指数白皮书》（2020）显示，在工业互联网的应用范围方面，湖南得分仅为27.05，居全国第16位，仅为排名第1的四川省（75.94）的35.6%。

3. 数字制造标准体系需加快制定

在数字化标准方面，全国仅浙江在2021年发布了《数字化改革术语定义》省级地方标准，并配套印发《浙江省数字化改革标准化体系建设方案（2021—2025年）》。除浙江外，全国尚未形成统一的数字化标准体系，湖南也尚未开展省级地方标准制定工作，导致湖南制造业数字化转型缺乏相关标准引领。例如，在工业互联网方面，现有工业互联网App

都是基于各家工业互联网平台的服务和接口，没有统一的框架和标准，造成工业互联网 App 的可移植性和通用性较差，严重限制了工业互联网的应用效率。

三 审时度势：精心构建湖南制造业数字化转型的四大体系

牢牢把握"大智移云"新技术与制造业融合发展的大趋势，在产业、要素、标准、新基建等方面探寻适合湖南制造业数字化转型的方向和出路，以数字化引领制造业质量变革、效率变革、动力变革，为打造国家重要先进制造业高地提供支撑。

1. 构建产业基础体系，打造数字制造产业集聚区

一是拓展高能级"数字园区"空间。以建设"五好园区"为契机，制定《数字化园区建设实施方案》，推动园区整体数字化转型。推进园区信息基础设施建设，建设平台型"共享工厂"、示范型"无人工厂"、效率型"数字化车间"和轻量化"云端工厂"等四类"未来工厂"，提升园区信息基础设施的服务水平和能力；建设与推广智慧园区管理平台，着力打造"园区大脑"数据中枢，培育一批园区运营管理规范化、数字化的"智造工场"，提升园区数字化管理水平；探索开展"数字园区"试点，每年遴选发布一批园区数字化转型示范（试点）名单，在工程机械、轨道交通等优势领域，试点打造一批虚拟产业园，建设数字制造"虚拟总部"，进一步推动优势产业的集聚发展。

二是培育重量级"数字制造"集群。以产业数字化塑造数字制造新优势。以工程机械、轨道交通、中小航空发动机、新能源及智能网联汽车等优势制造产业集群以及小五金、陶瓷、打火机、箱包等占全国 60% 以上市场份额的"2/3"产业集群作为数字化转型及赋能的重点方向，大力推进产业发展"万千百"工程，实施 300 个数字化改造、200 个网络化协同、100 个智能化升级重点项目，积极创建省级数字制造产业集群示范基地，打造工程

机械、轨道交通、中小航空发动机三大世界级数字产业集群，形成一批“2/3”产业国家级特色数字产业集群，培育一批工业设计、工业软件、共享制造等省级示范数字虚拟产业集群。以数字产业化培育数字制造新动能。重点围绕“互联网+”“大数据+”“人工智能+”，持续深化制造业数字化场景创新和应用推广，推进“数字化设计、智能化生产、网络化协同、共享化制造、个性化定制、服务化延伸”六大“新场景”应用，实现“大智移云”等新一代信息技术在制造业领域的规模化应用。出台“软件首版次”等专项政策，开展数字制造“名企、名品、名人”遴选活动和重点企业培育工作，全力支持长沙创建中国软件名城，加速推进数字技术成果由“纸”变“钱”，加快形成软件、信创、北斗应用、先进计算、人工智能、集成电路、智能网联及新能源汽车等“大智移云”战略性新兴产业，积极部署光电信息、量子信息等未来产业，确保规模工业增速高于地区生产总值增速，持续提升全省制造业占比。

三是构建数量级“数字企业”矩阵。深入开展中小企业“两上三化”行动，分行业制定中小企业“上云用数赋智”产品目录，“一行一策”推动中小型制造企业加快数字化普及应用，每年推动10000户以上企业深度“上云”、5000户以上企业“上平台”。深入开展新增规模以上工业企业行动，实施数字产业高新技术企业培育行动，持续开展“专精特新”中小企业入库工作，建立覆盖“省—市（州）—县（市、区）”三级的数字制造企业储备库，吸引数字制造龙头企业在湘设立总部或第二总部，梯度培育一批具有带动力、竞争力的数字制造龙头企业、行业骨干企业和行业高成长企业，确保每年净增规模以上工业企业1000家以上，规模工业企业数量保持在全国中等以上水平。

2. 构建要素保障体系，打造数字制造要素引领区

一是实施“全球化数字人才战略”。编制完善紧缺数字人才需求目录，制定数字人才分布地图，推行“柔性引才”“以才引才”“大数据引才”，建立完善“靶向引才”机制，探索以离岸创新基地、联合实验室等为引才基地，着力引进全球诺贝尔奖获得者、院士等高端人才团队。加快创建

“智能制造海归小镇”，加强国际社区、国际学校、国际医院、国际商业街建设，营造适宜国际人才居住和发展的“类海外”环境，打造高端制造人才聚集地，吸引海外留学人员来湘从事数字化转型的基础、应用研究和开发活动。探索推行“数字制造建设官”制度，将数字制造专题培训纳入公务员教育培训体系，开展多种形式的领导干部数字化素养提升行动，提高各级领导干部的数字思维能力和专业素质。

二是设立“数字制造产业投资基金”。引导社会资本设立数字制造产业投资基金，遴选一批行业知名、经验丰富的投资专家，成立专家委员会，构建涵盖工程机械、集成电路等多个行业和领域的投资项目库，出台有吸引力的税收优惠、财政扶持、资源开放、人才引进等激励机制，并积极推动国家制造业转型升级基金投资湖南优质数字制造项目，确保引导不少于1000亿元新增信贷资金流向制造业。

三是打造“数字技术攻坚创新重地”。实施制造业数字化转型重大战略性技术攻关计划，推行“揭榜挂帅”“赛马”等制度，主动对接国家在人工智能、集成电路、工业软件、信创等重点领域布局，梳理数字制造关键技术攻关目录清单，大力发展“大智移云”等新一代信息技术，推动大数据、云计算、集成电路、人工智能、区块链、工业互联网等“临门一脚”关键技术实现率先突破，前瞻布局6G未来网络、量子信息、空天科技等新技术，集中突破高级机器学习、类脑智能计算、量子智能计算等跨领域基础理论研究，建设具有全球影响力的数字技术创新策源地。

四是推进“数据要素市场化配置改革”。分类推进制造领域数据开放共享，制定数据开放共享规则，建立数据开放共享目录，及时在省政务数据共享交换平台公布相关数据。推进制造数据交易，做大做强湖南大数据交易中心，打造具有全国影响力的数据资源交易场所，在数字制造领域率先开展相关交易。加强数据立法，在制造业领域率先建立数据交易规则，完善数据交易的监管机制。

3. 构建标准服务体系，打造数字制造标准先行区

一是形成系统化的“标准方案”。成立省数字化改革标准化体系建设工

作专班，制定《湖南省数字制造标准化体系建设方案》，明确数字化改革标准化体系总体框架、分阶段目标、重点任务和相关保障举措，全面强化标准化体系建设的组织协调、政策保障以及监督评价，力争在数字制造领域制（修）订一批国家标准、行业标准、地方标准，组织开展一批国家级、省级标准化试点示范项目，形成一批可复制推广的标准化成果，打造具有全国影响力的数字制造“湖南标准”。

二是制定规范化的“标准框架”。制定包含基础共性标准、通用技术标准、数据要素标准、数字化工具标准、数字化企业标准、数字化供应链标准、服务与评价标准、安全标准、应用领域标准等数字制造标准框架，在术语定义、方法标准、编码标准等方面率先形成一批广域通用标准。

三是打造细分化的“湖南标准”。争取获批国家级技术标准创新基地和标准验证检验检测点试点，抢占标准制高点，提升行业标准话语权。探索开展一批工业互联网、大数据、人工智能等关键技术在制造业领域的融合应用，培育一批基于数字技术的新型生产、组织、服务模式标准。在工程机械、汽车、食品、烟花爆竹、陶瓷、湘绣等重点传统产业领域开展数字技术与制造业融合创新标准化试点示范，抢占细分行业标准制高点。

4. 构建新基建支撑体系，打造数字制造基础设施示范区

一是构筑高等级的“信息高速公路”。加快5G、IPv6、千兆光网等新型网络规模化部署，支持企业开展内外网升级改造。加快推进主要城市的网络建设，并向有条件的重点县镇延伸。力争到2025年，累计建成5G基站15万座，移动网络IPv6流量占比超过70%。

二是布局高标准的“制造数据中心”。重点面向长株潭，统筹布局一批大规模、绿色节能、高效计算的新型数据中心；依托全省12个大数据产业园，打造大数据应用场景建设集聚区；加快国家超级计算长沙中心算力升级改造，推动人工智能计算中心建设，支持数据中心联合国家超级计算长沙中心开展计算科学前沿探索、多种技术融合研究和未来设施建设试验。力争到2025年，全省数据中心总体承载能力达到80万架标准机架，数据中心平均利用率达到70%以上。

三是建设高水平的“数字制造实验室”。紧抓国家重点实验室体系重组的机遇，加强与中国科学院、相关高校战略合作，依托岳麓山实验室，探索组建国家级数字制造实验室，开展数字制造装备、数字制造工艺、数字制造系统等研究，为制造业数字化转型提供技术、人才等支撑。

四是筑牢高能级的“工业互联网体系”。推进国家级互联网骨干直联点申报建设工作，加快创建国家工业互联网示范区，建好中国工业互联网研究院湖南分院、国家工业互联网大数据中心湖南分中心和中国信通院湖南工业互联网创新中心，建设 100 家以上省级工业互联网平台，培育 3~5 家具有国内重大影响力的工业互联网平台。

参考文献

马化腾、孟昭莉、闫德利、王花蕾等：《数字经济：中国创新增长新动能》，中信出版社，2017。

朱铎先、赵敏：《机·智：从数字化车间走向智能制造》，机械工业出版社，2018。

许冠南、孔德婧、周源：《新范式下中国制造业数字化转型：理论与实践》，北京邮电大学出版社，2019。

黄奇帆、陈春花、吴声、何帆、管清友：《数字上的中国》，中信出版社，2022。

陈一华、张振刚、黄璐：《制造企业数字赋能商业模式创新的机制与路径》，《管理学报》2021 年第 5 期。

蔡逸、王婷：《万物互联　江苏制造加速“数字蝶变”》，《江苏经济报》2022 年 2 月 9 日。

孙彬：《“数字制造”助力“中国速度”》，《电气时代》2020 年第 3 期。

切实建好“数字赋能工程”

——基于中部6省省会城市的比较研究

胡馨月　邓子纲　陈旺民　唐苗苗*

2022年4月，湖南省委、省政府出台《关于实施强省会战略支持长沙市高质量发展的若干意见》，将“数字赋能工程”作为强省会战略“十大工程”之一。将中部6省省会城市数字赋能情况进行全面比较分析，找出优势和不足，对于长沙找准定位、找到方向、推进数字赋能“强省会”战略具有重要意义。

一　数字经济整体处于中上水平

中部地区数字经济发展形成了以武汉、郑州、合肥、长沙、太原、南昌等省会城市为核心引擎，辐射带动周边城市梯次崛起的总体格局。在“新华三数字经济—GDP象限”中，武汉市、郑州市、长沙市处于第一象限，数字经济和GDP发展水平均处于领先地位。《中国城市数字经济指数蓝皮书（2021）》显示，长沙在全国242个城市中排名第23，在中部6省省会城市中排名第4（见表1）。

* 胡馨月，湖南省中国特色社会主义理论体系研究中心湖南师范大学基地特约研究员、博士；邓子纲，湖南省社会科学院产业经济所所长、研究员；陈旺民，湖南省社会科学院产业经济所高级经济师；唐苗苗，湖南交通职业技术学院讲师。

表1　中部6省省会城市数字经济总体比较

单位：分

序号	省会城市	总体水平	数据及信息化基础设施	城市服务	城市治理	产业融合
1	郑州	75.7	84.4	73.0	73.4	74.3
2	合肥	74.7	74.4	78.7	78.2	66.6
3	武汉	74.3	83.2	72.1	71.0	72.8
4	长沙	72.4	81.9	72.7	75.1	62.4
5	南昌	69.7	79.9	72.4	72.4	55.5
6	太原	66.6	83.5	64.5	59.6	61.5
平均值		72.2	81.3	72.2	71.6	65.5

资料来源：《中国城市数字经济指数蓝皮书（2021）》。

二　及时布局了数字新基建，但数据及信息化基础设施相对滞后

作为国家三网融合试点城市、国家下一代互联网试点城市、宽带中国试点城市，长沙超前布局了数字新基建，但存在的短板也比较突出。如长沙数据及信息化基础设施评分在中部相对落后，仅高于南昌与合肥，排名第4。从细分领域来看，长沙运营基础较好，居全国第10、中部第1；数据基础与信息基础设施相对落后，略高于南昌与合肥，排名第4（见图1）。

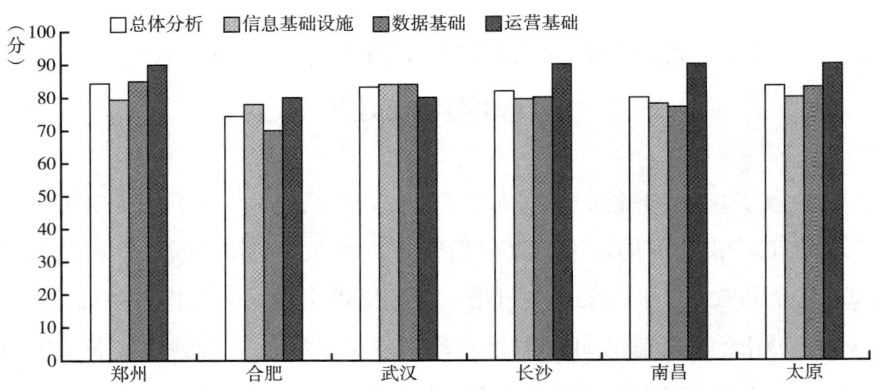

图1　中部6省省会城市数据及信息化基础设施指数比较

三　数字城市运营成效显著，但民生领域数字化项目偏少

长沙数字城市服务能力在中部属于中上水平，排名第 3，但落后于合肥与郑州。从细分领域来看，长沙数字城市运营成效排名全国第 9、中部第 1；政策规划方面有待加强，其评分为 75 分，与太原并列，中部倒数第 1，落后中部最好的郑州 15 分、20 个名次，主要表现为民生领域数字化政策项目与政策数量偏少（见图 2）。

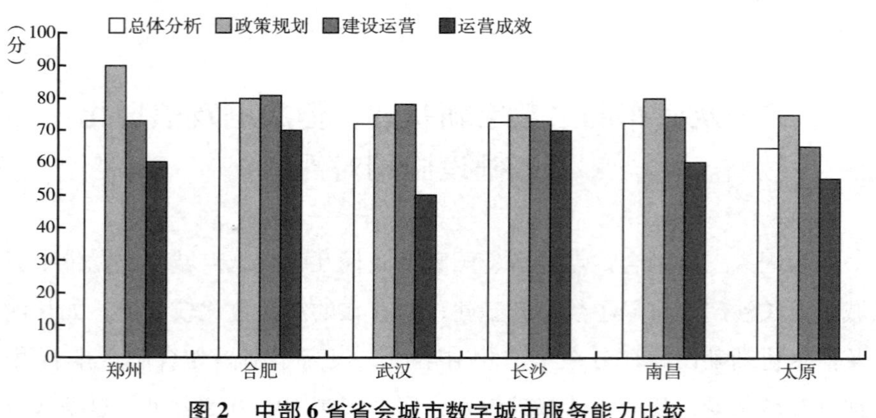

图 2　中部 6 省省会城市数字城市服务能力比较

四　数字城市治理能力领先中部，但示范工程应用成效不显著

长沙数字城市治理能力在中部处于领先地位，仅次于合肥居中部第 2（见图 3），如长沙市公安局以大数据引领改革，建立新型警务模式，归集有 258 类 100 亿余条数据，为公安机关打击、管控提供了强大的支撑。在细分领域，长沙数字城市治理覆盖领域的数量和治理领域数字化项目的数量居全国第 2（仅次于杭州）、中部第 1；城市治理示范工程应用成效不显著，居中部第 5。

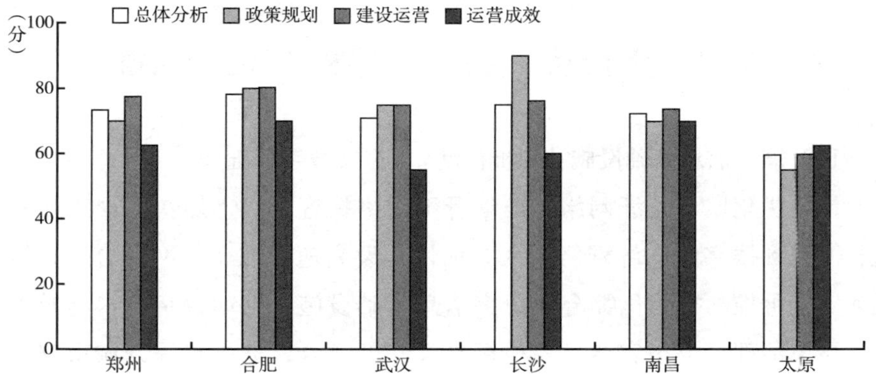

图 3　中部 6 省省会数字城市治理能力比较

五　数字产业化水平较高，但融合指数低于中部平均水平

从各城市的产业融合能力得分来看，长沙数字产业融合整体评分 62.4 分，低于中部平均水平 65.5 分，仅优于南昌和太原。从细分领域看，数字产业化主体产业和数字产业化驱动产业发展较好；产业数字化发展程度不高，仅优于南昌，居中部第 5，尤其是农业、制造业、医疗健康等领域数字化水平亟待提升（见图 4）。

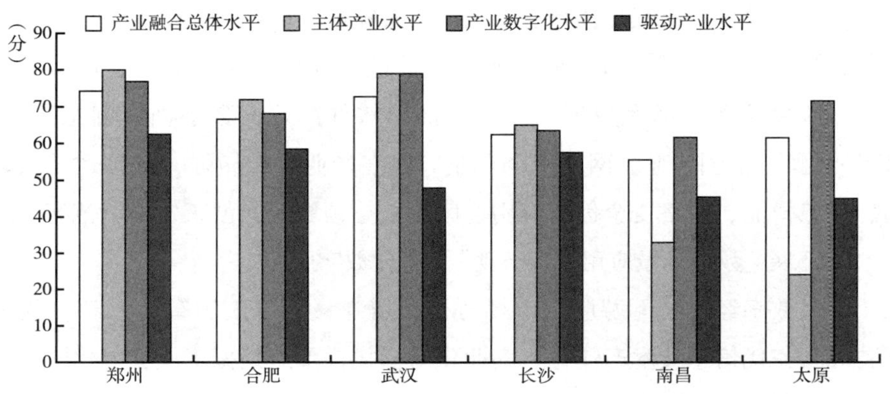

图 4　中部 6 省省会城市数字产业融合水平比较

六　以“五大行动”促推长沙数字赋能“强省会”

1. 开展“信息基础设施补短板行动”，夯实数字基础

持续优化城市光纤网络，推动骨干网络扩容升级，加快实现千兆到家庭、万兆到楼宇的光纤网络接入。加快建设高速泛在、云网融合、智能敏捷、安全可控的智能化综合性数字信息基础设施，推动数字技术与政务民生、城市治理、生态宜居、乡村振兴等深度融合，进一步提升城市安全韧性、文明宜居水平。充分利用国产化软硬件构建“多云异构、统一云管、自主可控”的政务云服务新体系，搭建高安全、高可用、高扩展的混合云平台。升级市“互联网+政务服务”一体化平台、“我的长沙”城市移动综合服务平台。构建长沙特色“智信、智管、智理”区块链应用服务生态，建设湖南省区块链服务网络（BSN）主干网，促进区块链应用和产业创新发展。

2. 开展“数字产业培育发展行动”，壮大数字经济

加快产业数字化，以蓝思科技扩产项目、中联智慧产业城项目、三一智能网联重卡项目等为重点，建设一批智能制造示范工厂、优秀场景、智能车间，打造一批工业互联网创新中心。以国家电子商务示范城市为依托，以马栏山视频文创产业园、国家区域医疗中心、湘江-浏阳河百里画廊等项目建设为重点，推动服务业数字化发展。加快智慧自贸区建设，探索智慧贸易新模式，建立数字贸易交易体系。以数据要素赋能、应用场景牵引、数字营商优化、智慧园区承载、数字服务支撑，推进数字产业化，加快建设世界计算·长沙智谷和中部大数据交易所，推动软件产业、数字创新创意产业、“PK+鲲鹏”信创产业、网络安全产业等数字产业做大做强，推进建设大数据、人工智能、网络安全创新应用、区块链等领域国家创新发展示范区。

3. 开展“数字场景应用推广行动”，优化数字服务

加强数字经济与下游应用市场对接渠道建设，以人工智能、5G、无人驾驶等新一代信息技术产业化、商业化为依托，重点挖掘工业智能化、智慧农业、智慧交通的潜在市场，推动数字技术应用场景创新，巩固长沙数字经

济在场景创新和市场开拓上的优势。丰富应用场景，重点在高端装备、电子信息、制药和食品、汽车和家电行业开展5G+工业互联网融合应用示范，培育一批典型应用场景。统筹运用大数据、区块链技术，开发数字化生产管理、农技指导、市场流通、金融支农、农资监管、农废回收补贴、行政监管、政策供给等应用，实现多系统协同应用。突出“车路云”一体化建设，加快形成智慧交通长沙版集成解决方案，打造“智能驾驶第一城”，构建公众出行一体化（MaaS）体系，创建全国规模最大、技术应用领先、配套设施完善的交通强国示范区、车联网先导区和公交都市建设示范区。

4. 开展“新型智慧城市示范行动”，共享数字成果

以“五个一”架构体系支撑惠民服务、生态宜居、智慧治理和产业经济四大应用领域，建设全国新型智慧城市示范城市。强化省市县三级联动，加快构建“1个城市综合运行指挥中心+N个领域平台”的智慧治理支撑体系，打造“数字法治—智慧司法”体系，加强城市人、车、物等治安防控要素的全面感知，完善“互联网+群防群治”模式，打造智慧治理典范。优化“互联网+政务服务”一体化平台功能，办事只进“一扇门”、只上“一张网”，全面打造“24小时不打烊的数字政府”。推进数字乡村建设，建设农业农村大数据，促进农村地区基础设施、经济发展、社会治理、民生服务等全面提升。打造优质数字教育资源体系、智慧文旅综合应用体系等多维智慧服务体系，全面提升城市公共服务水平。

5. 开展“数据资源价值释放行动”，重组数据要素

以全国第五、中部唯一的湖南大数据交易所为依托，以应用和需求为导向，加强全市政务数据、公共数据的统筹汇聚，建立健全数据分级分类、脱敏脱密、质量管理等标准规范。整合公安、卫健、城管、人社、民政等信息采集平台，打造基层共治协同平台，推进大数据赋能基层精准治理。以长株潭数据共享交换平台、长株潭异地代收代办平台为依托，健全长株潭政务数据开放、共享、交换协调机制，探索跨城数据应用创新，推进高频政务服务事项实现全量跨域通办，并逐步向全省拓展，通过数据要素重组，助力长沙迈入万亿级数据市场。

参考文献

梁婧：《数智添动力 聚力“强省会”》，《贵州日报》2023 年 5 月 26 日。

陈水生：《城市治理数字化转型的整体性逻辑》，《兰州大学学报》（社会科学版）2020 年第 6 期。

王茜：《新时代数字化工程人才培育路径研究》，《中阿科技论坛》（中英文）2022 年第 12 期。

吴传清、孟晓倩：《长江经济带数字化转型对制造业绿色发展影响研究》，《南通大学学报》（社会科学版）2022 年第 6 期。

吴燕芳、杨春利、尹小娟：《聚焦数字文旅产业 培植“强省会”沃土》，《甘肃政协》2022 年第 3 期。

打造内陆地区改革开放高地

加快商贸流通市场主体高质量发展研究

湖南省社会科学院（湖南省人民政府发展研究中心）调研组*

党的二十大报告指出，高质量发展是全面建设社会主义现代化国家的首要任务。商贸流通业是反映地区经济发展、市场繁荣程度的重要标志，对引导生产、刺激内需、改善民生等具有重要作用。商贸流通市场主体是商贸流通业发展的“主力军”。近年来，湖南聚焦商贸流通领域发展不平衡不充分矛盾，深化商贸流通体制改革，实施商贸流通“千百工程”，商贸流通市场主体不断发展壮大，商贸流通业呈现高质量发展良好态势。随着我国开启全面建设社会主义现代化国家新征程，实体经济加快发展壮大，超大规模内需潜能加速释放，需进一步培育壮大商贸流通市场主体，推动商贸流通业高质量发展，更大范围、更高效率地服务生产和消费。

---

* 调研组组长：钟君，湖南省社会科学院（湖南省人民政府发展研究中心）党组书记、院长（主任）。调研组副组长：侯喜保，湖南省社会科学院（湖南省人民政府发展研究中心）党组成员、副院长（副主任）；蔡建河，湖南省社会科学院（湖南省人民政府发展研究中心）二级巡视员。调研组成员：袁建四、屈莉萍、刘海涛，湖南省社会科学院（湖南省人民政府发展研究中心）研究人员。

一　湖南商贸流通市场主体发展成效

近年来，湖南牢牢把握扩大内需战略基点，着力增强消费对拉动经济增长的基础性作用，大力实施商贸流通“千百工程”，商贸流通市场主体呈现量、质齐升发展态势。

1. 商贸流通市场主体总量快速增长

截至 2022 年 9 月，全省实有商贸流通市场主体 384.7 万户，占全省市场主体比重为 61.07%，比 2015 年底增加 208.06 万户。其中，批发和零售业市场主体规模达到 321.24 万户，比 2015 年增加 163.78 万户；住宿和餐饮业市场主体达到 63.45 万户，比 2015 年底增加 44.29 万户（见表 1）。全省社会消费品零售总额从 2015 年的 11241.41 亿元增加到 2021 年的 18596.85 亿元，年均增长 8.75%。

表 1　湖南省商贸流通市场主体数量

单位：户

行业	2015 年底	2022 年 9 月	增加户数
商贸流通	1766317	3846968	2080651
批发零售	1574663	3212431	1637768
住宿餐饮	191654	634537	442883

资料来源：湖南省市场监督管理局。

2. 限额以上法人主体规模显著扩大

截至 2022 年 9 月，全省限额以上商贸流通企业达到 14087 户，比 2015 年底增加 6815 户。其中，批发和零售业主体增加 5264 户，占新增主体比重为 77.24%；住宿和餐饮业主体增加 1551 户，占新增主体比重为 22.76%（见表 2）。

3. 餐饮业、零售业主体品牌优势明显

零售业方面，湖南的步步高、通程控股、友阿集团、佳惠商业等企业连

表 2 “十三五”湖南省限上商贸流通企业数量

单位：户

行业	2015 年底	2022 年 9 月	增加户数
限上商贸流通企业	7272	14087	6815
限上住宿和餐饮业	1438	2989	1551
限上批发和零售业	5834	11098	5264

资料来源：湖南省市场监督管理局。

续多年进入全国零售连锁百强。湖南的新佳宜、千惠、汇米巴、好伴、珊珊、家边购等 6 家企业入围 2021 年中国便利店 TOP100，数量居中部第 1（见表 3）。以“绿叶水果”“果唯伊”“果缤纷”等品牌为代表的水果连锁，以“老百姓”“益丰”“特格尔”等品牌为代表的药店连锁等专业连锁品牌异军突起，争相成为单赛道头部品牌。

表 3 中部地区入围《2021 年中国便利店 TOP100 榜单》品牌

地区	便利店品牌
湖南	新佳宜、千惠、汇米巴、好伴、珊珊、家边购
湖北	Today、可多、新合作
安徽	壹度便利、邻几
河南	悦来悦喜、易事多、正道思达
江西	乐豆家
山西	唐久、金虎早早、乐客

资料来源：中国连锁经营协会《2021 年中国便利店 TOP100 榜单》。

餐饮业方面，湖南在老字号餐饮、特色餐饮、新式饮品等细分领域涌现出一批知名品牌（见表 4）。湖南的绝味鸭脖、文和友、茶颜悦色、徐记海鲜、蛙来哒、费大厨辣椒炒肉入围“2021 年中国餐饮品牌力百强”榜单，数量居中部第 1（见表 5）。

表 4　湖南餐饮业品牌基本情况

类型	品　牌
老字号餐饮	火宫殿、新华楼、玉楼东、津市刘聋子
火锅类	潭州、温鼎火锅、红姐火锅
粉面类	杨裕兴、无名粉店、津市刘聋子、和记家家、统桶发、壹德壹
特色餐饮	文和友、童仔水鱼
大众餐饮	费大厨辣椒炒肉、炊烟食代、黑白电视
中高端餐饮	新长福、57 度湘、冰火楼、侯师傅
大众连锁	彭厨、爱饭、厨嫂当家、炊烟食代、味上、粟厨、胡胖子
快餐团餐	香他她、松桂坊、一品佳、蒸浏记、米食先生
新式饮品	茶颜悦色、三顿半咖啡
省外湘菜品牌	深圳农耕记、芙蓉楼，东莞香格里辣，广州洞庭鱼头王、佬麻雀，上海望湘园、巡湘记、许爷鱼头等

资料来源：根据湖南省餐饮行业协会提供资料整理。

表 5　2021 年中国餐饮品牌力百强（中部地区）

省份	品　牌	数量(个)
湖南	绝味鸭脖、文和友、茶颜悦色、徐记海鲜、蛙来哒、费大厨辣椒炒肉	6
安徽	老乡鸡、同庆楼、小菜园	3
河南	蜜雪冰城、巴奴毛肚火锅	2
湖北	周黑鸭、蔡林记	2
江西	煌上煌	1

资料来源：根据中国烹饪协会发布的“2021 年度餐饮企业百强名单”整理。

4. 新商贸、新零售主体活力迸发

一是电商主体蓬勃发展。2012~2021 年，湖南电子商务交易额年均增长 45.7%，快递业务量从 3.2 亿件增长至 14.7 亿件，增长 3.6 倍。2021 年全省实物商品网上零售额达 1755.2 亿元。二是“社区团购”快速发展。2016 年以来，湖南以“兴盛优选”为代表的“社区团购”模式迅速发展。截至 2021 年底，兴盛优选业务已遍及 10 多个省份，年交易量超 400 亿元，已成为湖南新零售的一张名片。三是“首店经济”“夜经济”等新业态引领作用增强。“湖南首店”雨后春笋般涌现，W酒店、覔书店、泡泡玛特、奈尔宝等纷纷入驻湖南。“夜经济”持续升温，长沙城市夜经济活跃度排名全国第3，长沙五一商圈、常德市柳叶湖河街等10地入选国家级夜间文化和旅游消费集聚区。此外，共享消费、定制消费、网红经济等新模式、新业态也活力迸发，引领作用不断增强。

二 商贸流通市场主体发展存在的主要问题

1. 发展不平衡不充分

一是区域发展不平衡显著。长沙市场主体数量占全省比重为20%以上，对全省商贸流通业发展具有举足轻重的作用。从市场主体密度来看，长沙、张家界、岳阳市百人商贸流通市场主体户数超过6户，而邵阳市和永州市百人商贸流通市场主体户数尚不足4户，发展不平衡显著。二是外贸发展动能需加快培育。湖南有进出口实绩企业数量已突破7000家，与湖北相当，但与安徽、河南仍有一定差距。

2. 限上主体规模有待提升

一是总体规模有待提升。2021年，湖南限额以上商贸流通企业数量13303户，在中部省份中，比河南少3574户，比湖北、安徽、江西、山西分别多800户、2073户、3681户、6015户，居中部第2。但与广东、江苏、浙江等省份差距明显。2021年，广东限额以上商贸流通法人企业数量55011户，江苏42225户、浙江33571户，分别是湖南的4.14倍、3.17倍、2.52倍。差距主要体现在批发业。2021年，湖南限上批发业企业3256户，居全国第16位、中部第5位；分别比广东、江苏、浙江少33108户、21726户、19391户（见图1）。二是限上企业平均规模偏小。2021年，湖南批发业、零售业限上企业平均营业收入分别为2.50亿元、0.69亿元，分别居全国第30位、28位，中部第5位、第4位；餐饮业限上企业平均营业收入为0.13亿元，居全国第19位、中部第3位（见表6）。

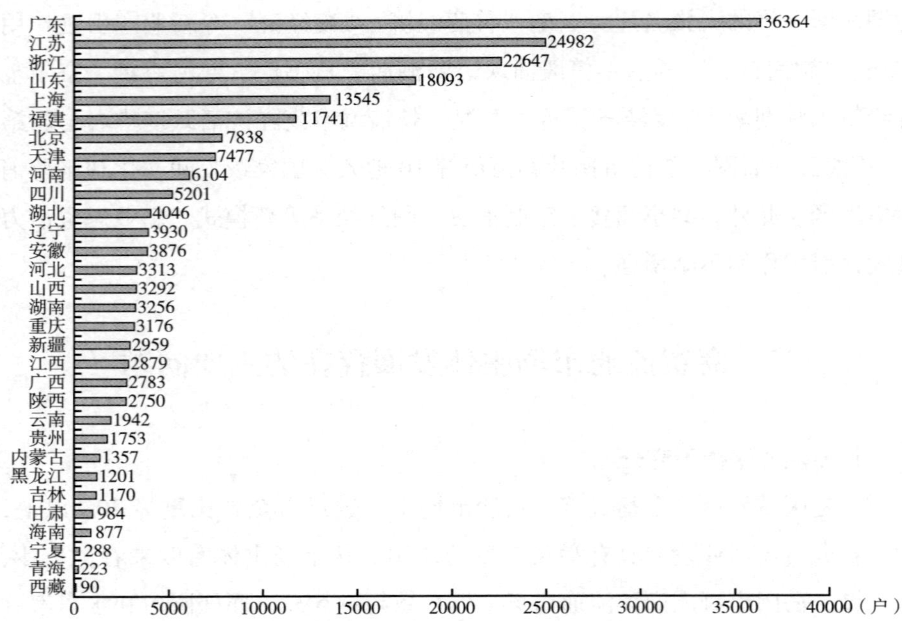

图 1　2021 年各省区市限额以上批发业企业数量

资料来源：根据 2022 年中国统计年鉴数据整理。

表 6　2021 年中部 6 省限额以上商贸流通法人企业营收情况

单位：亿元

序号	省份	批发	省份	零售	省份	餐饮	省份	住宿
1	山西	5. 12	湖北	0. 93	湖北	0. 20	湖南	0. 14
2	安徽	3. 45	安徽	0. 83	安徽	0. 17	安徽	0. 11
3	湖北	3. 34	山西	0. 73	湖南	0. 13	湖北	0. 11
4	江西	2. 56	湖南	0. 69	山西	0. 12	山西	0. 10
5	湖南	2. 50	河南	0. 66	江西	0. 09	江西	0. 10
6	河南	2. 29	江西	0. 62	河南	0. 09	河南	0. 08

资料来源：根据 2022 年中国统计年鉴数据整理。

3. 多重外部冲击加剧经营压力

一是新冠疫情反复冲击。2020 年以来，新冠疫情反复发生，使得商贸流通行业受到不同程度的影响。每次新冠疫情来袭，住宿业、餐饮业首当其冲，收入和效益便断崖式下降。以住宿业为例，2021 年，湖南住宿业限上企业营业额 163.2 亿元，比 2019 年减少 8 亿元（见表 7）；利润总额由 2019 年的盈利 2.5 亿元转为亏损 3.1 亿元（见表 8）。二是居民消费增速放缓。随着 GDP 等主要指标增速放缓，居民收入增速放缓及预期弱化，使得居民消费意愿受到抑制。湖南社会消费品零售总额增速由 2013 年的 13.8%逐步降至 2019 年的 10.2%。叠加新冠疫情影响，2020 年、2021 年两年平均增速 5.9%，2022 年 1~9 月增速为 3.1%，增速放缓趋势明显。三是新型消费冲击。一方面，湖南“互联网+产业”融合滞后于“互联网+消费”融合，即买进来的商品多、卖出去的商品少，消费外流严重。另一方面，电商等新业态新模式发展较慢，线下线上融合不够，线上销售量的占比较低。受多重压力叠加影响，2021 年全省注销商贸流通市场主体 25.73 万户，注册注销比高达 47.67%。

表 7　2019 年、2021 年湖南商贸流通限上企业营收

单位：亿元

行业	2019 年	2021 年
餐饮业	187.7	224.1
住宿业	171.2	163.2
批发业	6818.2	8895.9
零售业	5060.2	5558.5

注：餐饮业、住宿业为营业额，批发业、零售业为商品销售额情况。

资料来源：2020 年、2022 年中国统计年鉴。

表 8　2019 年、2021 年湖南商贸流通限上企业利润

单位：亿元

行业	2019 年	2021 年
餐饮业	13.9	12.1
住宿业	2.5	-3.1
批发业	250.9	258.9
零售业	149.3	137.5

资料来源：2020 年、2022 年中国统计年鉴。

4. 营商环境有待优化

一是用电成本上升明显。2021 年 11 月，湖南省发改委下发《关于进一步完善湖南分时电价政策及有关事项的通知》，实施季节性尖峰电价政策。据测算，商业服务场所 60%以上的电量都在高峰时段，平、谷段用电很少。加上商业服务业企业运用储能系统“移峰填谷”能力不足，通过能源管理降低用电成本的作用有限。初步计算，自 2021 年 12 月执行上述电价政策以来，一般工商业用电价格上涨 26%，平均电价由 0.75 元/度涨到 0.95 元/度，用电量上亿度的企业每年用电成本将增加 2000 万元以上。二是助企惠企政策落实力度有待加大。2022 年 6 月，省政府统一部署开展了市场主体倍增工程调研督导。从调研督导反馈问题来看，歇业、国有房屋租金减免、财政补贴等一些惠企政策，落实力度有待加大。以歇业制度为例，市场主体有“歇业”申请需求，但申请歇业的条件不明确、歇业后支持政策尚不完善。在歇业制度推行过程中，税务、人社、住房公积金等部门对歇业方式互认不畅通，歇业市场主体与在营市场主体在纳税申报、员工社保、公积金缴纳、年报等方面承担同等责任，减负不明显。三是促进居民消费的政策力度还有待加大。2022 年以来，湖南统筹做好新冠疫情防控和消费促进工作，谋划出台了促进消费回补和需求释放的若干政策措施，1～11 月全省实现社会消费品零售总额同比增长 2.6%，高于全国平均水平 2.7 个百分点。但与湖北、安徽等省份相比，一些领域的政策力度还有待加强。如消费券发放方面，2022 年前三季度湖北共发放 5 批消费券 10 亿元。截至 2022 年 8 月湖南累计发放各类消费补贴近 3 亿元，与湖北差距明显。

三 对策建议

当前，湖南商贸流通市场主体培育仍处于爬坡过坎的关键期，应多措并举扩大商贸流通市场主体规模，激发商贸流通市场主体活力，不断增强创新发展能力，推动商贸流通市场主体高质量发展。

1. 加快总量增长，扩大商贸流通市场主体规模

紧紧围绕全省“市场主体倍增”总体目标，充分挖掘零售批发、餐饮住宿、电商外贸等领域发展潜力，通过外引内培，双向发力，加快商贸流通市场主体总量增长。一是积极培育商贸流通市场主体。引导商贸流通市场主体优化经营布局，积极开发空白市场，在城市商贸综合体、社区、街区、园区、景区、乡镇等增设经营网点，推动形成布局合理、便民高效、绿色环保的现代商贸流通服务体系，更好满足市场需求。推动工业企业成立销售公司，鼓励大型生产制造企业优化组织结构，成立销售公司进行专业化营销，促进制造与商贸深度融合。推动商贸综合体独立核算，鼓励商贸综合体、商品市场改变收银方式，实现统一收银，注册为独立核算法人企业入库统计。二是持续加大引进力度。支持商贸流通领域“三类500强”和知名商贸流通企业来湘设立总部、区域总部及研发中心、技术中心、采购中心、结算中心等，吸引国内外知名品牌企业在湘注册和落户发展。三是大力发展电商市场主体。依托各地特色优势产业，推动产业、市场主体、电商等聚集，形成“产业+电商+配套”的电商生态体系，促进县域、乡村电商主体稳步增长。鼓励市州建设跨境电商集聚园区，积极推进跨境电商B2B、B2B2C、B2C业务发展。推动达到限上标准的电商企业在湘注册成独立公司，推动电商平台商品零售回归，降低线上消费对消费外流的影响。

2. 加强梯度培育，发展壮大商贸流通企业主体

一是加快“个转企”步伐。针对商贸流通主体不愿注册企业或转企改制的情况，加大政策宣传解读力度，引导树立做大做强意识，出台“个转企”支持政策，对自愿转企的主体给予适当奖补，通过政府购买服务的方式帮助转企主体建立财务和管理制度，并在1~3年孵化期内保持固定税率，推动个体户大胆转企、放心经营。二是抓好限上企业主体培育。按照“限上企业抓增长，上限企业抓入库，接近限额企业抓培育，新建企业抓跟踪”思路，强化组织管理，压实部门责任，对新纳入统计范围的限上商贸流通企业，给予财政奖励或税收返还，尽量做到“入限”后不大幅增加纳税负担，充分调动达限企业入库纳统的积极性和主动性。三是壮大商贸流通龙头企

业。充分发挥政府引导及政策扶持作用，在前期商贸流通“千百”工程基础上，围绕批零住餐和电商等五大领域，各领域重点扶持20家左右龙头企业，通过业态融合、供应链重组、现代金融等多种途径，推动龙头企业做优做大做强。四是加快优质企业上市。引导后备商贸流通企业积极把握全市场注册制机遇，做强主业、做优特色，规范企业财务管理，选择合理上市路径，科学谋划上市工作。

3. 加快创新融合，培育商贸流通市场主体新优势

充分发挥新业态、新模式、新场景在引领流通创新方面的积极作用，推进商贸流通市场主体数字化、智能化和跨界融合，激发商贸流通市场主体发展新动能。一是推动数字化转型。鼓励龙头商贸流通企业加快数字化转型，以大数据、云计算、物联网及智能终端等信息基础设施为依托，围绕人、货、场进行深度数据采集，构建覆盖消费者、产品、服务、营销、渠道、物流的全面数字化体系。鼓励中小商贸流通企业把数字化贯穿于市场分析、客户分析、产品分析、供应链分析、经营分析等的整个过程，全面提升商贸流通业的服务水平和服务效率。二是开展跨界融合。鼓励商贸流通主体搭建电子商务平台，打造“新零售+体验店”“新零售+跨境电商”“新零售+直播”等新型数字化商业。支持名优特新企业对接国内外知名电商平台，开展营销活动，拓展沉浸式、体验式、互动式消费新场景。三是大力发展新型消费业态。打造夜间消费场景和集聚区，培育网红经济、文创经济等新业态，提高夜间消费便利度和活跃度。积极推动消费产业数字化转型和应用场景创新，积极引导共享消费、信息消费、体验消费等新模式。

4. 优化营商环境，激发商贸流通主体发展活力

一是强化助企纾困政策落实。加大市场主体歇业、国有房屋租金减免、财政补贴等助企惠企政策落实力度。二是优化消费环境。常态化开展“乐享消费　湘当韵味”等主题促消费活动，打通线上线下销售渠道，构建消费新业态和新场景。加大消费券发放力度，鼓励各地联合金融机构、支付平台及相关商家发放消费券、惠民券等，用于零售、餐饮、文旅、住宿、体育、家装等领域，激发居民消费热情。三是有效降低商贸企业用能成本。如对商贸企业实施电价优惠，在执行现行分时电价政策基础上，按民用电价标准计价或给予一定折扣（如85折），切实降低商贸流通企业用电成本。四是强化金融信贷支持。针对商贸流通企业的特点，探索建立“商务+协会+金融”机制，由商务部门牵头，以行业协会为纽带，由银行为协会授信，再由协会根据会员单位的诚信经营情况、业务往来情况给予银行反馈，协助银行防控风险，共同解决融资难融资贵难题。

参考文献

王延隆：《习近平关于人民健康重要论述的思想内涵与实践价值》，《思想教育研究》2020年第3期。

刘钊：《营商环境评估：以提高市场主体满意度为导向》，经济管理出版社，2022。

吕东裕：《宁波市场主体发展的实证研究基于企业生命周期理论》，浙江大学出版社，2010。

蒙天成、周利国：《“双循环”新发展格局下现代流通体系发展态势与高质量推进策略》，《中国经贸》2021年第8期。

湖南省商务厅：《关于推进商贸流通高质量创新发展的业务指导意见》，http://swt.hunan.gov.cn/hnswt/tzgg/202111/t20211119_16942797155115875 2.html，最后检索时间：2022年4月30日。

以“反向飞地”助推湘南湘西有序承接产业转移

湖南省人民政府发展研究中心调研组*

2022年初，工信部、国家发改委等十部委联合发布《关于促进制造业有序转移的指导意见》，提出要引导产业合理有序转移，形成区域合理分工、联动发展的制造业发展格局。国家级湘南湘西承接产业转移示范区（以下简称示范区）是中西部地区承接产业转移的“领头雁”，理应积极探索粤港澳大湾区“反向飞地”模式，加速推进示范区与大湾区“深度对接”，助推示范区高质量发展。

一　“为什么？”：“反向飞地”是破解产业转承瓶颈的切入口

所谓“反向飞地”，是与“正向飞地”相对，从产业转入地区反向进入转出地区建设“飞地”，大至产业园，小至写字楼，用以创新孵化，实现孵化在外地、生产在当地的模式。那么，为什么要在大湾区建立“反向飞地”？“反向飞地”与区域招商中心、创业孵化器有何区别？是需要予以明确的重要问题。

---

* 调研组组长：谈文胜，原湖南省人民政府发展研究中心党组书记、主任。调研组副组长：曾玉湘，湖南现代物流职业技术学院教授。调研组成员：言彦、贺超群、侯灵艺，原湖南省人民政府发展研究中心研究人员；冯梅、曾恋之、彭茜薇、李孟卿，湖南现代物流职业技术学院教师。

1. “反向飞地”是示范区突破创新困局的有力举措

调研发现，示范区转入企业对加大研发投入、提高技术创新实力的意愿和动力都很强，但受条件所限，仅仅依靠企业力量很难独自突破创新资源困局。如桂阳家具产业、珠晖眼镜产业，从大湾区转移至示范区后，普遍面临创新资源匮乏、技术服务短缺等问题，甚至不得不将部分高技术生产环节保留在大湾区，大大增加了供应链成本。“反向飞地”能有效打通大湾区与示范区之间的创新壁垒，将大湾区的创新资源与示范区的产业资源高效对接，跳跃式融入大湾区的产业生态，为示范区突破创新困局、培育创新生态提供支撑。

2. “反向飞地”是示范区破解人才痛点的根本途径

示范区承接产业转移的最大痛点和最大瓶颈在人才。当前，大中型城市和都市圈对人才的“马太效应”正在不断强化，人才，特别是高端人才进一步向都市圈聚集的趋势不可逆转。都市圈不仅有高品质多元化的都市服务和公共服务，更重要的是都市圈有示范区无法提供的“人才环境”。“人才环境”既是指科研条件齐全的实验室或创新机构等硬环境，更是指都市圈所独有的行业信息与创新经验快速传播交互的软环境，若长时间脱离这种人才环境，人才的技能与知识结构就会逐渐过时和被淘汰。就像任正非所说的：“离开了人才生长的环境，凤凰就变成了鸡，而不再是凤凰。”因此，优化人才环境、提高人才待遇等“筑巢引凤”固然重要，建设“反向飞地”，到有凤的地方筑巢，以“山不就我、我去就山”的气概，才能更加有效地发挥大湾区400万湘籍人才的优势，才是顺应市场客观规律、破解人才困局的根本途径。

3. “反向飞地”是示范区吸引招商流量的最佳载体

示范区承接产业转移面临周边地区的激烈竞争，特别是粤西北、赣南等地，区位条件、政策力度比示范区优越。必须构建示范区产业品牌，深度对接招商引资目标群体，才能获得招商引资比较优势。吸引招商流量的传统做法有举办招商推介会、产业会展、论坛等。与之相比，“反向飞地”是性价比更高的招商引流载体。“反向飞地”直插大湾区的产业圈层，能够实现更加精准的认知推广，同时“反向飞地”本身就是一个全年无休的区域品牌

“活看板”，可以进一步促进企业扩产时的落地意向，乃至在湘籍企业家圈内“以商招商”。

二 “学什么?”：外省市“反向飞地”模式的经验启示

浙江、江苏等长三角区域对于“反向飞地”模式的探索较为全面，具有一定的典型性。其中，有政府主导的衢州模式、市场主导的无锡模式和集体经济主导的上海南桥模式，“飞出”范围涉及跨市、跨省甚至跨国多种形态。

1. 外省经验

一是衢州海创园模式。衢州海创园是浙江第一个跨行政区“飞地”，既是杭衢山海协作的样板工程，也是衢州对接杭州城西科创大走廊的重要平台。在浙江，杭州土地指标非常紧缺，衢州指标相对充裕，因此两市创新出衢州以土地指标换取余杭的“飞地”空间的模式。2016 年，投资 3.2 亿元建设的 6.7 万平方米的衢州海创园正式开园。海创园以衢州籍企业为重点，借助杭州科创优势孵育衢州高端企业，进一步共享杭州的资金、人才、创新资源，待时机成熟，再把企业引回到衢州本地落户投产，形成“创业在杭州、生产在衢州”的良性循环。目前，衢州海创园已启动杭州二期项目，并进一步放眼全国，陆续在深圳、北京、上海等地开设了 6 个“飞地”。淳安、诸暨、上虞、金华、长兴等地也将自身创新“飞地”落户杭州。

二是无锡离岸跨境孵化模式。与衢州政府主导模式不同，无锡探索的是由企业主导的反向飞地模式，孵化方向与企业需求直接关联，有效提高了孵化成功率。无锡江阴高新区在瑞典乌普萨拉大学设立中瑞生物医药海外孵化器，由江阴贝瑞森生化技术有限公司主导建设，是江苏在欧洲设立的首个生物医药海外孵化器，乌普萨拉是国际蛋白质分离分析技术发祥地，是该项技术在全球的制高点。孵化器完全实施市场化本土化运营，根据企业需求进行临床驱动型研发，企业承担研发费用，产权归企业所有。截至 2020 年 5 月，总共“回流”了 10 多个高端项目，其中有 6 个药品项目，并且申请了 6 项国际发明专利。

三是其他重要模式。其一是"以租代税"模式。上海奉贤区南桥镇有5个村，以集体资产在虹桥购置总部楼宇，实现村集体资产的保值增值；同时，用"以租代税"的方式，鼓励入驻企业总部注册并缴税在南桥，意图将入驻企业的研发、生产等环节引回南桥，创造了"反向飞地、两桥对流"新模式。其二是"飞地研发"模式。温州瑞安汽摩配产业集群面临向汽车关键零部件转型升级阵痛，为破解难题，瑞安在上海安亭设立飞地创新港，通过鼓励瑞安企业将研发机构入驻飞地创新港，让创新人才不用离开上海便可服务瑞安企业，也破解了瑞安企业在转型升级时招人难的痛点。

2. 几点启示

一是"反向飞地"不是"一锤子买卖"，而是长时间的深耕运营。"飞地"的本质，是两地产业和创新系统的深度绑定，与过去招商引资的"一锤子买卖"不同，"飞地"给予创新企业、人才更多接触并了解示范区的机会，为深化大湾区和示范区的政企互信、业务往来提供了条件。因此，"飞地"的成长需要持续坚定的投资和长久专业的运营。运营过程中，诸如政策补贴能否到位等细节体现了示范区的营商环境，直接影响企业未来投产时的落地选择。

二是"反向飞地"不是给差生补课的"辅导班"，而是给优等生提高的"提分班"。客观地说，"反向飞地"不适合产业基础薄弱地区，而是适合具有一定工业基础、处于转型升级关键节点的地区，适合产业发展从高速增长向高质量发展的转型需求。例如，郴州有色金属、消费品工业，邵阳食品轻工，衡阳家居建材等，发展基础较好，转型升级迫切，具有建立"反向飞地"的良好基础。

三是"反向飞地"中的政府要"隐身幕后"，把舞台交给专业运营平台。一般来说，政府缺乏专业的飞地运营能力，需要找到合适的科创合作平台，运营"反向飞地"。因此，要找准合作运营平台，让专业的人做专业的事。运营方不应只限于将项目的产业化环节引入当地，应以更大的产业投行的视角，进行"链接创新、飞地孵化、战略投资、地方整合"，以飞地平台作为切入创新网络的接口，链接飞入地的创新项目，以产业投资的方式形成对项目的股权控制，并引入相应的飞地孵化，取得示范区落地产业化或出售股权以获取投资回报。

四是“反向飞地”中产业选择要“深情专一”，切不可“朝三暮四”。一般来说，一个产业的培育需要天时、地利、人和，需要数十年之功，方可有所小成。如醴陵陶瓷、浏阳烟花，这是产业发展的普遍规律。产业转移是一种特殊发展模式，具有见效快、体量大等特征。近年大量产业转移，一定程度上助长了示范区产业发展“朝三暮四”，存在“一任领导一个产业”“一园多品”等现象。通过对示范区内多个县市区的“十四五”规划分析，绝大多数县市区规划的重点产业超过5个，个别达到10多个。这导致“反向飞地”建设无法聚焦，缺乏整体规划。

五是“反向飞地”不仅要引进产业项目，更要学习提升营商环境。对于入驻“反向飞地”的企业来说，能够同时享受飞入地与飞出地的双重政策利好，更重要的是，是否在示范区享受到与大湾区相同或者相似的营商环境。要充分利用飞入地优越的创新服务软环境和资源优势，为飞出地的企业和员工提供服务，促进资源优势向经济优势转化。同时要以“反向飞地”为窗口，向大湾区学习软环境优化，因地制宜制定土地、财税、金融、人才等各项政策，改善制度环境，提升政府服务效能，导入创新服务核心要素，吸引更多高端人才和优质项目落地。

三　“如何做?”：示范区建设“反向飞地”的几点建议

推动示范区园区与大湾区建立战略合作关系，在大湾区设立“反向飞地”园区，完善飞地建设、运营管理、利益分配等机制，实现飞入地与飞出地的互利共赢、协同发展。

1. 实施“省级统筹+园区主导”的推进模式

由省政府相关部门出台支持示范区建设“反向飞地”的文件，鼓励支持示范区以园区为载体，结合当地产业条件，在“长三角”“大湾区”“长株潭”等地设立“反向飞地”园区。灵活选择飞地形式，如共设合作区、建立园中园、购置楼宇等；明确飞地面积、四至范围，完善产业链条，做强做大优势产业。省政府有关部门视情况成立专项评价小组，制定出台“反向飞地”园区建设评比指标、考核体系，采取“以奖代补”方式，每年就“反向飞地”发展情况进行考核评选，对“飞地经济”发展成效显著的县市予以奖励。

2. 开展“带土移植”的产业链招商

将设置“反向飞地”与双招双引深度结合，将“反向飞地”作为产业链招商的重要窗口。根据示范区特色资源，吸引企业集群式落户示范区。同时复制、移植飞出地市场运作管理乃至社会管理经验与模式，形成无差别化产业经营环境。鼓励设立“园中园”，加强与已建立联系的、有意向的发达经济地区政府或园区联系，划定区域并通过双方共同规划、合作开发甚至以委托开发为主，双方共同管理和运营，实现紧密合作、风险共担、利益共享。

3. 建立“合作共赢”的利益分享机制

一是建立利益共享机制。示范区在共享大湾区的创新基础设施、人才红利的同时，要通过跨区域项目建设、产业转移、投资活动等，采取联合共建、股份化运作等方式，进一步强化大湾区创业创新环境，增加本地就业机会，实现利益共享。二是建立利益约束机制。健全落实“反向飞地”利益约束机制，有效抑制片面追求利益的现象，防止资源资产流失，减少经济纠纷，降低交易成本。将投资、税收优惠、基础设施建设等事宜同利益约束条款挂钩，并纳入年度目标考核，考核结果纳入大目标管理。

4. 对标“大湾区标准”优化示范区营商环境

一是提供“店小二”“保姆式”服务。持续推进放管服改革，优化进件流程，做到企业服务“零障碍、零距离、零收费”，实现从“只跑一次”向“一次不跑”转变。着力打造门槛低于周边、服务高于周边的营商环境新高地。二是健全“以老带新”机制。选拔一批优秀年轻干部，进驻到各“反向飞地”产业园，具体负责园区管理、辖区精准招商、企业落地服务等工作。三是搭建公共服务平台。通过布局生产、销售等各个环节所需的基础设施，为企业搭建成长平台。主要涉及企业设计研发、生产、销售、质检、物流等，提升示范区生产工艺和质量，降低设备和运营成本。

参考文献

秦贤宏：《飞地经济与共建园区——苏沪合作试验区规划前期研究》，科学出版社，2021。

国家发展和改革委员会：《湘南湘西承接产业转移示范区总体方案》，http：//www.hunan.gov.cn/hnszf/hnyw/sy/hnyw1/201811/t20181119_ 5186823.html，最后检索时间：2022年3月18日。

范琦娟：《“反向飞地”新模式调查》，《决策》2018年第7期。

李晓杰、白春莹：《双循环格局下辽宁飞地经济发展探析》，《沈阳师范大学学报》（社会科学版）2021年第4期。

李猛、黄振宇：《促进区域协调发展的“飞地经济”：发展模式和未来走向》，《天津社会科学》2020年第4期。

湖南进一步深耕“一带一部”的对策研究

湖南省社会科学院（湖南省人民政府发展研究中心）调研组*

2013年习近平总书记考察湖南，首次提出湖南位于“东部沿海地区和中西部地区过渡带、长江开放经济带和沿海开放经济带结合部”的战略定位。综观我国区域经济发展大势，“一带一部”必是可以做出浓墨重彩发展大文章的区位。当前新的发展形势下，进一步深耕“一带一部”，是湖南全面落实“三高四新”战略定位与使命任务，实现经济高质量发展、服务国家发展大局的需要。

一　深耕“一带一部”的重大意义

深耕“一带一部”，就是充分利用“一带一部”地理区位和发展战略方位所蕴含的有利条件，创造区域经济源源不断的发展动能，这是湖南发展的必然要求。

1.“一带一部”与“三高四新”是有机统一的整体

习近平总书记站在全国发展大局的战略高度为湖南指引方向，2013年提出“一带一部”的战略定位，2020年提出“三高四新”战略定位和使命

* 调研组组长：钟君，湖南省社会科学院（湖南省人民政府发展研究中心）党组书记、院长（主任）。调研组副组长：侯喜保，湖南省社会科学院（湖南省人民政府发展研究中心）党组成员、副院长（副主任）；蔡建河，湖南省社会科学院（湖南省人民政府发展研究中心）二级巡视员。调研组成员：袁建四、刘琪、罗黎平、闫仲勇、刘海涛、张鹏飞、高立龙、李迪，湖南省社会科学院（湖南省人民政府发展研究中心）研究人员。

任务。“一带一部”与“三高四新”既一脉相承又与时俱进，构成相互依存、内在统一的总体战略。“一带一部”阐明湖南在全国经济地理格局中的枢纽地位、在全国由沿海向内地梯度发展中的战略方位，深刻揭示湖南发展动力的重要来源、湖南在全国发展大局中的独特价值；“三高四新”科学擘画新时代湖南发展蓝图，提出“三个高地”战略定位，明确“四新”的使命任务。“一带一部”所蕴含的区域发展条件是“三高四新”战略的逻辑基础，“三高四新”是最大限度聚集和激发“一带一部”发展动能的根本选择。深耕“一带一部”是落实“三高四新”的必然要求，“三高四新”的推进必将使“一带一部”价值不断升华。

2. 深耕“一带一部”将为湖南发展提供不竭动力

展望未来，在实现“第二个百年”奋斗目标的伟大征程中，沿海经济带、长江经济带仍将是引领我国经济发展的重要引擎，也是世界经济最具发展活力的增长极。“一带一部”深得两大经济带结合交融、沿海与内地联通枢纽之“地利”，以及我国积极推进区域合作、高水平开放之“人和”。深耕“一带一部”，有利于湖南更深入地融入国家发展大局，更充分地利用国际国内两个市场、两种资源，不断聚集整合先进要素、争创发展新优势，稳步推动经济高质量发展。“深耕”效应主要体现在以下三个方面。一是有利于开放合作空间的拓展。通过发挥“过渡带”功能，实行“西引东联”，有机衔接东中西部，湖南相对于发达地区的“后发优势”、相对于后进地区的“先发优势”等比较优势，可望得到更充分地利用；发挥“结合部”功能，充分利用省内外开放平台，能够为湖南寻找新的市场空间和开放型经济增长点，打造内陆开放新高地。二是有利于推动现代产业体系构建。通过更具针对性、战略性地引进技术、人才等先进生产要素，承接国际国内产业转移，更深入地参与国际国内市场分工合作，有利于湖南产业结构优化升级、加快提高产业竞争力。三是有利于培育省域经济增长极。湖南积极推动“强省会”与“一核两副三带四区”格局的构建。全省区域战略的实施，不仅要有省域视野，更要立足“一带一部”，在国家大局中寻找自身发展机遇，将区位优势转化为发展动力优势。

3. 国家经济发展大局演进要求湖南深耕“一带一部”奋发有为

近年国内外的诸多因素，正推动我国和世界经济格局发生深刻变化。我国社会主要矛盾转换，需逐步解决发展不平衡不充分问题；随着中国越来越接近世界舞台的中央，美国企图以贸易战、科技战等方式遏制中国发展步伐；新冠疫情的持续困扰及俄乌冲突等，影响国际国内产业链供应链的稳定；我国经济中多年积累的地方政府负债率过高、房地产泡沫等问题逐步显现，对经济增长产生制约作用。面对复杂局面，我国在积极应对变局中开创新局，加快构建以国内大循环为主体、国际国内双循环相互促进的新发展格局，努力推动经济高质量发展、高水平开放。新的形势期待湖南发挥“一带一部”区位优势，积极作为，服务全国发展大局。一是要更好发挥交通枢纽作用。进一步完善优化交通网络体系，加快国际国内物流大通道建设，打造双循环新发展格局的重要支撑。二是发挥促增长“重镇”的作用。在我国区域经济梯度发展进程中，近年来中部势头最为强劲。湖南要更好调动省内外积极因素，保持经济较快发展，为全国经济稳增长做出贡献，为促进我国区域协调发展探索新路。三是全力创造发展新优势。要进一步建立公平竞争、开放高效的市场体系与营商环境，共促全国统一大市场建设，不断深化国际国内经济合作，努力提升“一带一部”的区位能级；培育聚集创新资源、激发创新活力，加快建设科技创新高地，服务国家前沿科技攻关与战略性新兴产业发展。

二　湖南推进“一带一部”战略的发展态势分析

贯彻落实习近平总书记指示，湖南积极推进“一带一部”战略。通过基础设施建设加强与国内外空间上联结、通过开放合作加强经济上联结，为全省经济持续较快发展提供了强有力支撑，形成了发展的较好态势，展现出广阔的发展前景，但发展中仍然存在一些制约因素。

1. 显著的成效

稳步提升综合立体交通“一张网”。“六纵六横”高速公路主骨架全面建成，实现“县县通高速、村村通客车”；以洞庭湖为中心、湘资沅澧四水高等级航道为骨架的现代内河航运体系初具规模，截至2022年6月底，湖南航道通航总里程居全国第3位；铁路总里程5630公里，其中高铁1986公里，通达12个市州，中欧班列开行14条常态化运行路线，境外网络遍布26个国家近100个城市；“一枢纽一干线九支线”民航运输网基本成型，民航通达国内外166个航点，实现五大洲直航。

全力做大承接产业转移“一条链”。发挥“结合部”优势有利于推动资源要素的集聚，打造国家级湘南湘西承接产业转移示范区，形成承东启西、连南接北产业转移链条。全省招商引资实际到位资金从2012年的2552亿元增长到2021年的11436亿元；截至2022年6月，来湘投资的世界500强企业有188家、中国500强有342家、民营500强有226家。截至2022年6月，湘南湘西承接产业转移示范区已承接“三类500强”投资项目187个，2021年示范区GDP占全省比重超过30%，成为全省经济增长重要动力。

大力拓展国内区域联动合作“关系网”。加快构建省内“一核两副三带四区”协同发展格局，积极推进与周边省市和各大经济区经济合作。积极融入长江经济带建设，依托“沪洽周”等深度对接长三角一体化发展；与湖北、江西签署《长江中游三省协同推动高质量发展行动计划》等合作文件，推动9大重点领域合作；与成渝双城经济圈合作不断深入，西部陆海新通道建设加快；全面对接粤港澳大湾区建设，成功举办湖南—粤港澳大湾区科技创新融合发展对接会，岳麓山大科城粤港澳科创产业园启动，“香港城市大学长沙创新中心”等一批创新平台和科创项目落地。

加快打造内陆地区开放高地“新名片”。“十三五”期间，全省进出口总额由2016年的1782.2亿元增长到2021年的5972.8亿元，年均增长27.4%，增速居全国第1位。与湖南有贸易往来的国家和地区由2015年的201个增加到2020年的233个，全省有进出口实绩企业从3200多家增加至6800多家，1700多家湘企走进109个国家和地区，对外直接投资稳居中部第 1。湖南自贸区成功获批，中非经贸博览会长期落户湖南，打造了世界计算机大会、长沙国际工程机械展、中国国际轨道交通和装备制造产业博览会、互联网岳麓峰会等具有全球影响力的品牌，电力机车、动车组、城轨等出口 70 多个国家和地区，成为流动的国家名片。

2. 存在的制约

交通运输能力与“一带一部”区域定位还“不匹配”。一是部分大通道仍需打通和扩容。国家规划的渝长厦高铁、呼南高铁、呼北高速等主通道尚有多处未通，京港澳高速、沪昆高速湖南段亟待扩容，内河高等级航道未能成线成网。二是多式联运能级需要提升。根据湖南省交通厅提供的数据，全省 80 个货运枢纽（物流园区）中，能开展多式联运的仅 19 个。三是水运港口枢纽功能不强。年吞吐量 100 万吨及以上的 32 个重要港区中，仅 2 个港区建有疏港铁路，规模化港区和专业性码头偏少，港口集疏运能力普遍不强。四是交通运输新业态、新模式发展不充分。智慧公路、智慧航道等建设总体仍处于起步阶段，全省尚未建立跨地区、跨行业、跨部门统一高效的综合交通物流信息平台。

开放平台与打造开放高地的目标“不匹配”。一是重大开放平台数量较少。湖南仅有 1 个国家一类航空口岸，河南有郑州、洛阳 2 个航空一类口岸，湖北也在申报第二个航空一类口岸。尤其是省会长沙仅有 1 个国家一类航空口岸、2 个二类口岸、1 个保税物流中心（B 型），而武汉既有一类航空口岸，又有一类口岸，2019 年一次性获批扩大开放 5 个港区。二是平台作用发挥有限。各类平台间联动不够紧密，缺少带动力强的龙头企业和大项目，7 家综保区、保税物流中心外贸进出口额占全省 25%左右，远低于河南新郑、四川成都两大综保区外贸进出口额占比（均为 60%以上）。

投资环境竞争力与高质量发展要求“不匹配”。一是物流成本缺乏优势。2020 年社会物流总费用占 GDP 比重为 14.7%，在中部地区高于湖北（12.3%）、河南（13.5%）等省。二是用能成本缺乏优势。全省无论工业用电还是居民用电，电价均居中部前列。三是用地紧张与效率不高并存。很多园区反映土地供应不足，但各地土地低效利用仍较为普遍。截至 2022 年

4月全省产业园区主区和发展方向区内的三类低效用地合计达3922宗23.15万亩，相当于2021年全省工业用地供应量的2.1倍。四是高端人才匮乏。湖南科技创新人才供给远不能适应打造创新高地的要求，尤以尖端人才、应用型人才相对匮乏。

市场主体活力与经济实力“不匹配”。市场主体也是耕耘“一带一部”的主体，相比沿海与中部地区，湖南市场主体质量存在差距。一是企业占比偏低。2021年全省企业占市场主体总量的22.81%，低于全国31.45%的平均水平，在全国排第14位，在中部6省中排第3位，与广东（44.47%）、浙江（36.01%）等发达地区差距更大。二是企业生命偏短。2020年，湖南在库法人企业中存活时间五年以上的只占34.6%、十年以上的只占12.6%。三是实力偏弱。2021年中国企业500强、中国民企制造业500强中，湖南上榜企业数量不仅远低于沿海发达省市，在中部6省中也相对靠后。

三　进一步深耕“一带一部”的对策建议

要进一步发挥“过渡带”“结合部”地利人和优势，持之以恒地融入国家区域发展、科技发展、国内国际“双循环”战略，着力构建联结沿海地区与中西部地区、贯通长江开放经济带和沿海开放经济带的产业走廊、创新走廊、开放走廊等三大走廊，营造高质量发展的交通网络硬环境和营商环境软环境两大环境，为全面落实“三高四新”战略定位和使命任务提供强大支撑。

1.构建“一带一部”产业走廊，助力打造国家重要先进制造业高地

打造承接产业转移“主战场”。坚持差别化策略，编制湖南承接产业转移指导目录，绘制产业承接地图，明确各市州承接的主导产业，细化承接产业集群发展路径和措施，推动承接产业集群专业化、差异化发展，打造产业转移高质量发展典范。重点研究东部沿海地区产业升级政策文件，引导各地市做好劳动密集型产业承接“减法”和高精尖产业承接“加法”，打好工程机械、轨道交通装备、中小航空发动机及航空航天装备、电子信息、新能源汽车、现代石化产业等主导优势产业链招商牌。吸引国内外优质关联企业、

“独角兽”企业、行业领军企业、新业态新模式企业及高新技术企业研发副中心落地长株潭，将长株潭打造成总部经济（第二总部）集聚地。

补齐产业“两大短板”。一是补齐“水上经济”短板。持续推进内河干支航道扩能提升工程，提升湖南高等级航道的比重，推动机械制造、机电等体积大、重量大、单位价值小的产业向内河沿岸以及铁路关键节点聚集，打造内河沿岸经济带和沿铁路陆海产业带，推动“前港后厂”的“港产城”发展模式，加快实现湖南内陆城市“沿海沿江化”。二是补齐“临空经济”短板。依托长沙临空经济示范区，引进发展航空运输、航空服务、航空制造、医药物流、冷链仓储、临空商务等业态，强化与长沙经开区协同联动发展，着力打造产业高端、特色鲜明、环境优良的新经济增长极。

发展产业合作“两类园区”。一是“引进来”一类园区。借鉴苏滁现代产业园（中新苏滁高新技术产业开发区）等成功经验，充分利用湖南在人力、土地、营商环境以及“一带一部”的区位优势，吸引国内外知名园区在湖南发展飞地经济，借鉴移植国内外先进园区的体制机制、政策体系、发展理念、营商环境、品牌等，复制推广先进园区的成功经验。二是“走出去”一类园区。借鉴深哈产业园的成功模式，对于湖南工程机械、轨道交通等重资产产业，探索在境内外出口便利的地区建设“国际合作园区”。重点深耕与“三盟三洲”国家的投资合作，探索“重资产投资运营”有效模式，推动湖南工程机械、轨道交通、智能制造、装配式建筑、环保装备等优势产能与东道国资源禀赋、市场要素相结合，建设一批带动力强的境外经贸合作园区。

2. 构建“一带一部”创新走廊，助力打造具有核心竞争力的科技创新高地

创新跨区域协同创新“新机制”。探索与粤港澳大湾区、长三角等周边地区建立跨区域科技创新联席会议制度和专题会商机制，每年在湖南及周边地区召开科技创新联席会议不少于一次，加速与粤港澳大湾区、长三角等区域建立“利益共享、责任共担”的跨区域科技创新工作机制，推动长株潭国家自主创新示范区延伸对接广深港澳科创走廊、G60 科创走廊的规划、政策、行动计划等，打造协同创新共同体。

创新关键技术联合攻关“新机制”。立足“西气东输”“西电东送”“东数西算”等国家重要战略工程，联合周边地区共同编制关键核心技术攻关清单和进口替代清单，建立跨区域联合攻关重点项目库，共同实施一批重大科技项目，设立跨区域合作科技创新奖和“首功奖”，协同攻关关键核心技术、重大装备、关键环节，共同推进关键核心技术产品国产化。

创新科技资源开放共享“新机制”。加快培育统一的技术和数据市场，制定技术、成果、数据等要素跨区域流动和交易的统一标准和政策，将潇湘科技要素大市场和湖南省大数据交易中心等打造成为辐射周边地区的统一的科技资源管理平台，建立科技计划项目信息一体化发布以及科技成果共享和交易机制，推动重大科研基础设施、大型科研仪器、科技文献、数据、成果等资源开放共享、交流交易，推动科技创新券在周边地区的跨区域互认互通。

发展反向飞地“新模式”。以湖南省政府的名义在深圳南山区、北京中关村等创新资源集聚的地区购置楼宇，将其打造成兼备“研发孵化基地”“产业协作平台”功能的科创园。以科创园为平台，设立科技成果转移孵化中心和创新人才共享联盟，针对大湾区等创新资源丰富地区的技术、人才和项目出台专门“政策包”，联合举办“双创”大赛、科技成果拍卖会等活动，吸引大湾区等地区的企业、高校院所在科创园设立研发中心、孵化基地，促进大湾区等地区的高校积累的前端技术和专利成果技术在湖南应用和产业化。

3. 构建“一带一部”开放走廊，助力打造内陆地区改革开放高地

全面融入共建“一带一路”。科学研判后疫情时代全球产业链、供应链重组的机遇和挑战，按照“在建一批、推进一批、谋划一批、储备一批”的思路，分类建立完善全省参与“一带一路”建设重点项目库，强化重大项目示范带动作用，培育壮大跨境产业链。支持共建“一带一路”国家及国际组织在湖南尤其是自贸区设立办事机构，畅通国际合作渠道。探索境内境外“双园区”运营模式，搭建经贸合作、市场要素配置的新平台。

打造重点商品国际“集散中心”。充分发挥中非经贸博览会、中非经贸

深度合作先行区两大国家对非平台作用，以建设非洲非资源性产品集散交易中心为核心，探索建立国际商品智能交易中心，挖掘非洲各国优势商品资源，培育若干个辐射中西部地区乃至全国的“单项冠军”。深度对接 RCEP，在“快运货物、易腐货物 6 小时通关”等 RCEP 软性义务方面先行先试，建设辐射中西部的快运易腐货物集散中心。以长沙打造长江以南中欧班列货运集结中心建设为契机，开设中欧班列产品交易展示中心，提升中欧班列（长沙）服务全省乃至周边省份的能力和水平。

推动开放平台“联动升级”。制定平台使用效益评价标准和办法，积极开展全省开放平台使用效益评估，摸清平台的使用情况和存在的主要问题。探索平台联动发展的模式和途径，推动湖南自贸区、临空经济示范区等重大战略平台形成发展合力，提升中非经贸博览会、互联网岳麓峰会等平台国际影响力，不断推动全省开放平台的联动发展、能级提升。

4. 构建“一带一部”交通走廊，营造高质量发展硬环境

打造畅通全国的交通运输“大通道”。将交通线路的改造、扩容与新建相结合，综合利用干线铁路、高速公路、高等级航道等资源，打造“三纵五横”综合运输大通道，形成全省交通运输主动脉和空间开发主轴线。“三纵”包括京港澳通道、呼南通道、焦柳通道的扩能完善；“五横”包括沪昆通道、渝长厦通道、杭瑞通道、湘桂通道、厦蓉通道等的扩容与建设。

打造通达世界的国际物流“大通道”。以长沙为中心，持续提升中欧班列（长沙）运营规模，打造中欧班列南方枢纽。以长沙黄花国际机场为集结中心，协同省内其他重要机场，共同发展做大航空物流，打造面向 RCEP 和非洲国家的国际特色航空枢纽。以怀化为集结中心，对接国家西部陆海新通道战略。支持岳阳提出的建设“中部双循环大通道”构想，推进鄂湘粤三地深度合作，依托内河航运、京港澳物流通道等发展江、海、铁多式联运，在过去北方、华中货源主要取东向从沿海口岸出口的基础上，增加取南向从广州、深圳等主要港口出口，从而极大地提升对我国南北、东西向物流服务的能级，打造比肩西部陆海新通道的国家级物流大通道。

打造国家综合货运“大枢纽”。财政部和交通运输部计划于 3 年内支持

30个左右城市（含城市群中的城市）实施国家综合货运枢纽补链强链。湖南要把打造国家综合货运枢纽作为深耕“一带一部”区位优势的重要抓手，首批支持岳阳联合长株潭城市群打捆申报，后续支持怀化等城市申报，力争在国家综合货运枢纽建设中谋得一席之地，建设辐射能力强大的国家综合货运枢纽。

推动“一省一港”改革促进水运发展。省域内河航道是有机的整体，统筹管理是水运发展内在要求。近年来省域港口整合发展已成趋势，如毗邻湖南的江西、湖北分别于2020年及2021年推动整合。要借鉴外省有益经验，加快湖南“一省一港一主体”改革，由省级港口集团牵头，整合一湖四水岸线与港口资源，实行统一规划、统一建设、统一管理、统一运营的“四统一”管理模式，构建以岳阳港为龙头的一体化发展格局，为发挥水运优势、降低物流成本提供坚实基础。

5. 构建更具“湘味”的营商生态，营造高质量发展的软环境

练好优化营商环境“基本功”。持续创新政务服务方式，深化“放管服”改革，突出抓好优化营商环境三年行动计划和“十个坚决”措施，打响“身在湖南、办事不难”的营商环境品牌，努力打造走在全国前列的市场化、法治化、国际化营商环境。着重破解用工难、供地不足、水电气成本高等要素瓶颈，坚定不移服务市场主体做多做大做强做活，不断激发高质量发展的内生动力和发展活力。

下好全省招商营商“一盘棋”。成立全省“大招商”工作领导小组，树立“全省一盘棋”的思想和大局意识，打造全省招商引资统一平台。加快制定《湖南招商引资条例》，依法开展招商引资活动，防止招商引资恶性竞争行为。结合各市州、县区、园区综合比较优势、资源环境承载能力、产业基础等因素，编制《湖南省招商引资地图》，进一步明确各地区自身功能定位，力戒贪大求洋、低层次重复建设、“小而全”的自我小循环和过度同质竞争，让各类企业投资于最适合其发展的土壤。建立涉企优惠政策目录清单并及时向社会公开，全面清理废除各地含有地方保护、市场分割等妨碍公平竞争的各类优惠政策，对新出台政策严格开展公平竞争审查，坚决破除地方保护和区域壁垒。

用好省长直通车“关键招”。一是建立“重大项目省长直通车”制度。对落实“三高四新”重大项目存在的问题，提请省级层面召开专门会议，组织相关部门集中会商解决方案，省政府督查室跟踪督查落实情况。二是建立“服务民营企业省长直通车”。在省长信箱基础上，开通省长服务民营经济电话专线，对受理的企业来电来信抓好办理反馈，助力全省民营企业高质量发展。三是建立大型骨干企业“省长直通车”制度。依托全省20个新兴优势产业链，推行以省领导和龙头企业为链长的“双链长”机制，每条产业链确定2~3家链主企业，每月开展完善产业链重点工作调度。

出好容错纠错“组合拳”。深入贯彻习近平总书记“三个区分开来”的要求，修订《关于建立容错纠错机制激励干部担当作为的办法（试行）》，制定容错纠错正面清单，鼓励市州、县区、园区结合自身实际，出台容错纠错机制的实施细则，真正让敢于担当、敢于创新的干部没顾虑、有舞台。

参考文献

习近平：《推动形成优势互补高质量发展的区域经济布局》，《求是》2019年第24期。

《中共中央 国务院关于新时代推动中部地区高质量发展的意见》，https：//www.gov.cn/zhengce/2021-07/22/content_ 5626642.htm，最后检索时间：2022年8月12日。

童忠贤等：《“一带一部”论纲——基于区域协调发展战略建构》，社会科学文献出版社，2020。

楚尔鸣：《一带一部：奠定湖南区域自信新高度》，湖南人民出版社，2017。

刘茂松：《实施“一带一部”战略，推进多层级一体化集聚发展》，《湖湘论坛》2016年第1期。

湖南企业上市进程偏慢的原因分析及对策建议

湖南省社会科学院（湖南省人民政府发展研究中心）调研组*

党的二十大报告指出，要健全资本市场功能，提高直接融资比重。作为中部省份，湖南近年来狠抓金融体制改革，积极推进“金芙蓉”跃升行动，2021年IPO首发数量创下历史纪录。但面对上市审核政策趋紧、经济形势复杂多变的市场环境，2022年企业上市进入低谷期。截至2022年9月14日，湖南新上市企业2家，居全国第20位、中部第5位，不仅远低于前三强的广东（50家）、江苏（49家）、浙江（30家），与中部的安徽（9家）、湖北（7家）、河南（5家）、江西（5家）相比也有较大差距。为此，调研组分析了导致2022年湖南企业上市数量偏少的主要制约因素，并有针对性地提出了四个方面的对策建议。

一 2022年湖南企业上市数量少的制约因素分析

1. 上市审核要求提高，湖南部分拟上市企业和中介机构规范性不足

一方面，实施注册制后A股整体审核标准更严、更强调规范性。一是压缩发行规模，IPO首发数量不及前两年。截至2022年9月14日，2022年全国A股市场共有273家企业成功IPO，数量仅相当于2021年的52.1%、2020年

---

* 调研组组长：钟君，湖南省社会科学院（湖南省人民政府发展研究中心）党组书记、院长（主任）。调研组副组长：侯喜保，湖南省社会科学院（湖南省人民政府发展研究中心）党组成员、副院长（副主任）；蔡建河，湖南省社会科学院（湖南省人民政府发展研究中心）二级巡视员。调研组成员：李学文、王颖、黄玮、夏露，湖南省社会科学院（湖南省人民政府发展研究中心）研究人员。

的62.9%。二是对规范性的要求提高，按下“终止键”的企业数量增加（见图1）。2022年全国A股市场已有147家企业主动撤回IPO申请材料、终止审核，其中部分是存在资金流水、关联交易等规范性问题。湖南也有5家拟上市公司终止IPO进程，其中主动撤回材料的企业占比达到80%。三是申报至过会的时间增加，除主板以外，其他市场企业平均上市周期拉长。以湖南企业青睐的创业板为例，平均用时增加近120天（见图2）。2022年湖南上市的两家企业，从申报到过会分别用了319天、369天，耗时超全国水平。

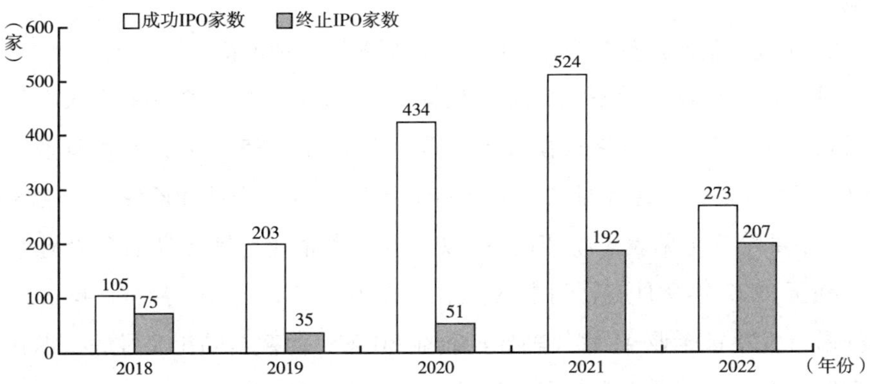

图1　2018~2022年全国A股市场IPO情况

资料来源：Wind，统计数据截至2022年9月14日。

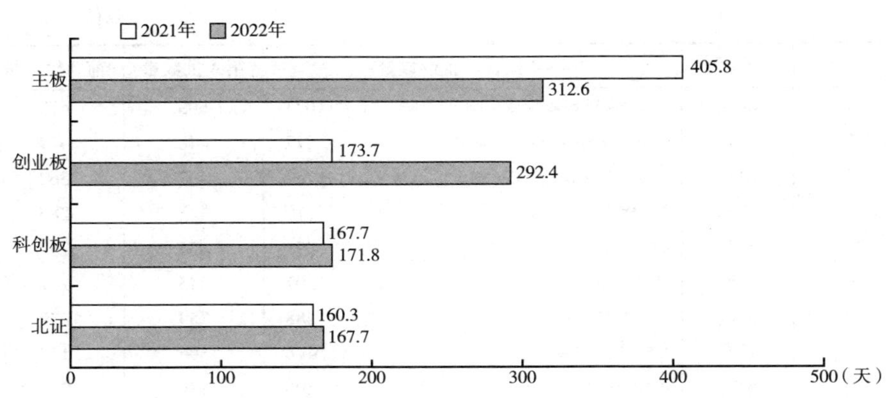

图2　2021年和2022年上市企业申报到过会的耗时变化情况

资料来源：Wind，统计数据截至2022年9月14日。

另一方面，湖南拟上市企业和中介服务机构规范动力有待提升。一是部分拟上市企业家对注册制理解存在偏差，未重视 IPO 审核在资金流水核查等方面的规范性要求，导致企业上市进度推迟，甚至无缘资本市场。二是部分企业过分从成本角度考量规范运作。因上市须规范内部管理，企业或将面临补缴税款、放弃部分不合规业务等处置，部分企业家认为成本过高，为此放弃 IPO 机会。三是部分中介机构从业人员无视审核要求，甚至主动配合企业隐瞒问题，逃避审核，不良风气给湖南 IPO 资本市场带来不小的负面影响。

2. 优质企业资源多但挖掘不足，上市后备军青黄不接

湖南优质企业总量不低，统计数据显示，2021 年全省在库“四上”单位总量超过 5 万家，其中规模以上工业企业超过 1.85 万家，平均营业收入约 2.3 亿元/家；全省有国家级“专精特新”小巨人企业 406 家，排名全国第 9、中部第 3（见表 1）。但全省拟上市在审企业、辅导期后备企业均偏少。截至 2022 年 9 月底，湖南 A 股在审企业 13 家、在辅导企业 46 家，同期安徽首发在审企业 41 家、辅导期企业 80 家；而截至同年 8 月底，浙江首发在审企业和在辅导企业数量就已达到 130 家、203 家。

表 1　国家级“专精特新”小巨人企业排名前十的地区

单位：家

排序	地区	1~4 批合计企业数量	第 4 批数量	前 3 批数量
1	浙江	1073	603	470
2	广东	877	448	429
3	山东	764	402	362
4	江苏	710	425	285
5	北京	591	334	257
6	上海	507	245	262
7	安徽	488	259	229
8	湖北	478	306	172
9	湖南	406	174	232
10	河南	374	167	207

资料来源：根据工信部网站数据整理。

究其原因，一是部分优质企业没有提前谋划推进上市工作，如精讯光电、中创化工等企业，业绩达到 8000 万元才开始准备上市工作，起步晚耽误了上市进程。二是受宏观经济不景气、疫情、产业政策等因素影响，部分企业近两年利润明显下滑，上市进程受到影响。如 2021 年末 12 家在审企业中，有 2 家因净利润下滑被迫延缓上市步伐；47 家辅导企业中，超过 40%的企业净利润出现下滑，8 家企业下降幅度超过 50%。

3. 多层次资本市场发育不全，金融实力偏弱

湖南在新三板、新四板挂牌的企业数与经济总量不匹配。全国中小企业股份转让系统（新三板）、区域性股权交易市场（新四板）是培育中小微企业规范发展，并将其引入更高层次资本市场的孵化器。截至 2022 年 9 月 14 日，湖南新三板挂牌企业 126 家，数量排名居全国第 15 位、中部第 4 位；其中创新层公司 32 家，在中部仅高于山西，只相当于广东的 13.7%（见表 2）。湖南股权交易市场挂牌企业 3077 家，在中部 6 省中仅高于山西，不及江苏、浙江股权交易中心的 1/3（见表 3）。

表 2　部分省份新三板挂牌企业数量情况

单位：家

省份	新三板	创新层
湖南	126	32
山西	83	27
河南	239	67
安徽	244	53
湖北	243	62
江西	94	36
江苏	835	213
浙江	604	169
广东	949	233

资料来源：Wind，统计数据截至 2022 年 9 月 14 日。

表 3　部分省份区域性股权市场挂牌企业数量比较

单位：家

省份	区域性股权市场	挂牌企业数量
湖南	湖南股权交易所	3077
山西	山西股权交易中心	2992
河南	中原股权交易中心	5411
安徽	安徽省股权托管交易中心	4511
湖北	武汉股权托管交易中心	5303
江西	江西联合股权交易中心	4567
江苏	江苏股权交易中心	10044
浙江	浙江股权交易中心	9522
	宁波股权交易中心	1931
广东	广东股权交易中心	9096
	前海股权交易中心	6668

资料来源：山西资料来源于 2022 年 8 月 30 日《山西经济日报》新闻稿，其余均来自 Wind，统计数据截至 2022 年 9 月 14 日。

湖南金融业规模偏小，中介机构服务本土企业能力不足。一是金融业产出质量有待提升。2021 年湖南金融业增加值为 2288 亿元，在中部 6 省中规模仅高于江西、山西；金融业增加值占 GDP 的比重为 5.0%，排中部第 6，比第 5 名的河南还低 0.3 个百分点。二是中介机构聚集度和层次较低。湖南大部分中介机构为证券公司的分支机构，全国性、区域性总部机构较少，虽然注册地在湖南的法人证券公司有 3 家，但方正证券和湘财证券的业务重点早已迁到外省，财信证券投行业务侧重于债券领域，而非 IPO 领域。湖南辖区内的证券分公司数量和全省资本市场总体发展水平相当，在中部排名仅高于江西、山西，数量不及广东、江苏的一半（见表 4）。

4. 湖南企业对在北交所 IPO 的意愿不强，未能抓住该市场新设的黄金机遇期

北交所发展如火如荼，但湖南在北交所 IPO 进展缓慢。北交所成立一年多以来，已有上市企业 110 家，在审在辅企业 400 余家，大多数均为“专精特新”中小企业。同时，北交所发行审核较快，推出了“领航计划”，对在新三板挂牌满 12 个月的优质企业，在 1~2 月完成审核，如华岭股份、

表 4　部分省份辖区内证券经营机构的数量对比

单位：家

省份	证券公司	证券分公司	证券营业部
湖南	3	60	436
山西	1	45	175
河南	1	74	330
安徽	2	75	275
湖北	2	63	370
江西	2	52	301
江苏	6	139	897
浙江	3	108	871
广东	6	143	944

资料来源：根据中国证监会各省监管局网站公布的报表数据整理。

中科美菱从受理至上会用时仅 37 天。但湖南企业在北交所 IPO 进展偏慢，从成功上市企业数量来看，截至 2022 年 9 月 14 日，湖南在北交所成功上市企业 2 家，同期安徽、河南分别有 4 家、3 家成功登陆北交所，而排全国前三的江苏、北京、广东分别上市 13 家、10 家、10 家。同期从在审后备企业数量看，湖南在审企业仅 2 家，河南、安徽、湖北在审企业分别为 8 家、7 家、4 家，江苏、浙江各有 20 家、16 家企业在审。

究其原因，一是部分企业认为“北交所流动性偏弱、融资效应不充分”，导致其对在北交所上市的意愿不强。二是部分中介机构因所收中介费用少，对推动企业在北交所上市不积极，有的甚至劝说企业宁可多等几年也要在主板和创业板上市。三是地方政府的推广力度也不大。但从发展态势看，当前在北交所排队的企业利润水平、营业收入和净利润的成长性均高出已上市公司；如果不能抢抓近三年北交所扩容、加速发展的黄金机遇，等到北交所上市门槛水涨船高后，湘企排队上市的难度将大大增加。

二　加快湖南企业上市进程的对策建议

为深入贯彻党的二十大精神，落实湖南省委、省政府关于推动“金芙蓉”跃升行动的决策部署，结合周边地区、发达地区经验做法，课题组提出加快湖南企业上市进程的四条建议。

1. 高位推动，落实市州上市刚性考核指标

借鉴企业上市成绩突出的安徽、江西等省经验，加大省市对企业上市工作的高位统筹推动力度。一是建议省委、省政府继续加强与中国证监会、证券交易所的沟通协调，通过高位对接推动湖南资本市场发展。二是将“金芙蓉”跃升行动纳入对市州政府、省直单位绩效考核及真抓实干督查激励措施，加大对各地市新三板挂牌数量的刚性考核，进一步明确工作任务，压实工作责任。三是各市州切实把推动企业上市作为一项战略性任务、“一把手工程”。市州主要领导亲自部署、亲自推动、亲自督办，对照“金芙蓉”跃升行动目标制定本地区 2022~2025 年上市目标规划，后进市州要以超常规思维、超常规举措推动企业上市尽快取得实质性突破。

2. 多维度挖掘后备企业资源，加大“种子引育”力度

一是建立“种子”企业寻找发现机制，为企业上市工作夯实后备资源储备。积极引导各市州政府加强与投资机构、券商等市场机构的合作，对规模以上企业进行摸底，多维度挖掘后备企业。研究利用全省企业市场登记大数据系统分析发现一批“种子”，利用创业创新平台选拔一批，组织天使、种子股权投资基金、园区科技孵化器、创业创新基地等招引推送一批，结合高新技术企业、“专精特新”企业等培育认定推荐一批，宣传推广鼓励自荐一批。参照安徽做法，科学设置反映企业创新性、规范性、成长性的指标，建立企业资本市场成长模型，构建种子企业筛选标准，并加强动态跟踪评价服务。

二是以“最开放”的态度推进后备企业加快发展，强调精准、协同对接帮扶。切实用好企业上市联席会议制度，采取“一企一策”重点解决企业关键难点问题，如协调国家相关部门支持企业技术、标准创新。支持后备企业打造技术创新中心，鼓励企业设立研发机构，在重大关键技术上取得突破，形成产业发展技术优势；支持后备企业通过许可使用、专利转让、折算入股等方式，拓展其专利或技术在同行业或相关行业的应用，推动行业整体

技术水平提升。鼓励银行业金融机构对后备库入库企业在信贷评审、授信额度、放款速度等方面建立“绿色通道”，给予重点支持。对列为省级上市后备重点企业，其募投项目符合国家产业政策的，单列专项资金、排污等要素指标予以重点保障。

3. 规范企业上市流程，引导多层次资本市场充分发展

一是帮助企业修炼内功，引导规范上市，提高上市成功率。在国内企业上市政策趋紧的背景下，大部分企业申请 IPO 不确定因素增加，建议由地方政府组织的上市主题培训内容侧重财务规范、法律实务、税收筹划、企业内控等方面，帮助企业做好上市前期准备工作。组织监管部门、交易所、头部金融机构与湖南后备上市企业开展体系化对接，积极为企业融资融智，树立正面案例，加强企业家和企业董秘或者资本市场对接负责人的思想建设和专业水平。

二是引导中介服务机构规范经营，通过发布绿、红、黄名单，督促证券中介机构合规做好企业上市流程中的各项服务，包括强化企业合规经营意识，指导、规范企业的财务、内部控制等日常经营行为。

三是大力鼓励和发展湖南金融产业，扶持本地金融机构，吸引国内头部金融机构到省内设立分支机构，招引境内外创投风投来湘展业、省外上市公司募投项目在湘投资，吸引外地金融人才到湖南就业发展，发展湖南本土 VC/PE 产业，形成“投资—IPO—退出—再投资”的良性循环。

四是发展多层次资本市场，持续加强区域性股权市场建设。支持符合条件的上市公司分拆子公司上市；支持国有企业深化混合所有制改革，推动不同类型的优质国有企业在境内相应板块上市；鼓励外向型或新业态、新商业模式企业、部分特定行业到香港等境外资本市场上市。继续引导广大创新型、创业型、成长型中小微企业在湖南股权交易中心挂牌，积极拓展挂牌企业多样化直接间接融资渠道，开展私募基金份额登记与报价转让平台试点。

4. 开启北交所上市攻坚行动，抢抓机遇实现弯道超车

一是针对湖南北交所上市资源不足的短板，召开全省上市动员推进会，加大对北交所上市的宣传，破除地方政府和企业家对新三板和北交所认识上

的误区，从政策激励上引导券商服务机构引流北交所，鼓励现阶段利润规模未达沪深交易所标准的企业先到北交所上市，后续再进行转板。

二是参照浙江、安徽等省份经验，各地市加大对新三板挂牌数量的政策引导，改变过去新三板挂牌奖励附加融资条件的情况，降低奖励门槛，适当提高奖励额度，尽快把净利润2000万元到5000万元的企业挂牌至新三板，为北交所储备资源，实现企业上市“弯道超车”。

三是建议酝酿出台湖南创新型中小企业北交所上市“三年行动计划”，建立健全创新型中小企业在北交所上市的制度和政策体系，完善创新型中小企业北交所上市的梯次培育制度，推动不低于5家创新型中小企业在北交所上市。

参考文献

《湖南省人民政府办公厅关于印发〈湖南省企业上市“金芙蓉”跃升行动计划（2022—2025年）〉的通知》（湘政办发〔2022〕2号），http：//www.hunan.gov.cn/hnszf/szf/hnzb_18/2022/202202/szfbgtwj_98720_88_1qqcuhkgvehermhkrrgnckumddvqssemgdhcscguemr/202201/t20220128_22474798.html，最后检索时间：2022年5月25日。

刘伟中：《加大企业上市工作力度，推动广州资本市场多层次发展》，《广东经济》2020年9月。

林加欣：《非核心城市地方政府推动企业上市挂牌的思考——以福建省漳州市为例》，《福建金融》2018年第12期。

邹毓洁：《浅析地方政府推动企业上市的鼓励政策》，《纳税》2019年第17期。

李苑、陈芳：《北京将全力支持北交所创新发展，培育推动更多“专精特新”企业上市》，《上海证券报》2022年1月7日。

郭丁然：《力争每年新增境内外上市公司20家，河南的“后备军团”充足吗?》，《河南商报》2022年1月12日。

于长洹、陈沛涵：《“专精特新”30强城市榜单：合肥超杭州南京，西安科研优势强》，https：//baijiahao.baidu.com/s？id=1709942622787202679&wfr=spider&for=pc，最后检索时间：2022年7月12日。

湖南“五好”园区建设现状与政策建议

湖南省社会科学院（湖南省人民政府发展研究中心）调研组*

产业园区作为贯彻新发展理念，推动高质量发展的重要平台、振兴实体经济，推进科技创新的重要载体及扩大对外开放、全面深化改革的重要窗口，在湖南经济社会发展全局中发挥着举足轻重的作用。2021 年 5 月 20 日，湖南省委常委会议审议通过《关于创建“五好”园区　推动新发展阶段园区高质量发展的指导意见》，明确了“定位、平台、项目、队伍、形象”五个方面的园区重点建设方向。经过一年多的努力，湖南省在“五好”园区建设方面呈现稳中有进、“加速奔跑”的态势。如何聚焦园区，推动产业向园区集中、要素向园区倾斜、改革在园区先行，推动园区发展为全省经济高质量发展提供强力支撑，成为下一阶段湖南园区发展的重要着力点。

一　园区高质量发展成为全省经济“定星盘”，但仍要打响五大“攻坚战”

截至 2021 年底，湖南共有省级及以上产业园区 143 家（含洪江市和洪江区），其中国家级园区 21 家（高新区 8 家、经开区 8 家、综合保税区 5

* 调研组组长：邓子纲，湖南省社会科学院（湖南省人民政府发展研究中心）产业经济研究所所长、博士、研究员。调研组成员：陈旺民、王凡、廖卓娴，湖南省社会科学院（湖南省人民政府发展研究中心）研究人员；胡馨月，湖南省中国特色社会主义理论体系研究中心湖南师范大学基地特约研究员、博士；唐苗苗，湖南交通职业技术学院讲师；孙龙图，天津市南开区组织部干部。

家），省级园区 122 家（高新区 41 家、经开区 37 家、工业集中区 44 家），基本实现县市区全覆盖。“十三五”以来，湖南始终把产业园区作为贯彻新发展理念、推动高质量发展的重要平台，作为振兴实体经济、推进科技创新的重要载体，建成了一批特色鲜明、产业集聚、竞争力强的产业园区，为全省经济高质量发展提供有力支撑。但近年来受内外部环境变化的持续冲击，尽管湖南采取一系列行之有效的纾困举措，仍存在制约“五好”园区建设的五大问题。

1. 指标增长突飞猛进，但仍要打响“提质增量”攻坚战

2021 年全省园区（不含综保区）实现生产总值 1. 58 万亿元，较 2015 年年均增长 17%；实现技工贸总收入突破 5. 72 万亿元，年均增长近 13%，长沙经开区等 14 家园区技工贸收入突破 1000 亿元；上缴税金由 2015 年的 1054. 8 亿元增加到 2021 年的 1964 亿元，年均增长 10. 86%，园区以占全省约 0. 5%的国土面积，产出了约 34. 5% 的 GDP、70% 的规模工业增加值、65%的高新技术产值、50%的实际利用外资额。但是在综合实力方面，湖南仅 4 家园区入围“2022 年中国先进制造业百强园区”，而江苏、广东、浙江分别有 21 家、9 家和 9 家园区入围。湖南高新类园区总量规模最大的长沙高新区技工贸总收入仅相当于武汉东湖高新区的 30%。在亩均产出方面，湖南 2021 年工业用地亩均税收为 17. 64 万元/亩，与全国先进园区相比还有较大差距。

2. 集聚效应初步显现，但仍要打响“协调发展”攻坚战

以园区为载体和平台，湖南目前培育了工程机械、轨道交通装备、航空动力三大世界级产业集群，形成了装备制造、消费品、材料 3 个万亿产业和电子信息、生物医药等 15 个千亿产业。2021 年全省园区实现工业增加值 1. 05 万亿元、占园区生产总值的 66. 4%，实现工业利润总额 2105 亿元、占园区利润总额的 78. 9%。但全省产业园区个体之间、四大板块之间，发展水平不均衡、差异较大。湘南、湘西地区园区发展质量、效益明显低于长株潭地区。长株潭地区园区数量占全省的 20%，园区生产总值约占全省园区的 50%；湘南、湘西地区园区数量占全省的 57%，园区生产总值却仅占全省园区的 1/3（见图 1）。

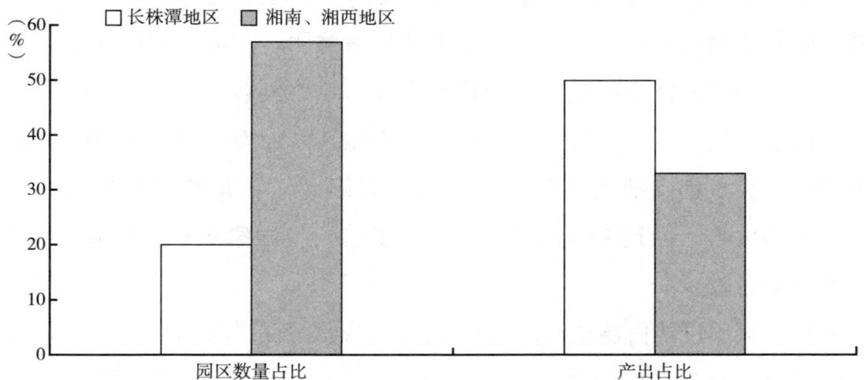

图 1　长株潭地区与湘西、湘南地区对比

3. 放权赋能为企业“纾困解难”，但仍要打响“释放活力”攻坚战

各地各园区围绕管理体制、市场化运营、人事薪酬等重点领域，推行大部门制和扁平化管理，着力破解园区建设发展的体制机制障碍，完成全省开发区管理机构清理规范工作，取得明显成效，全省开发区（园区）独立设置的管理机构减少 71 个，精简 30.2%。园区市场化建设运营模式探索步伐加快，园区发展活力进一步增强。2021 年全省园区新引进重大项目数 674 个，新引进“三类 500”强项目数 195 个；园区企业个数达 6.98 万家，比 2020 年同期增加 11.3%，其中工业企业个数达 2.8 万家，比 2020 年同期增加 11.5%。但也要看到湖南部分园区行政化色彩仍比较浓厚，不少园区仍旧为政府投资主导型园区，民营资本、社会资本参与度不高，发展活力仍需进一步释放。

4. 动能转换促园区发展“脱胎换骨”，但仍要打响“转型升级”攻坚战

2021 年全省园区高新技术产业主营业务收入达到 2.79 万亿元，较 2015 年年均增长 22.3%。技术合同交易额达到 719.64 亿元，占全省比重超过 2/3。高新技术企业达到 10077 家，较 2015 年增长 2 倍有余。成功创建 1 个国家级循环化改造示范试点园区，2 个国家级绿色园区。拥有省级及以上研发机构 2088 家、众创空间孵化器 452 家、产业服务促进机构 904 家，初步形成

从研发、检测到技术运用全链条研发服务体系。但也要看到湖南大部分园区仍处于要素集聚或产业培育阶段，产业特色不鲜明、产业结构同质化、集群效应不足。不少园区发展过度依赖传统产业，科技创新层次不高，产业仍处于价值链中低端，且产业链不长、不强、不完善。湘南、湘西地区园区创新平台数量较少且创新能力不强，成果转化率偏低，创业孵化体系还不够健全，园区孵化器、创新平台建设仍处于起步阶段，国家级科技企业孵化器、创新平台数量较少。

5. 园区顶层设计日臻完善，但仍要打响“制度改革”攻坚战

园区市场化运营改革取得扎实成效，在浏阳高新区等16个园区积极开展“标准地”、市场化运营等改革试点，成功搭建湖南—粤港澳、湖南—长三角产业转移综合服务中心等招商引资平台，祁阳高新区、道县高新区等园区率先引进社会资本参与园区建设。“放管服”改革持续发力，出台《湖南省园区赋权指导目录》，全面开展12个事项的区域评估，推动“申请后审批”转变为“申请前服务”、“单个项目评估”转变为“区域整体评估”，进一步提高审批效率、加快项目落地。但也要看到：湖南园区改革进入深水区，在财权支配、人事管理等方面“放水”不多、“放手”不够的问题突出，部分园区队伍结构和岗位配备不完善，缺少专业性人才，保障园区高质量的综合服务能力较弱。

二　锚定五大方向，擦亮“产业湘军”名片

以精简体制机制、建设数字园区、强化要素保障、提升亩均效益、提高招商质量为主要抓手，奋力提高定位、项目、平台、形象、队伍五方面的建设水平，为推进“五好”园区建设提供动力。

1. 强基固本，推动园区体制改革，破除发展“制度壁垒”

一是推进规划管控改革，做企业发展“守护者”。重构管理体系。加快推进“管委会+公司”的治理结构转化，坚决剥离社会事务，坚持政企分开，推动市场化运营。积极探索“管办分离”，再塑高效协调运行新体系，

健全“公司董事会+投资决策委员会+党工委”决策机制，确保投资决策科学规范。

二是推动行政审批改革，做企业发展“拥护者”。为园区和企业发展放权赋能，完善全生命周期政务服务体系。推行极简审批，深化证照分离、一业一证、信用承诺制等改革，深入落实《深化“放管服”改革助推“五好”园区建设20条措施》。完善“一网通办”平台，提升信息化支撑能力，主动适应区块链、移动互联、5G发展要求，推动“一网通办”向多端融合。

三是推动市场化运营改革，做企业发展“守望者”。以产权激励为导向，完善经营性国有资产产权管理制度，依法平等保护民营主体产权。以服务业为重点，探索建立企业商业秘密、新领域新业态知识产权保护机制。完善市场准入负面清单动态调整机制和第三方评估机制，推动“非禁即入”普遍落实。完善社会信用体系，对市场主体开展全覆盖、标准化公共信用综合评价。

2. 保驾护航，加快数字园区建设，打造发展“云上平台”

一是强基础，推动制造业数字化升级。以“产业大脑+未来工厂”为核心，以工业互联网、数字贸易、未来产业先导区等建设为引领，推动数字经济核心制造业和服务业的双向赋能，通过做强基础硬件，支持数字经济平台和服务自主可控发展；发挥工业互联网建链效应，强化机械制造、新材料等湖南优势产业生产性服务支撑，发展跨领域的数字经济集成服务解决方案。同时，前瞻布局新一代人工智能、区块链等数字经济未来增长点，深化新技术、新模式、新业态全面融合渗透。

二是聚合力，强化新型基础设施建设支撑。在各园区加快布局智能交通基础设施，加快智慧公交站点建设，推进停车场智慧化升级，加快推进智慧化道路升级项目落地实施。积极布设新能源终端和智能电网设施，推动氢能源等领域基础设施建设。完善智慧物流基础设施建设，推进快递物流智脑中心、智能物流认证与检测中心等平台合理布局和建设，开展仓储、分拣、配送、装卸等一体化集配设施智能化升级。

三是拓渠道，创新应用服务场景。推进以工业互联网、自动驾驶、智能城市感知、超高清视频应用等为重点的垂直行业场景应用示范。建立典型应用场景的市场化推进长效机制，定期发布场景机会清单，引导龙头企业牵头开展应用场景建设。发挥政府资金引导带动作用，吸引社会资本加大对场景项目的投资力度。

3. 多措并举，强化核心要素保障，形成发展“矢力同心”

一是出实招，深化金融保障。开展“纾困增效”专项行动，推动政府性融资担保、民营小微企业贷款风险补偿、多层次资本市场补助等政策支持园区小微企业融资。通过“个转小、小升规、规改股、股上市”，更多更快地进入多层次资本市场融资，大力推动再融资和发行企业债券。大力度推动包括 REITs 等多种资产证券化方式，大规模推动债务置换重组，培育引进私募股权基金。推动省级政府投资基金、政府专项债向园区倾斜，推动“潇湘财银贷”产品园区全覆盖。

二是下功夫，健全用能保障。加强能源保供，积极开展天然气大用户直供试点，鼓励企业利用自建厂房建设光伏、风能发电等新能源项目，降低用能成本。

三是求实效，推进用人保障。以芙蓉人才行动计划为总揽，大力壮大园区人才集群。支持园区与省内外高校优势学科合作，帮助企业培养高技能人才。对于管理型人才，要积极探索创新政府雇员模式，加大高素质管理型人才引进力度。大力推进园区人事薪酬制度改革，对特殊需要的高层次管理人才和招商人员实行特岗特薪、特职特聘。对于制造业重点人才，要编制发布重点产业人才图谱，引进一批国际顶尖科学家、前沿领军人才和高层次人才团队，促进招商引资和招才引智有机结合，采取“项目+人才”模式集聚高层次人才，大力引进具有全球影响力、在新兴产业领域有重大突破的原创性、引领性、标志性顶尖人才团队项目。对于技术型人才，要深入推进产教融合和产学研合作，加快职业技能教育培训，鼓励大中专职业院校、职业培训机构与园区企业紧密合作，联合打造具有辐射引领作用的现代化产教融合基地，探索“订单培养”“现代学徒制”等人才培养模式改革，为园区企业培养高素质技术技能人才。

4. 立竿见影，提升亩均效益效率，促进发展“硕果压枝”

一是播“集约”之种。坚定不移走国土空间集约高效利用之路，不断推动城市高质量可持续发展。牢牢守住开发建设刚性约束，提高土地利用效率，打造高品质的国土空间格局。加强整治旧工业区、清退建设用地、处置闲置土地、拆除违法建筑等措施，盘活生产用地，推广株洲清水塘老工业区的整治经验，为实体经济发展和公共服务配套提供发展空间。

二是繁“创新”之枝。创新土地使用方法，结合实际情况编制《产业用地指南》与《产业结构调整负面清单》，探索实行控制性详细规划和土地管理的动态调控机制，建立与综合用地相适应的分区规划、土地管理模式。结合城市功能定位、空间格局和工业用地实际，探索打造“产业发展单元+创新型产业用地”模式，在集中成片、有较高产业关联度和相应产业服务设施的产业集聚区设立“规模适宜、功能复合、邻里聚合、弹性控制、协同服务”的“产业发展单元”，实现生产、生活、生态“三生融合”，对省内园区经评估有条件的土地进行整合，申报为创新型产业用地，引入产业前景好、亩均效益高的优质项目，建立符合湖南产业发展特点和要求的科学化、差别化、精细化、生态化土地利用和管理模式。

三是结“持续”之果。在产业用地绩效管理上，既关注经济发展指标，也强调科技创新和生态环保等指标。

5. 广开门路，提高招商引资质量，铸就发展“温馨港湾”

一是引重点招商之“水”。重点对接“一带一路”建设，突出临空经济，打造全球高端装备制造基地、内陆地区高端现代服务业中心、中非经贸深度合作先行区，在机械制造、物流商贸领域进行重点招商。加快湘南湘西承接转移示范区建设，大力引进创新型企业和先进制造企业，建设粤港澳重要的科技产业配套基地、制造业转移承接基地。通过联合招商、共建园区等方式，引导长三角、珠三角地区拥有较大市场份额的企业优先向湖南园区转移生产制造环节。

二是航特色招商之“船”。针对特定目标地域和群体，探索开展“政策说明会”“恳谈会”“圣诞酒会”“早餐会”等多种形式招商推介。通过积极参加国际国内各类高端展会、领袖峰会、专家论坛以及博览会等，探索建立专业化、高端化招商模式。

三是造精准招商之“湾”。根据全省产业布局和错位发展要求，结合本地功能定位和主导产业发展实际，研究确定招商引资方向。围绕“大智移云”战略性新兴产业、“3+3+2”产业集群和现代农业等重点领域，谋划一批多方共赢的产业项目。大力招引总部型、研发型、链主型、引领型项目和重要建链补链强链延链项目，大力推动央企及“三类500强”企业总部、区域性总部和功能性总部入湘。持之以恒抓好产业发展“万千百”工程重点项目精准对接。持续提升制造业比重，坚决遏制“两高一低”项目盲目发展，实现由引资向选资、由分散向集聚、由扩量向强链的转变。

参考文献

梁元和：《五抓五办 助推“五好”园区建设》，《当代县域经济》2022年第11期。

段贵建：《抓实“五个一”优化园区营商环境》，《新湘评论》2022年第9期。

赵新文：《对标“五好”要求 推动园区高质量发展》，《新湘评论》2022年第7期。

谷海中、柯丽：《常德高新区：筑“五好”园区创建台 创区域经济增长级》，《中国科技产业》2022年第9期。

区域经济发展

他山之石　强核筑心

——国内外典型经验对长沙创建国家中心城市的启示

湖南省人民政府发展研究中心调研组*

湖南省第十二次党代会旗帜鲜明地提出实施“强省会”战略，通过做强做大长沙省会城市，不断推进创建国家中心城市的进程，形成辐射中部的强增长极。2022 年 4 月湖南省委、省政府出台《关于实施强省会战略支持长沙市高质量发展的若干意见》，再次旗帜鲜明地将创建国家中心城市作为首要目标任务。调研组对国内外典型城市，特别是九个国家中心城市的主要做法进行了总结提炼，为湖南加快“强核筑心”的步伐提供经验借鉴。

* 调研组组长：谈文胜，原湖南省人民政府发展研究中心党组书记、主任。调研组副组长：侯喜保，原湖南省人民政府发展研究中心党组成员、副主任；蔡建河，原湖南省人民政府发展研究中心党组成员、二级巡视员。调研组成员：左宏、闫仲勇、言彦，原湖南省人民政府发展研究中心研究人员。

一　九大国家中心城市的功能定位

国家中心城市是国家赋予一座城市的发展使命，体现的是国家的战略布局。当前，在城市国家使命、区位和发展特点等方面，我国九个国家中心城市被赋予了国家中心城市相应的功能定位。

1. 国家定位："对内对外"各有侧重

国家中心城市的功能主要包括对内和对外两大功能。对内功能主要体现为中心城市在国内承担资源利用、环境保护、公共服务、改善民生等方面的功能。对外功能主要体现在对外开放和交流等方面。其中，北京、上海、广州等国家中心城市重点承担对外功能。北京是现代国际城市和国际交往中心，上海是现代化国际大都市，广州是对外交往中心、国际商贸中心。其余国家中心城市主要承担对内功能。重庆是国家重要的现代制造业基地，西安是国家重要的科研、教育和工业基地，成都是国家重要的高新技术产业基地、商贸物流中心，武汉是国家重要的工业基地、科教基地，郑州是国家重要的综合交通枢纽。

2. 区域定位："东中西"各有千秋

九大国家中心城市分布注重区域协同。其中，东部地区有 4 个（北京、上海、天津、广州），中部地区有 2 个（武汉、郑州），西部地区有 3 个（重庆、成都、西安）。不同区域的国家中心城市，具备不同区位定位。例如，天津重点在环渤海地区和北方地区发挥经济、航运、物流功能，重庆通过经济、金融、商贸物流、科创辐射长江上游地区和西南地区，成都重点以科技、文创辐射西部地区，武汉、郑州重点辐射中部地区，西安重点辐射西北地区。

3. 特色定位："九大城市"各具风格

国家中心城市不仅承担国家发展使命，也具有自身特色功能定位。例如，北京是全国的政治、文化、科技创新中心，上海是国际经济中心、国际金融中心、国际贸易中心、国际航运中心；天津是生态城市；重庆、广州、成都、武汉、郑州都是国家历史文化名城；西安是丝路科创中心、丝路文化高地（见表1）。

表1 我国九大国家中心城市的功能定位

城市	定 位
北京	中国首都,全国政治中心、文化中心、国际交往中心、科技创新中心,世界城市
天津	中国直辖市之一,中国北方经济中心、环渤海地区经济中心、中国北方国际航运中心、中国北方国际物流中心、国际港口城市和生态城市
上海	中国直辖市之一,国际经济、金融、贸易、航运中心和国际大都市
广州	国家历史文化名城,我国重要的中心城市、国际商贸中心和综合交通枢纽、综合性门户城市和区域文化教育中心
重庆	西部开发开放战略支撑和长江经济带西部中心枢纽载体,长江上游地区经济中心、金融中心、商贸物流中心、科技创新中心、航运中心
成都	西部地区重要的经济中心、科技中心、文创中心、对外交往中心和综合交通枢纽
武汉	中部的中心城市,国家重要的工业基地、科教基地和综合交通枢纽
郑州	中部重要的中心城市,国家重要的综合交通枢纽
西安	西部地区重要的经济中心、对外交往中心、丝路科创中心、丝路文化高地、内陆开放高地、国家综合交通枢纽,要建成具有历史文化特色的国际化大都市

资料来源：根据相关文件整理。

二 国内外典型城市的经验做法

在城市发展的历史长河中，国内外典型城市在中心城市建设方面探索出了多种途径和方式，形成了一系列特色做法和模式，值得借鉴。

1.组约：以“众创空间”打造“全球创新之都”

国内外发达城市的发展经验表明，创新始终是塑造城市发展新优势、提升竞争力的根本动力和关键举措。当前，新一轮科技革命和产业变革纵深演进，世界发达城市为了摆脱国际金融危机影响、加快经济转型发展，紧紧抓住新一轮科技革命和产业革命的机遇，纷纷加大创新投入，抢占科技制高点，争取发展主动权，纽约就是其中的典型代表。

2008 年金融危机后，纽约以华尔街为代表的资本驱动型经济遭受重创。以此为拐点，纽约城市发展出现了较为明显的战略转向，即推动城市发展动力从单一资本驱动向金融和科创的双轮驱动转型，并在新十年发展规划《一个新的纽约市：2014—2025 年》中，正式明确“全球创新之都”的城市发展定位。在此进程中，纽约实施公私合营策略，促进众创空间与城市空间融合共享，培育了一大批中小型科创初创企业，成为纽约建设全球科创中心的重要助推器。比如，WeWork 就诞生于纽约，也是全球五大科技独角兽中唯一不诞生于硅谷的独角兽。通过实施众创空间建设等计划，纽约在不到 10 年的时间内，从一个科创领域的二线城市，一跃成为全球领先的科创中心。此外，我国多数国家中心城市也均提出打造国际性、全国性或区域性科技创新中心，以此提升城市发展的竞争力。

2. 东京：以“多核多圈层”空间打造“亚洲总部特区”

综观国内外先进城市的发展轨迹，城市群作为城市发展到成熟阶段的产物，日益成为城市发展的主要形态和重要载体。当前，经济发展的空间结构正在发生深刻变化，都市圈、城市群发展将成为经济增长的“新风口”，众多发达城市为了持续提升城市发展的承载能力、提高全要素生产率，提出了与周边城市协同发展的模式，东京就是依托城市群发展成为亚洲第一城的典型城市。

东京将周边区域纳入规划以共同发展，构建起“东京都—东京圈—首都圈”的空间结构，形成“1 个中心—8 个副中心—9 个郊区卫星城—多个邻县中心”的多核多圈层空间形态，协同建设“亚洲总部特区”。每个圈层都有各自发展重点，比如东京是金融、信息等高端服务业中心，多摩是教育研发集聚中心，神奈川是物流和总部集聚地，千叶以商务和空港物流为主。通过打造“1+8+9+N”多核多圈层空间，东京逐步形成全球化企业的亚洲综合中心及研究开发中心。此外，我国九大国家中心城市中有七座城市也是借助京津冀城市群、长三角城市群、粤港澳大湾区、长江中游城市群、成渝都市圈等快速建设的。

3. 新加坡：以“生态宜居”打造“花园里的城市”

综观人类文明发展史，绿色发展已经成为世界生态文明发展的潮流，生态宜居成为城市可持续发展的广泛共识。当前，一些国家或城市为了实现可持续发展，积极倡导绿色发展理念。例如，欧美提出了“低碳革命”，新加坡提出了“2030 绿色计划”，我国提出了“碳达峰”“碳中和”。其中，新加坡提出的打造“花园里的城市”成为全球公认的生态宜居的成功典范。

作为世界上第一个把建设“花园城市”作为基本国策的国家，新加坡早在 1965 年就成立了“花园城市行动委员会”，每年用于城市绿化的预算资金达到 1.2 亿新元（其中 95%是财政拨款），制定了包括概念规划、总体规划、发展指导规划三个层级的规划体系。其中，概念规划立足未来 40~50 年的发展目标，每十年进行评估优化；总体规划立足未来 10~15 年的发展目标，每五年评估优化。经过五六十年的发展，新加坡由环境污染严重、贫民窟遍地的城市成为全球最宜居城市之一，其生活质量和生态环境均居亚洲第一。此外，巴黎提出的建设“田园型全球城市”也是以“生态宜居”来推动城市高质量发展的成功案例。

4. 武汉：以“水陆空”超级枢纽加快国际化步伐

实践证明，只有更高水平的开放，才能推动城市更高质量的发展。开放发展的程度与综合交通枢纽的建设息息相关，只有打造强有力的综合交通枢纽体系，才能加快城市国际化步伐。纵览全球，世界主要城市都将枢纽建设作为提升城市发展能级、加快国际化步伐、增强国际竞争合作优势的重要手段。其中，与长沙同属中部地区省会城市的武汉，其打造综合交通枢纽的经验较为典型，值得借鉴。

武汉作为国家规划建设的 5 个全球性国际邮政快递枢纽集群之一和 9 个国际性综合交通枢纽之一，通过“水陆空”同步发力，打造了超级交通枢纽体系。水上，建设长江中游航运中心，打造长江中游最大水上门户，实现“中部海港”功能，武汉港已成为中部地区最大的水陆联运中心；地面，建设国际陆运枢纽，形成“米”字形高铁和联通中外的铁路快速货运网络，中欧班列（武汉）辐射34个国家、76个城市；空中，建设国际航空枢纽，策划建设第二机场，拥有40多条国际直达航线，实现航空线路通达全球重要国家和地区，成为华中唯一可直航四大洲的城市。此外，成都“陆空国际双枢纽”崛起、郑州“海陆空网”齐头并进，也是以枢纽促开放的典范。

5. 郑州：以“规模提升”拓展发展空间

一定的人口规模和城区面积是创建国家中心城市必须达到的门槛。在创建国家中心城市的进程中，郑州等城市通过“造新城”等途径，不断拓展城市发展空间。2002年，郑东新区开发被列为河南经济发展的“一号工程”，为郑州增加了140多万人口和100多平方公里的城市发展空间。到2020年，郑州市域城市建成区面积为1284.89平方公里，郑州市中心城区城市建成区面积为709.69平方公里，郑州以1260.1万人的常住人口规模首次跻身全国前十，常住人口增加397.4万人，增量居全国第5。此外，西安通过代管西咸新区，在短期内一次性增加上百万人口，城市规模、能级和竞争力得到进一步增强。

6. 成都：以“品牌+活动”打造走向世界的“城市名片”

在近年来中国经济社会快速发展背景下，中国城市海外影响力显著增强。特别值得注意的是，在北京、上海等传统一线城市之外，成都等“新一线城市”正在逐步形成自身国际品牌，通过突出特色优势，实现差异化传播，获得良好效果，正在向国际化大都市快速看齐。

以特色品牌提升国际影响力。成都以“熊猫”和“美食”建立的“城市名片”品牌体系，不仅具有极高辨识度，而且便于融合休闲生活、经济社会等要素，在传播效果和美誉度方面效果显著。参考消息报社发布的《中国城市海外影响力分析报告（2020）》显示，成都在“海外品牌塑造及传播力”分项评估中位列第1。以重大国际活动提升国际形象。成都通过承办重大国际活动，错位竞争实现突围，不断提升自身国际形象。2017~2019年，先后承办53项高水平国际体育赛事，成功申办2021年大运会、2022年世乒赛、2023年男足亚洲杯、2025年世运会等重大赛事。《中国城市海外影响力分析报告（2020）》显示，在国际会议数量、国际体育赛事指数等指标上，成都分别位居第5、第2。

三　几点启示

国内外典型城市的经验表明，长沙创建国家中心城市，要明确自身功能定位，力争在城市规模、创新、开放以及自身特色等方面寻找突破口。

1. 以“定位”为风向标，着力打造“一区两基地五中心”

与九大国家中心城市相比，长沙除了在文化、中非合作和工程机械等特色产业方面具有一定优势外，整体对外功能相对较弱。建议长沙打造国家中心城市要以对内功能为主，聚焦“三高四新”战略定位和使命任务，在全国和中部形成一定的特色优势功能定位。对内定位：打造全国范围内的“三大中心”，即国家重要先进制造业中心、国家科技创新中心、国家综合交通枢纽中心；打造中部地区“两大基地”，即国家教育先行示范基地和国家区域医疗基地。长沙虽然无法全面承担起国际功能，但在中非合作、文化等对外开放的细分领域，具有其他城市无法比拟的优势，建议在这些领域重塑对外定位，打造全球范围的“一区两中心”，即中非经贸深度合作先行区、国际文化创意中心、国际旅游消费中心。

2. 以“创新”为先手棋，着力打造“创新五地”

长沙要打造国家中心城市，最根本的动能在创新，最关键的举措在创新。要始终把创新作为创建国家中心城市“先手棋”，加快“三区两山两中心”等重大创新平台建设，通过打造综合性国家科学中心、国家技术创新中心、国家科技成果转移转化示范区、新经济应用场景新城、湘江创新走廊等重大举措，建立具有全新机制的先进技术研究院和创新研究院，建设海外人才离岸创新创业基地，设立区域性技术产权交易市场，推动长沙成为原始创新的重要策源地、关键核心技术的重要诞生地、重大创新平台的重要集聚地、科技成果转化的重要承接地、一流创新人才的重要汇集地，持续提升原始创新能力、关键核心技术研发能力和科技成果转化能力，高水平建设国家创新型城市。

3. 以“融合”为加速器，借助“长株潭都市圈”协同发力

如今，国内申请创建国家中心城市已经由以前的单打独斗模式进入组团群战模式，南京都市圈、杭州都市圈、福州都市圈、沈阳都市圈、济南都市圈等将都市圈作为创建国家中心城市的重要途径。东京都市圈多核多圈层空间形态，充分表明只有发挥自身和周边区域合力优势，才能加速中心城市发展。长沙创建国家中心城市，要抓住长株潭获批国家级都市圈重大战略机遇，建立都市圈产业协同、园区协作、创新协力、利益共享机制，积极开展“园区飞地、外拓基地”模式合作，以长沙市为极核，打造辐射带动全省和全国发展的长株潭东岸开放走廊和长株潭西岸创新走廊，将都市圈打造成为全省产业发展的“头部经济”和全国重要增长极，借助株洲、湘潭在产业、科技等方面的独特优势，甚至联合岳阳的港口优势，加快创建国家中心城市的步伐。

4. 以“宜居”为突破口，着力打造“四新四城”

长沙在文化、医疗、教育、住房等方面具有较强竞争优势，是一个相对宜居的城市。长沙打造国家中心城市，可以考虑以宜居为突破口，实施精美城乡工程，扎实开展城市规划品质提升、城市基础设施提升、城市配套功能提升、文化品牌提升、生态环境提升五大行动，支持长沙开展城市更新国家试点工作，全力提升城市服务功能、产业聚集动能、城市治理品质和生态品质，建设人民幸福、品质一流、治理高效、生态宜居的现代化新长沙，形成营商环境优良的“活力智城”、生态环境优美的“山水洲城”、生活环境优越的“宜居新城”、文明环境优秀的“文化名城”。

5. 以“开放”来补短板，借助“双循环”提升对外影响力

长沙要大力发展开放型经济，构建以共建“一带一路”为重点的全方位对外开放格局，积极融入“全国统一大市场”建设，加速形成“双循环”新发展格局，不断提升全球资源配置能力。高标准高质量建设中国（湖南）自由贸易试验区长沙片区，大力开拓 RCEP 成员国、非洲国家等新兴市场，积极创建国家进口贸易促进创新示范区，打造对非经贸合作总部经济中心，

建设“国家会展名城”，策划承办重大国际经贸、文化和体育活动，树立国际品牌形象，全面提升长沙国际形象，增强国际影响力。实施文旅名城工程，积极申报世界非物质文化遗产，大力举办“网红节”等活动，将长沙打造成为世界旅游目的地和国家旅游休闲城市，不断提升海内外影响力和美誉度。支持长沙市创建国家综合交通枢纽和国家综合物流枢纽，拓展以航空货运、中欧班列、江海航线、铁海联运为重点的国际物流大通道，着力打造中欧班列（长沙）全国集结中心、长株潭岳组合港，支持建设以长沙市为核心的长株潭都市圈多层次轨道交通体系，加速完成长沙机场改扩建工程，加快推进第二机场建设，建设若干通用机场，推动新开长沙至非洲的全货运直航航线，构建长沙国际航空货运网络。

6. 以“拓展”为基础盘，提升“空间+人口”体量

与其他国家中心城市以及杭州等潜在的竞争对手相比，长沙城市体量仍然较小。为此，一方面要实施精准化的人口导入政策，全面放开落户限制，实现落户“零门槛”，全面放开近亲属投靠条件，实现投靠“零门槛”，提供落户地址多样化选择，降低集体户设立条件，力争到 2026 年长沙市常住人口突破 1200 万人。另一方面，长沙要加快推动“东拓、西提、南融、北进、中优”空间发展战略实施，全面推行“五区联动”，积极推进长浏宁融城，支持浏阳、宁乡建设省会城市副中心，支持湘江新区、自贸试验区长沙片区发展“飞地”经济，持续推进湘阴、九华片区深度融入“强省会”战略，高标准建设金阳新城、金洲新城、金霞新城，加快形成“一轴一带四走廊，一核两副十组团”的空间格局，全面推动长沙经济规模、建成区面积和人口规模在跨过国家中心城市门槛基础上实现进一步的提升。

参考文献

赵弘：《2020 年北京中心城市建设发展成就及新形势下高质量发展的战略思考》，载孙先科、蒋丽珠、杨东方主编《国家中心城市建设报告（2021）》，社会科学文献出版社，2021。

曹君杰、吴玉鸣：《2020 年上海国家中心城市建设取得成就、面临挑战及未来展望》，载孙先科、蒋丽珠、杨东方主编《国家中心城市建设报告（2021）》，社会科学文献出版社，2021。

周彩云、周立群：《2020 年天津国家中心城市建设的进展和展望》，载孙先科、蒋丽珠、杨东方主编《国家中心城市建设报告（2021）》，社会科学文献出版社，2021。

覃剑、尹涛：《2020 年广州国家中心城市建设进展与未来展望》，载孙先科、蒋丽珠、杨东方主编《国家中心城市建设报告（2021）》，社会科学文献出版社，2021。

闫德民、徐艳红：《2020 年郑州国家中心城市建设成效、思考与展望》，载孙先科、蒋丽珠、杨东方主编《国家中心城市建设报告（2021）》，社会科学文献出版社，2021。

彭劲松、唐于渝：《2020 年重庆国家中心城市建设进展、问题及对策分析》，载孙先科、蒋丽珠、杨东方主编《国家中心城市建设报告（2021）》，社会科学文献出版社，2021。

杨继瑞、杜思远、徐海鑫：《双循环新发展格局下的成都作为：强核、拓圈、融环》，载孙先科、蒋丽珠、杨东方主编《国家中心城市建设报告（2021）》，社会科学文献出版社，2021。

班斓：《西安国家中心城市建设的新成效、新优势、新瓶颈》，载孙先科、蒋丽珠、杨东方主编《国家中心城市建设报告（2021）》，社会科学文献出版社，2021。

王洋：《国家创新中心城市建设的国际经验借鉴》，《产业与科技论坛》2019 年第 3 期。

加快推进湖南省县域经济发展的对策建议

湖南省人民政府发展研究中心调研组*

县域经济是全省经济的重要支柱。“十三五”时期以来，湖南省县域经济发展成效明显，但与先进省份相比仍存在较大差距。如何加快促进县域经济发展，本文从县域功能规划、产业引导、民营经济培育、营商环境优化、城镇化建设等方面提出五点建议。

一 湖南省县域经济发展现状

湖南省共有86个县（市），其中68个县、18个县级市。七普数据显示，2020年湖南省县域常住人口4716.47万人，占全省的71.0%。“十三五”时期，湖南省大力发展县域经济，取得了显著成效。

1. 县域经济实力稳步增强

一是县域经济总量规模扩大。2020年，全省县域生产总值23034.91亿元，占全省的55.13%，按现价比是2015年的1.35倍；地方一般公共预算收入982.88亿元，占全省32.7%，是2015年的1.26倍；社会消费品零售总额8165.46亿元，占全省50.2%，是2015年的1.45倍。

二是百亿县（市）数量增多。2020年，GDP超过100亿元的县（市）由2015年的56个增至66个。其中，GDP超过500亿元的县（市）由2015

---

* 调研组组长：谈文胜，原湖南省人民政府发展研究中心党组书记、主任。调研组副组长：侯喜保，原湖南省人民政府发展研究中心党组成员、副主任。调研组成员：李学文、王颖、黄玮、夏露，原湖南省人民政府发展研究中心研究人员。

年的 4 个增至 8 个，主要集中在长株潭板块；GDP 超千亿元的县（市）是长沙县、浏阳市和宁乡市，与 2015 年保持一致，但 GDP 较 2015 年分别提升 54.78%、34.17%、10.35%（见表 1、表 2）。

表 1　2015 年、2020 年湖南省县域 GDP 排名前 10 位情况对比

单位：亿元

2020 年		2015 年	
县(市)	地区生产总值	县(市)	地区生产总值
长沙县	1808.34	长沙县	1168.34
浏阳市	1493.00	浏阳市	1112.76
宁乡市	1105.92	宁乡县	1002.17
醴陵市	737.55	醴陵市	531.56
邵东市	616.74	汨罗市	397.64
汨罗市	517.58	耒阳市	389.95
湘潭县	501.04	攸　县	341.01
湘乡市	500.24	湘潭县	329.81
桃源县	429.83	湘乡市	328.58
攸　县	420.56	桂阳县	313.86

资料来源：《湖南统计年鉴》。

表 2　2015 年、2020 年湖南省县域 GDP 各层级数量对比

单位：个

地区生产总值	2020 年	2015 年
1000 亿元以上	3	3
500 亿至 1000 亿元	5	1
100 亿至 500 亿元	58	52
100 亿元及以下	20	30

资料来源：《湖南统计年鉴》。

三是县域民营经济“2/3”现象亮点纷呈。湖南省部分县（市）以“小产业”构建“大市场”，涌现出一批小而精、小而专、小而特、小而优的特色产业和特色群体，部分产业集群的生产能力和市场份额已经进入全国前列。如邵东市一次性打火机、小五金产品、永吉红包、书包等箱包产品，新化文印、临湘浮标等占全国60%以上的市场份额，成为细分领域的“隐形冠军”，树立了一批标杆型产业链群，成为湖南省县域经济转型升级的主引擎。

2. 产业结构持续调整

一是三产比重大幅提高。2020 年，湖南省县域经济第一、二、三产业增加值分别是 3650. 18 亿元、8778. 06 亿元、10606. 67 亿元，按现价比，分别是 2015 年的 1. 30 倍、1. 06 倍和 1. 78 倍。2020 年，一、二、三产比重由 2015 年 16. 5∶48. 5∶35. 0 调整为 15. 8∶38. 1∶46. 1，其中第一、二产业比重分别下降 0. 7 个百分点、10. 4 个百分点，第三产业快速发展，比重提高 11. 1 个百分点（见图 1）。

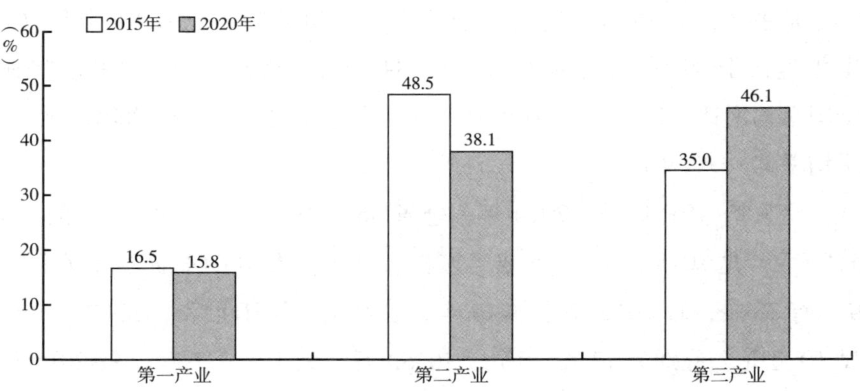

图 1　2015 年、2020 年湖南省县域经济产业结构对比

资料来源：《湖南统计年鉴》。

二是服务先导型县（市）数量超八成。2020 年，全省 86 个县（市）中，农业主导型县（市）由 2015 年的 1 个（2015 年洞口县三产结构为 33. 8∶33. 6∶32. 6）下降至 0；工业主导型县（市）13 个，比 2015 年减少 26 个，主要集中在长株潭地区和洞庭湖地区，其中湘潭县、资兴市、长沙县、醴陵市和浏阳市第二产业占比超过50%；服务先导型县（市）73个，占比84.88%，较2015年增加27个，其中桑植县、会同县、凤凰县、慈利县、吉首市和桂东县第三产业占比均超过60%（见表3）。

表3　2015年、2020年湖南省县域经济产业类型对比

单位：个，%

产业类型	2020年		2015年	
	县(市)个数	占比	县(市)个数	占比
农业主导型	0	0	1	1.16
工业主导型	13	15.12	39	45.35
服务先导型	73	84.88	46	53.49

资料来源：《湖南统计年鉴》。

3. 发展速度质量协调并进

一是主要经济指标增速快于全国水平。2020年，全省81个县（市）GDP增速快于全国平均增速（2.3%），84个县（市）固定资产投资增速快于全国平均增速（2.7%），80个县（市）社会消费品零售总额增速快于全国平均增速（-3.9%）。

二是人均GDP提升。2020年，全省86个县（市）人均GDP的均值[①] 4.55万元，是2015年的1.45倍。按档次分析，人均GDP超过5万元的县（市）有28个，较2015年增加19个；长沙县、浏阳市和资兴市人均GDP超过10万元，分别为13.44万元、10.52万元和10.17万元，较2015年增加了2个县（市）。

三是城镇化水平提高。2020年，城镇化率在50%及以上的县（市）有28个，较2015年增加18个。其中，城镇化率在60%~70%、超过70%的县（市）分别为5个、3个，较2015年分别增加2个、1个。

4. 居民收入快速增长

2020年，湖南省86个县（市）城镇居民收入增速均快于全国平均增速

① 人均GDP的均值=全省县（市）人均GDP总和/县（市）数。

(3.5%)。全省县域城镇居民人均可支配收入的均值[①] 3.20 万元，是 2015 年的 1.46 倍；人均可支配收入超过 3 万元的县（市）有 49 个，较 2015 年增加 43 个，其中长沙县和宁乡市超过 5 万元，浏阳市、韶山市、醴陵市和攸县超过 4 万元。

湖南省 81 个县（市）农村居民收入增速快于全国平均增速（6.9%），1 个县（市）增速与全国持平。全省县域农村居民人均可支配收入的均值[②] 1.67 万元，是2015 年的 1.56 倍；农村居民人均可支配收入超过 2 万元的县（市）有 23 个，较 2015 年增加 17 个，其中宁乡市、长沙县、浏阳市、醴陵市、攸县和韶山市均超过 3 万元。

二　湖南省县域经济与先进省份比较存在的差距

虽然湖南省县域经济发展成效显著，但与江苏、浙江两个先进省份相比，湖南省县域经济存在相对实力不强、产业层次偏低、财力不足、内部发展不平衡等问题。

1. 经济相对实力不强，县域经济单位产出能力偏低

从总量指标看，2020 年，湖南省 86 个县（市）生产总值 2.30 万亿元，但江苏 40 个县（市）生产总值超过 4.23 万亿元，是湖南的 1.84 倍；浙江 53 个县（市）生产总值比湖南高 0.43 万亿元。湖南县域社会消费品零售总额 8165.46 亿元，江苏和浙江分别是湖南的 1.58 倍和 1.40 倍。

从质量效益指标看，2020 年，湖南县域 GDP 平均值[③]为 267.85 亿元，江苏县域 GDP 平均值高达 1057.60 亿元，浙江县域 GDP 平均值接近 520 亿元，分别是湖南的 3.95 倍、1.94 倍。江苏人均 GDP 超 10 万元的县（市）有 21 个，占比超过一半，其中江阴市、昆山市人均 GDP 均超过 20 万元；浙江人均 GDP 超 10 万元的县（市）有 10 个，占比达 1/4，排名最前的岱

---

① 城镇居民人均可支配收入的均值=全省县（市）城镇居民人均可支配收入总和/县（市）数。
② 农村居民人均可支配收入的均值=全省县（市）农村居民人均可支配收入总和/县（市）数。
③ 县域 GDP 平均值=全省县域 GDP 总量/县（市）数。

山县人均 GDP 超过 18.5 万元；湖南人均 GDP 超 10 万元的县（市）仅 3 个，占比仅 3.4%，其中最高的长沙县为 13.4 万元，同水平在江苏仅能排至第 12 位。湖南县域人均一般公共预算收入为 2084 元，比江苏和浙江分别少 5027 元、4948 元；湖南县域人均社会消费品零售总额 1.73 万元，约为江苏、浙江的一半，差距非常明显（见表 4）。

表 4　2020 年江苏、浙江、湖南县域经济发展质量效益指标比较

项目	江苏	浙江	湖南
县域 GDP 平均值(亿元)	1057.60	519.64	267.85
人均 GDP 超 10 万元的县(市)数量(个)	21	10	3
县域人均一般公共预算收入(元)	7111	7032	2084
县域人均社会消费品零售总额(元)	34101	33805	17313

资料来源：根据三省 2021 年统计年鉴加工处理。

从国家百强县排名看，赛迪顾问公布的 2021 年全国百强县中，湖南有 4 个县（市）入围，为长沙县（9）、浏阳市（16）、宁乡市（23）、醴陵市（60），而江苏、浙江入围数量分别达到 25 个、16 个，全国前十强中 6 个来自江苏、1 个来自浙江，排位均高于长沙县（见表 5）。

表 5　江苏、浙江、湖南三省进入全国百/十强县的情况

省份	全国百强县	全国十强县	
	数量(个)	数量(个)	具体名单及排位
江苏	25	6	昆山市(1)、江阴市(2)、张家港市(3)、常熟市(4)、太仓市(7)、宜兴县(8)
浙江	16	1	慈溪市(6)
湖南	4	1	长沙县(9)

资料来源：赛迪顾问，2021 年 8 月。

2. 县域经济产业层次偏低，结构性矛盾比较突出

从产业结构看，2020 年，湖南县域经济三次产业结构占比为 15.8 :

38.1∶46.1，与江苏6.8∶46.7∶46.5、浙江4.9∶46.9∶48.2相比，一产占比过重，二产占比偏低（见图2）；与湖南三次产业结构10.1∶38.2∶51.7相比，三产比重低5.6个百分点。全省79个县（市）第一产业增加值占GDP的比重超过10.1%，部分县（市）一产占比甚至超过1/3，县域经济倚重农业发展的现状尚未完全改变；64个县（市）第二产业增加值占全省比重低于38.2%，其中最低的仅为14.3%。

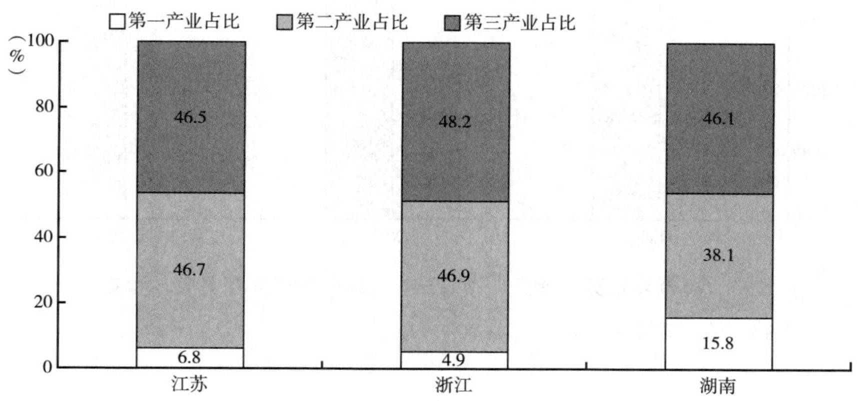

图2　2020年江苏、浙江、湖南县域经济三次产业结构

资料来源：三省统计年鉴。

从工业企业看，县域规模工业以上企业盈利能力总体不强。2020年，湖南86个县（市）规模工业以上企业共实现利润总额3166亿元，虽比江苏、浙江分别高出106亿元、536亿元，但利润总额平均水平仅为36.8亿元，不及江苏的1/2、浙江的3/4。

3. 财政支出需求压力大，收支矛盾凸显

从财政收入看，2020年，湖南县域一般公共预算收入982.9亿元，江苏、浙江地方财政收入分别为2877.1亿元、2376.3亿元，是湖南的2.93倍、2.42倍；湖南县域地方财政收入平均为11.4亿元，仅相当于江苏的1/7、浙江的1/4。

从财政支出看，2020年，湖南县域一般公共预算支出4242.5亿元，仅比江苏少 371. 6 亿元，比浙江多 206. 1 亿元（见图 3）；县域财政收支缺口 3259. 6 亿元，分别比江苏、浙江高出 87. 7%、96. 4%，巨大的收支差距导致部分县（市）财政困难凸显。

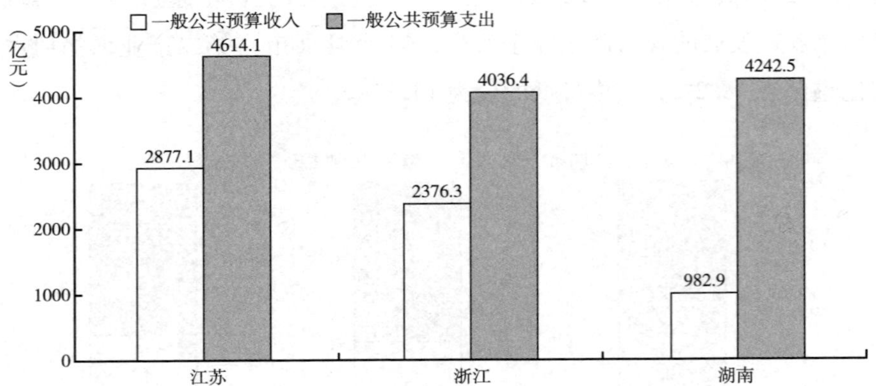

图 3　2020 年江苏、浙江、湖南三省县域一般公共预算收入和支出

资料来源：三省统计年鉴。

4. 县域内部发展不平衡，部分指标差距略有扩大

从反映县域经济发展差距程度的变异系数来看，与 2015 年相比，2020 年湖南县域生产总值、地方财政收入的发展差距呈增大趋势，生产总值变异系数从 1. 01 扩大到 1. 02，最高县与最低县之间的倍差从 52. 75 倍扩大到 56. 99 倍；地方财政收入变异系数从 1. 18 扩大到 1. 5，最高县为最低县的倍数从 47. 57 倍升至 70. 43 倍。

三　加快推进湖南县域经济发展的对策建议

针对湖南县域经济发展存在的不足，应立足自身内驱动力，着力做好以下五方面工作，不断增强县域经济高质量发展实力。

1. 做好县域功能规划

一是“优化”经济强县。以调整和优化经济结构为主，推动各类生产要素向优势产业、优质企业集中，运用高新技术改造提升传统产业。通过做大做强，辐射带动周围各县。二是“特色”建设中等发展水平县。将优惠政策和有限资源从经济强县逐步向中等发展水平县倾斜，依靠资源禀赋发展特色经济，通过合作、引入等方式重点培育优势产业供应链。三是“结伴”帮扶欠发达县。建议借鉴浙江“山海协作”的经验，实施湖南“湘伴而行”协作帮扶行动，选择15个欠发达县（市）和较发达县（市）进行结伴，通过打造一批重点产业园、建设一批“飞地”园区等方式，突出结伴协作发展平台作用，增强造血功能，形成共赢局面。

2. 加强县域产业引导

一是打造一图两库。绘制湖南“县（市）域产业资源地图”，建立县域产业要素资源数据库、县域特色产业项目库，科学合理谋划全省县域产业引导规划。二是重点引导特色产业。根据“一县一业、一县一品”的原则，深入挖掘县域产业优势，积极推动产业链协同。农业方面，实施农产品品牌发展战略，扶持特色农产品生产加工企业，打造一批农字号的特色小镇和特色园区；工业方面，壮大特色产业集群，加强技术创新、标准引领和产业链条延伸，提高行业引领力和国内外市场影响力，发展一批特色鲜明、集约集聚、绿色低碳的新型工业园区；服务业方面，改造提升生产性服务业，加快发展生活性服务业，大力发展数字经济、体验经济、平台经济、共享经济等新型服务业，培育县域新的经济增长点。

3. 培育壮大民营经济

民营经济作为县域经济的增长极，展现出旺盛的生命力。一方面，降低民营资本进入门槛，放宽进入领域限制，全面落实各项减税降费政策，实施好降低增值税税率、研发费用加计扣除、企业境外所得税收抵免等政策，为民营经济发展打好基础。另一方面，督促和引导规模企业，实施强强联合，以龙头优势辐射带动民营经济整体水平迅速提升；采取典型引路、示范带动、政策扶持等措施，壮大民营经济规模；通过龙头企业带动，促进中小企业在现有基础上增强技术创新能力，做优做强，不断提高市场竞争能力。

4. 优化营商环境

着力按照市场经济的要求，创新服务思路，拓宽服务领域，创造宽松的宏观社会环境、平等竞争的体制环境、加快发展的政策环境和高效快捷的服务环境。一是鼓励开展县域营商环境创新试点，在降低企业融资、物流、要素、人才及时间成本等方面加大创新力度，进一步解决营商环境痛点、堵点、难点，打造县域营商环境高地。二是做强县域服务平台。整合社会资源，重点建设技术研发、工业设计、标准制定、信息服务等专业公共服务平台，推动建设技术水平高、服务能力强、辐射带动作用大的综合公共服务平台，解决县域中小企业转型共性需求问题。三是加强对县域金融体系的支持。加大县域中小企业贷款补助，为特色园区产业集群内企业开展产业链融资担保，加强特色金融产品创新，做大做实普惠金融成果。

5. 推进县域城镇化建设

从我国的实践看，沿海发达县（市）小城镇发展较快，形成了密集的城镇群，促进城乡一体化，带动当地经济快速发展，增强了县域经济的竞争实力。因此，加快发展县域经济，必须做强城镇经济。推进以县城为中心的城镇建设，坚持软件硬抓、硬件精抓，优化环境，提升城镇形象，引导农村人口、乡镇企业、商品市场向城镇集中，形成聚集规模效应。加强县域商业体系建设，将县域商业设施建设纳入乡村振兴投入保障范围，统筹推进城镇的县乡村商业网点空间布局、业态发展，优化县域仓储、配送等流通设施布局，加快县、乡、村三级交通物流体系建设，促进县域商业经济发展。

参考文献

商务部等17部门：《关于加强县域商业体系建设 促进农村消费的意见》（商流通发〔2021〕99号），https://www.gov.cn//zhengce/zhengceku/2021-06/12/content_5617354.htm，最后检索时间是2022年4月10日。

广东省统计局：《广东县域经济状况及发展路径选择》，http://stats.gd.gov.cn/tjfx/content/post_1434724.html，最后检索时间是2022年4月10日。

姚嘉倩、龚日朝、刘香伶：《我国县域经济融入国内大循环的困境、挑战与对策》，《怀化学院学报》2021 年第 6 期。

吴传清、邓和顺、张诗凝：《湖北与浙江县域经济发展比较研究》，《长江大学学报》（社会科学版）2021 年第 6 期。

陈莉：《关于农村经济发展的建议》，https：//www.sohu.com/a/259369453_ 528116，最后检索时间：2022 年 4 月 12 日。

陈学红：《新时代县域经济发展路径探讨》，《当代县域经济》2022 年第 2 期。

实施“一县一链”培育工程 激活县域经济高质量发展潜力

湖南省人民政府发展研究中心调研组*

县域经济是湖南与沿海发达省份的差距所在，也是湖南高质量发展的潜力所在。产业发展是县域经济发展的基础，县域经济要实现跨越式发展，必须抓住产业这个牛鼻子。当前，产业和人口向大城市及城市群集聚的趋势日益明显。在此背景下，推进全省县域经济探索出一条高质量发展路径，激活县域经济高质量发展潜力，对全面落实“三高四新”战略定位和使命任务、推动共同富裕取得明显的实质性进展具有重要意义。

一 湖南县域产业发展中存在的问题

近年来，湖南县域产业发展取得较大进步，出现了一批小而精、小而专、小而特、小而优的特色产业或特色产业群体，部分产业的生产能力和市场份额已经进入全国前列，如邵东市一次性打火机产业、平江县休闲食品产业、醴陵市电瓷产业、浏阳市花炮产业等。但相对全省 86 个县（市）来说，这些产业不论是规模还是数量，仍远远不足，县域经济依然是全省经济发展的“短板”。根据调研和分析，调研组认为，湖南县域产业发展不足主要呈现在四个方面。

---

* 调研组组长：谈文胜，原湖南省人民政府发展研究中心党组书记、主任。调研组副组长：侯喜保，原湖南省人民政府发展研究中心党组成员、副主任；蔡建河，原湖南省人民政府发展研究中心党组成员、二级巡视员。调研组成员：刘琪、张鹏飞，原湖南省人民政府发展研究中心研究人员。

1. 顶层设计方面：系统性待增强，政策协同性不足

近年来，湖南省委、省政府和相关职能部门为促进县域经济发展出台系列的政策措施，支持县域特色产业发展。例如，2013 年出台《湖南省人民政府关于发展县域经济强县的意见》，提出每年重点扶持 3 个特色产业、每个特色产业每年扶持 3 个重点县，持续至 2017 年。2018 年印发的《关于加快推进产业园区改革和创新发展的实施意见》，明确实施园区优化整合，坚持“一县一园区”。2018 年，湖南省农业委员会、省林业厅、省粮食局联合发布了《湖南省“一县一特”主导特色产业发展指导目录》，特色产业主要是指粮油、蔬菜、水果、畜禽等种养殖业。2020 年湖南省政府办公厅印发《关于推动县域经济高质量发展的政策措施》，提出组织实施新一轮特色县域经济强县工程，支持引导各县域集中资源重点发展 1~2 个特色主导产业，该文件还提出了城乡融合、财税分配、安全稳定等，是一个全面支持县域发展的政策。另外，湖南还在园区发展相关的文件中提出“两主一特”“一主一特”的产业导向。同时，《湖南省“十四五”巩固拓展脱贫攻坚成果同乡村振兴有效衔接规划》提出，以脱贫县为单位规划发展乡村特色产业，支持联农带农主体、“一特两辅”特色主导产业融入全省千亿产业发展。总体上看，湖南对县域产业发展的支持政策不多，以农业产业为主，且多融入相关的政策中。对如何发展县域产业，顶层设计系统性不够，各部门之间的产业政策缺乏协同。

2. 县域培育方面：导向不明晰，同质化竞争严重

湖南县（市）在引导、培育特色产业发展方面，普遍呈现未形成清晰的产业发展导向、县域产业同质化竞争严重的问题。例如，花垣县 2020 年政府工作报告中提出新建投产智能终端生产、通信产品和智能家居生产、触控模组生产、锂电池生产等项目；积极培育发展电子信息、新能源、外贸服务等产业。湘阴县“十四五”规划提出着力培育壮大绿色装备制造、绿色建筑建材、绿色食品、文旅康养四大主导产业和大健康、数字经济、现代服务业等新兴产业。资兴市“十四五”规划提出要发展的产业有旅游产业、大数据产业、养老业、物流业、精硅材料、电子信息、新能源材料、先进机

械制造、生物医药、煤炭、建材、有色金属等。园区产业培育方面，据统计湖南省 143 家园区有 355 个主导产业、特色产业，其中，58 个园区的主导产业与食品（包含农副产品）加工有关，39 个园区的主导产业和机械制造（专业设备制造、通用设备制造）相关，园区之间相互复制，同质化竞争严重。总体上看，大部分县域单个产业规模和体量有限，无法形成自身清晰的发展定位和产业导向，导致县域主导产业不突出、同质化竞争严重。究其原因，一是没有根据本地区的条件发展特色产业和优势产业；二是对发展特色优势产业的认识不足，“捡到篮子都是菜”的招商引资思路普遍；三是思想不聚焦，造成县域有限的资源分散到多个产业。

3. 产业自身方面：产业基础薄弱，转型升级动力不强

从生产情况看，县域多数企业还处于初级加工水平，生产设备简单，产品附加值低；部分企业的生产受季节因素影响较大。同时，受制于资本积累，企业在推进设备更新换代、产业升级方面面临不少困难。例如，企业生产需要的设备很多为非标准设备，为此企业在寻找供应商及所需融资等方面阻碍重重。从企业管理看，普遍缺乏科学有效的经营管理体系，家族式的经营管理模式较多；同时，经营管理者普遍年龄偏大，对数字经济等新生事物、现代市场营销体系等新模式接受较慢。从市场销售看，大部分企业仍停留在“卖产品、卖资源、拼价格”阶段，品牌意识不强，对品牌宣传、推广投入不足，好产品面临销售难的困境，县域特色产业融入大循环还需进一步畅通。从创新能力看，创新能力不强，人才紧缺，部分产业共性技术长期未突破。县域特色产业高端人才吸引难、留住难等问题，已成为制约行业发展的重要因素。例如，平江县休闲食品产业仅少数几家龙头企业有技术团队和高端技术人才，其他多数企业的实验室、化验室“有名无实”，专业人才紧缺。从产业集群看，一是县域产业集群内部缺乏龙头企业，难以形成带动作用。二是缺乏研发、设计、生产、仓储、物流、营销等生产配套服务性企业，企业相互支撑、相互依存的专业化分工协作网络尚未形成。三是集群中一些企业的零部件、备件和原材料来自外省，对产业链上游的把控力不足。四是部分园区在设立和发展中，不注重产城融合，园区距离县城较远，造成

园区内生活配套严重不足，限制了园区发展。

4. 区域协调方面：发展不均衡，分化态势明显

从县域经济竞争力来看，湖南在全国县域经济百强县中仅占4席，相比江苏省少20席、比浙江省少19席①。从吸纳就业情况看，根据第七次全国人口普查，湖南省仅长沙县、浏阳市、宁乡市、平江县、嘉禾县等17个产业基础较好或产业发展势头较好的县市人口出现增长，其余县市人口全部净流出。县域产业发展不足，难以吸纳足够数量的人口就业情况较普遍。从园区发展看，2019年湖南省139家省级及以上产业园区中，技工贸收入不足10亿元的有3家，10亿~50亿元的有22家，50亿~100亿元的有21家，100亿~500亿元的有62家，500亿~1000亿元的有17家，1000亿元以上的有14家，湖南省技工贸收入最高的长沙经开区为3711.9亿元。园区之间发展程度差距大，最高达上百倍。发展不足的园区主要集中在湘南、湘西地区。

二　“一县一链”工程的含义和目标

1. 含义

“一县一链”工程，即引导每个县培育并形成一条完整的特色优势产业链。产业链可以是农业产业链、制造业产业链或文旅产业链，但从全省来看，应是以制造业产业链为主。“一县一链”不是一个县只能发展一个产业，县域经济可以是“多点支撑”。“一县一链”工程，重点是立足县域资源禀赋，通过深入挖掘，集中资源、主动培育，逐步形成一个在全省乃至全国具有比较优势的产业链，并持续推进产业升级。

2. 目标

把握经济、社会、科技发展中的重大和紧迫需求，挖掘比较优势，培育优势产业集群，不断突破产业链共性技术和重大关键技术，培育出一批创新意识强、创新能力高的现代企业和一批百亿特色产业集聚区，不断提升制造

① 中郡县域经济研究所：《2021县域经济与县域发展监测评价报告》。

业在国民经济中的地位。经过5年左右，湖南省各县产业发展方向明晰，民营经济“2/3”现象更加普遍，县级财政状况持续好转，更多县域人口实现净流入，湖南省经济高质量发展的基础进一步夯实，在国家中部地区崛起战略中彰显湖南担当。

不可避免的是，部分县域最终难以培育出有竞争力的产业链或产业集群，这部分县域人口将进一步流出，经济发展动力减弱。建议适时启动县域行政区划调整，推进县级行政区合并。

三　培育特色优势产业链的四个方向

遵循“发挥优势、突出特色、宁缺毋滥、错位发展”的原则，避免产业结构“同质化、低端化、内卷化”竞争，从着眼全省、全国、共建“一带一路”国家乃至全世界的战略高度来选择培育产业。县域特色优势产业的培育主要有四个方向。

1. 深挖特色优势产业

深挖特色产业，综合资源、人才、资金等因素，寻优推进、错位发展，打造具有市场竞争力的特色优势产业体系。例如，湖南省平江县深挖起源于清咸丰年间的酱干和20世纪90年代发明的辣条，着力培育休闲食品产业，2020年实现产值500多亿元，带动就业10余万人；江西省赣州市南康区依托大量在珠三角家具行业的打工人员，号召他们回家乡办厂，培育了国内最大的实木家具制造产业，2019年南康家具行业总产值超过1800亿元。

2. 参与省、市特色优势产业链

围绕省市重点建设的工业新兴优势产业链遴选一批有工业基础的县（市），明确一条重点参与建设的产业链，建设一批配套产业园，推动这部分县域充分融入全省产业链生态圈。例如，湖南省湘阴县规划建设10平方公里的临港装备制造配套产业园区，重点对接中联重科、铁建重工、华菱钢铁、山河智能、三一重工等省内装备制造产业龙头企业，打造智能装备制造生产基地。

3. 有选择的承接产业转移

随着国内外经济环境的变化，发达地区的产业结构调整压力增大，产业转移频繁，建议全面梳理大湾区、长三角产业发展情况及产业转移需求，充分挖掘本地区的比较优势，选准产业转移承接点，在有选择的承接转移中形成自己新的产业优势。同时，湖南省内成熟园区如长沙高新区、长沙经开区发展空间日益受限，产业拓展和转移的需求日益强烈，可探索建设“省内飞地”。例如，为使广东家居行业整链条转移到湖南省桂阳县，县委县政府主要负责人带领招商小分队，一家家企业实地走访，登门拜会一个个老板，密切对接一个个商会。截至 2021 年初，桂阳县家居智造产业园签约企业已达 120 家，落地开工企业 50 家，竣工投产企业即将突破 10 家，桂阳县将家居智造产业园打造成了“产业链招商的经典范例”。

4. 依托资源禀赋“无中生有”

对于产业基础差的县（市），政府应积极作为，从市场中发现苗头，选择并引导那些市场前景好、已有一定基础、符合国内外产业发展趋势的产业来重点培育，形成“无中生有”型优势产业。例如，浙江省丽水市缙云县积极贯彻习近平总书记“绿水青山就是金山银山”的理念，依托良好的空气质量和水质，引进德国肖特玻管项目落户。该项目投资 6000 万欧元，占地面积 167 亩，主要生产疫苗瓶所需要的中性硼硅玻管。据反映，该企业决定落户时，对项目所在地做了一次系统的土壤检测，该检测从地表土开始挖，一直下挖到地下 20 米，缙云县全部过关。

四　对策建议

通过实施“一县一链”培育工程，引导县（市）将发展思路集中到培育产业链上来，倒逼县级层面将有限的资源集中到培育有比较优势的产业集群上，引导企业走“专精特新”之路。

1. 建立系统推进机制，全面实施“链长制”

湖南作为全国首创“链长制”的省份，建议围绕“一县一链”培育工程，全面实施“链长制”。一是推进县（市）产业链“链长制”全覆盖。各县市区明确一条重点培育的产业链，链长由该县一把手担任，并从园区、相关部门选派干部组成产业链推进团队。“链长制”应以问题为导向，主要解决产业发展方向不明晰、价值链环节处在中低端、创新能力不足、招商精度不准等问题，促进龙头企业及其上下游关联企业集聚发展，全力培育形成具有国内国际竞争力的特色产业集群。二是建立“七个一”工作机制。各个县（市）聚焦产业链，通过建立“七个一”工作机制，即一个产业链发展规划、一套产业链发展支持政策、一批产业链龙头企业培育、一个产业链共性技术支撑平台、一支产业链专业招商队伍、一个产业链发展分工责任机制和一个产业链年度工作计划，实现“巩固、增强、创新、提升”产业链。三是探索实施“挂图”作业。调研梳理产业链发展现状，全面掌握产业链重点企业、重点项目、重点平台、关键共性技术、制约瓶颈等情况，研究制定产业链图、技术路线图、应用领域图、区域分布图等，实施“挂图”作业。四是明确“链长制”责任。县级党委政府是“一县一链”工程的实施主体，要聚焦产业链，统筹优质资源，集中主要力量，形成常态化工作机制。

2. 夯实产业基础支持体系，持续推进产业升级

一是分类施策壮大市场主体。筛选一批特色鲜明、具有行业优势的骨干型企业，采取“一企一策”的方式，通过技术改造升级、生产规模扩大、管理水平提升等措施，培育一批产业链龙头企业，使之成为产业链发展的带动者、引领者。鼓励中小企业专注于特定细分产品市场、技术领域和客户需求，走“专精特新”的发展道路，持续提升技术和工艺水平。鼓励有条件的民营企业建立现代企业制度，完善内部治理结构，实现精益管理和可持续发展。二是探索建设“科创飞地”。支持特色产业明晰、产业集群建设初具规模的县（市）到长株潭、粤港澳大湾区等科研要素集聚的地方布局建设“科创飞地”，进一步补齐企业研发设计、创新人才等短板。三是数字赋能县域特色产业发展。加快推进在特色产业集聚区、商业楼宇等场所优先布局5G网络、大数据中心等，稳步构建高速、移动、安全、泛在的新一代数字基础设施。支持大中型企业进行数字化设备和软件系统的更新、改造，以重点产业和重点产品生产线为导向，鼓励建设智能制造单元、智能生产线、智能车间、智能工厂。深入推进中小企业“上云上平台”行动，不断提升中小企业信息化水平。四是推动县域产业融入国内国际大循环。聚焦县域产业融入双循环发展格局中的堵点，紧紧扭住供给侧结构性改革主线，打通生产、分配、流通、消费各环节的堵点。引导县域内优势企业拓展供应链协同的广度和深度，并以核心技术、自主品牌等为依托，带动产品和服务、技术、标准等“走出去”。深度激活“一带一部”区位优势，推进县域融入中部崛起、粤港澳大湾区建设、长三角一体化等国家战略，强化与共建“一带一路”国家联系，以更高水平的开放促进县域经济参与双循环。五是推进产业园区提质升级。探索建立省级及以上园区亩均效益评价体系，进一步强化约束和倒逼机制，实行优胜劣汰、动态管理。按照政企分开、政资分开的原则，加快推进园区平台公司转型，建立现代企业管理制度。加快园区道路、交通、污水、能源等基础设施建设，推进有条件的园区完善生活配套设施，向城市综合功能型园区转型。

3. 建立一套扶持政策体系，“扶上马”再“送一程”

一是优化完善惠企政策体系，推进惠企政策从“企业找政策”向“政策找企业”转变。各县（市）围绕重点建设的特色产业，组织相关产业主管部门全面梳理支持产业发展的优惠政策，将国家、省、市、县四个层面鼓励该重点产业发展涉及的系列支持政策措施融为一体，针对特色产业优惠政策不完备或缺少的，在上级政策允许范围内，因地制宜制定出台本地更加具有吸引力、含金量高、创新性强的扶持政策，确保每一个特色产业都有一套完整、实用的政策汇编。同时，借鉴青岛、温州、成都等地经验，建立惠企政策服务平台，推进惠企政策精准向企业推送，实现“一口发布、一口解读、一口兑现、一口服务、一口评价”。二是探索建立省直部门精准支持机制。围绕“一县一链”培育工程，梳理产业发展面临的重大问题、瓶颈问题，如企业做大做强、参与行业标准制定、原材料保障、品牌保护和推广等，建立“省直部门精准支持机制”，由省直部门重点支持解决。三是实施“一企一策”精准帮扶政策。在全面落实减税降费、优化审批流程等政策的基础上，根据企业的发展实际，进行“一对一”的支持和帮扶，切实解决不同企业的发展困难。四是持续提高中小微民营企业的金融获得度。加快推进大型银行业金融机构下沉县域，鼓励金融机构开发与中小微企业需求相匹配的信用产品。复制推广无还本续贷新模式。探索建立小微企业“首贷”统计系统，引导金融支持从给大中型企业“锦上添花”向给小微企业“雪中送炭”转变。五是建立分类考核标准，优化发展导向。根据县域经济发展程度，突出分类导向，分引领型、潜力型、滞后型研究制定重大产业项目准入标准和考核标准，适度降低潜力型、滞后型县域的产业准入标准和园区考核标准。

4. 探索创建“工程师协同创新中心”，提升县域特色产业创新能力

“工程师协同创新中心”是浙江省首创，在解决中小企业工程师引不到、成本高、养不起等问题，提升产业创新能力等方面有良好效果。“工程师协同创新中心”通过集聚一批科研院所、高校、企业等相关领域的工程师，共享技术、成果、人才等资源要素，为县域特色产业装上“最强大脑”，解决打通创新策源的“最初一公里”、科研成果产业化的“最后一公里”，破解束缚县域特色产业升级和创新发展的瓶颈制约。一是试点先行，突出产业属性。遴选平江休闲食品、双峰农机、醴陵电瓷、邵东小五金等具有一定规模基础和比较优势的县域特色产业先行先试，突出企业集聚、产业集群，试点建设“工程师协同创新中心”。二是政府搭台，突出公共属性。公共属性是“工程师协同创新中心”的首要前提。坚持政府推动，通过政府购买与向企业租用相结合的模式，建设公共研发、公共检测平台，探索建立错时使用、发放消费券使用等共享途径，推广共性设备共享使用。三是资源整合，突出人才属性。服务人才、服务企业是“工程师协同创新中心”的主要目标。引导“工程师协同创新中心”整合区域内平台服务资源，以企业技术需求为导向，通过赛马制、揭榜挂帅等机制，针对性解决企业个性、行业共性、产业特性难题，提升工程师“集聚度、活跃度、贡献度”和企业“认可度、参与度、满意度”。

5. 打造一流县域营商环境，激发民营经济活力

一是探索出台民营企业发展促进条例。探索出台《湖南省促进民营经济发展条例》，从地方立法的高度，破解民营企业发展遇到的困难和问题，保护和促进民营企业健康发展，提振民营企业和民营企业家的信心。二是进一步优化营商环境。选择一批经济发展好的县，探索开展构建亲清政商关系试点，形成一批可复制可推广的经验，逐步向全省推广。不断深化“一件事一次办”改革，推进“一网通办”；坚持政务服务“三集中、三到位”，实现企业群众办事“只进一扇门”；建立“新官理旧账”责任机制，开展失信违诺清理行动。三是建立民营企业家参与涉企政策制定的机制。探索建立《企业家参与涉企政策制定实施办法》，从涉企政策制定的事前、事中、事后三个阶段确立企业家参与涉企政策制定的程序性规范，明确企业家提出意见诉求的渠道。强化涉企政策的宣传解读和执行监督，完善涉企政策评估调整机制，畅通政府与企业家常态化的沟通渠道。四是探索建立县域民营企业健康发展评价指标体系。探索构建从经济活力、质效提升、创新驱动、结构优化、底线能力等维度构建指标体系，评价县域民营经济健康发展情况及发展进程，建议评价结果与财政支持政策挂钩。

参考文献

李姚矿、阮美梅、余其礼：《安徽省县域特色产业集群发展对策研究》，《乡镇经济》2008 年第 6 期。

李燕凌：《县域经济发展的规律与湖南的战略选择》，《湖南农业大学学报》（社会科学版）2011 年第 4 期。

刘吉超：《中国县域经济发展模式研究评述及其反思》，《企业经济》2013 年第 2 期。

袁微：《发展县域产业集群的路径选择》，《中国市场》2020 年第 23 期。

王静：《县域特色产业国内外研究综述》，《中国市场》2020 年第 22 期。

苏红键：《中国县域城镇化的基础、趋势与推进思路》，《经济学家》2021 年第 5 期。

陈学红：《新时代县域经济发展路径探讨》，《当代县域经济》2022 年第 2 期。

乡村振兴

加快湖南有机肥产业发展，让农业回归绿色本色

湖南省人民政府发展研究中心调研组*

有机肥是农业实现绿色化的底层需求，2022 年中央一号文件明确指出，要深入推进农业投入品减量化，加强畜禽粪污资源化利用，推进农业农村绿色发展。湖南是农业种养大省，有机肥料资源丰富，但受限于政策、意识、成本等多方面因素，资源大省却不是产业大省，2020 年全省实际生产有机肥仅 123 万吨，与国内先进省份仍有较大差距。为此，调研组在对相关部门、地方政府、骨干企业和种养大户调研的基础上，就加快湖南有机肥产业发展提出了四点建议。

---

* 调研组组长：谈文胜，原湖南省人民政府发展研究中心党组书记、主任。调研组副组长：侯喜保，原湖南省人民政府发展研究中心党组成员、副主任。调研组成员：李学文、张诗逸，原湖南省人民政府发展研究中心研究人员。

一 加快湖南有机肥产业发展源于四个方面的现实需要

1. 源于充分利用湖南丰富有机肥资源的需要

有机肥是指含有有机物质，既能提供农作物多种无机养分和有机养分，又能培肥改良土壤的一类肥料，主要原料包括家禽畜粪便、作物秸秆等（见表1），是绿色食品与有机食品生产的主要养分来源，在农业绿色循环发展中具有不可替代的作用。湖南有机肥资源丰富，据统计，2020年湖南省各类有机肥料资源达9500万吨，资源总量稳居全国前列。

表1 有机肥分类

序号	类别	来源
1	粪尿肥类	包括人粪尿、家畜粪尿、禽粪等
2	堆沤肥类	包括堆肥、沤肥、秸秆还田及沼气发酵肥等，各种原料制成的堆肥都含有作物需要的氮、磷、钾和微量元素，有利于培肥土壤；秸秆占作物生物量的50%左右，是一类数量极其丰富、能直接利用的有机肥资源
3	饼肥类	包括大豆饼、花生饼、菜籽饼和茶籽饼等
4	绿肥类	包括杂草、树叶、鲜嫩灌木和人工栽培的绿作物等
5	泥土类	包括塘泥、湖泥、河泥、老墙土、坑土等
6	城镇废弃物类	包括生活污水、工业污水、屠宰场废弃物、垃圾和各种有机废弃物等
7	杂肥类	包括皮屑、蹄角、海肥、蚕粪等

资料来源：调研组根据相关资料整理。

2. 源于减少湖南农业面源污染和改良土壤的需要

有机肥是处理农业面源污染的有效路径。湖南是畜禽养殖大省，养殖业迅速发展的同时也使生态环境承压严重。据湖南省生态环境厅核算，洞庭湖区总磷污染源中57.65%来自畜禽养殖，畜禽粪污是主要污染物，近年来湖南通过各种努力已将洞庭湖水体总磷浓度降至0.06毫克/升（2020年），要进一步降低洞庭湖区总磷污染，现阶段最好的突破口是将畜禽粪尿资源化为有机肥实现还田利用。

有机肥是改良湖南土壤环境的重要方式。作为农业大省，湖南土地耕作强度长久以来都处于高位，由于化肥的大量使用，湖南有机养分占作物施肥总量比例由解放初期的90%以上，降到现在的30%左右，致使土壤结构破坏、耕性变差。有机肥含有丰富的营养元素，易于吸收，可通过保持土壤养分平衡、促进土壤微生物繁育、加速土壤团聚体形成、提高土壤保肥保水能力等多方面改良土壤。

3. 源于推动湖南农产品转型升级的需要

随着人民生活水平不断提高，消费者对安全、卫生、无污染的绿色有机农产品需求日益增加。近年来，我国有机食品消费市场保持着每年25%的较快增长态势。由于有机农产品较常规农产品溢价率较高，国内有机鲜奶的价格可达到普通奶的1倍多，有机大米价格可以达到普通大米的6倍，生产有机农产品是农业转型升级的重要方向。而有机农产品的生产离不开有机肥这一必备的生产资料，截至2021年12月，湖南在农业农村部门进行有机认证的作物种植面积仅6.5万亩，且产品主要为茶叶，大量的经济作物品质亟待提升，要加快湖南农产品生产方式和质量的绿色转型升级，必须大力推广使用有机肥、发展有机肥产业。

4. 源于抢抓国内外有机肥产业快速发展机遇的需要

从国际看，绝大多数发达国家有机肥使用率都超过50%，日本有机肥使用率更是高达76%。从国内看，我国有机肥使用率仅为20%，增长空间巨大。近年来，随着国家制定行业标准、大力推广有机肥替代化肥、实施税收优惠、加大补贴力度等诸多政策的出台，我国有机肥产业稳步发展，2020年我国有机肥产量达1560万吨，市场规模达到978.7亿元；有机肥相关企业注册量呈现不断攀升的趋势，据企查查数据，截至2022年2月我国有机肥相关企业有12万家，企业数量最多的山东省超过1.8万家，其后的河北、广西、河南均超过6000家。从湖南省内看，湖南在企查查上能查询到的有机肥相关企业数量仅为3000家左右，与全国先进省份有较大差距，在中部地区也仅高于江西省，要想在全国有机肥市场中占据一席之地，湖南必须抢抓机遇推动有机肥产业加快发展。

二　当前湖南有机肥产业发展面临“四个局限”

1. 局限于政策：相关产业配套政策不完善

配套政策不完善目前主要体现在两个方面。一是尚未设置有机肥行业准入门槛。部分堆肥小作坊用简单的一台铲车、一个钢架棚、一组装包机，就滥竽充数进入行业，使得劣质有机肥扰乱市场，不仅没给用户带来种植效益，甚至还对土壤环境造成了破坏，而这些生产不合格有机肥的小作坊由于缺乏监管大行其道，导致产生“劣币驱逐良币”现象，严重影响了有机肥推广使用和行业的良性发展。二是对有机肥推广的政策力度不足。一方面，湖南还没有使用有机肥财政专项补贴，仅在部分土、肥、水技术推广试点示范项目中有有机肥补贴内容，没有统一的补贴标准；而浙江、江苏、山东、重庆等省（市），近年来均出台了商品有机肥补贴政策。另一方面，化肥企业享受的煤、电、汽、铁路运输等价格优惠政策，有机肥企业却无法享有，导致有机肥使用成本居高不下、销售不畅。

2. 局限于意识：农户施用意愿不强

部分农户对使用有机肥的积极性不高，主要有三方面的原因。一是价格高，1 吨有机肥仅相当于 100 公斤高浓度化肥的效果，价格却是 100 公斤化肥的 5 倍左右；同时施用有机肥需要深翻作业，增加了不少人工成本，调研中农户反映“仅在施肥劳动量的投入上，每亩比化肥要多 100 元左右”。二是见效慢，有机肥在土壤中分解、被植物吸收利用的过程较慢，对土壤的改良作用一般要 3 年以上才有初步效果，再加上施用化肥导致土壤质量退化是一个长期的过程，短时间表现不太明显，农户在种植过程中感受不到只施用化肥对土壤的危害，导致对有机肥的使用不积极。三是效益低，施用有机肥的农产品市场溢价，相较于前期的投入成本不足以形成吸引力，有种粮大户表示，有机大米售价是普通大米的 6 倍左右，但投入也是普通大米的 3~4 倍，加上有机种植的产量只有常规种植的 70%左右，综合算账，利润并没有高太多。

3. 局限于成本：生产运输成本较高

相较于化肥生产，有机肥行业生产和运输成本整体偏高。一是生产成本偏高。据中科院地理所调查，生产 1 个单位的纯养分，有机肥需要的油气资源是化肥的 2 倍，需要的电量是化肥的 17 倍；而不经商品化生产直接还田的有机肥，又面临田间积造设施欠缺、技术不到位、堆肥成本高、质量不稳定等问题。二是运输成本高。25 吨畜禽粪便可生产 15 吨商品有机肥，提供的氮养分大致与 1 吨尿素相当，有机肥原料和成品的运输成本远高于化肥。

4. 局限于实力：生产企业实力偏弱

湖南省内有机肥行业市场主体整体实力较弱。一是企业规模小且产能利用率低，2020 年湖南共有商品有机肥生产企业 99 家，其中设计产能在 2 万吨以上的仅有 52 家；湖南全省设计生产能力达 370 万吨以上，但 2020 年实际生产仅 123 万吨，产能闲置率高达 67%。二是部分企业生产不达标。不少有机肥企业技术水平低、生产设备简陋、生产工艺落后，根本达不到有机肥腐熟和无害化处理要求，导致低价不合格的有机肥产品时有出现。三是企业社会化服务不成熟，大部分企业没有完善的产品配套服务能力和体系，无法通过生产过程的全流程服务来提升农户的种植效益。

三　多措并举推动湖南有机肥产业加快发展

1. 完善支持政策，大力培育有机肥市场

一是加大对有机肥生产企业的支持力度。在用电、用地、信贷、运输等方面出台优惠政策，鼓励引导企业大力开展有机肥料的生产和开发，重点扶持有能力解决养殖粪污的全产业链企业，把拥有先进生产技术的有机肥企业做大做强。二是在种养重点县区推广政府采购有机肥补贴政策。政府前期的政策引导对有机肥的使用是非常必要的。以石门县为例，2017~2019 年，通过政府采购商品有机肥，对农户实行“买一补一”政策，推动商品有机肥每年的使用量从 5000 吨左右提升至 3 万吨左右，大幅提升了全县柑橘的品质。建议在湖南种养大县推广石门县有机肥补贴模式，进一步打开省内有机肥市场。三是加大对有机肥施用机械的农机补贴力度。推广常德市汉寿县与中联重科的合作模式，由企业研发有机肥深耕机，由县政府按造价 40% 给予农机补贴，可以大幅降低有机肥使用过程中需要的人工成本，促进有机肥的使用。

2. 加强引导和服务，提升对有机肥的使用意愿

一是加大宣传力度，提高农民对耕地质量的认识，积极引导农业从过分依赖化肥到有机肥和化肥相结合的方向发展。二是强化规划引导，把城乡粪便、生活垃圾和工业废物的无害化处理与有机肥生产相结合，统一纳入城乡发展规划。三是加大示范力度，鼓励一批有机食品企业和种植合作社发展壮大，让农民看见实实在在的效果。四是建立科学的考评体系，由环保和农业部门联合建立一套有机肥资源化利用的管理、考评制度，量化有机肥推广工作指标，提升有机肥资源化利用率。五是强化基层推广服务，进一步增加基层土肥站技术人员，加大有机肥推广、使用培训力量，指导农户正确选择、施用有机肥，引导种养龙头企业发挥对有机肥施用的推动和辐射作用，补齐湖南有机肥社会化服务短板。

3. 加大技术攻关力度，降低有机肥生产和使用成本

一是大力提升有机肥生产工艺。充分发挥省内高校和科研院所的技术研发优势，促进产学研深度合作，重点攻克有机肥资源化利用中快速腐熟、发酵、除臭等方面的关键技术，提升有机肥生产工艺，切实降低有机肥生产成本。二是大力研发有机肥施用技术。针对有机肥施用费时费工的不足，充分利用省内工程机械产业优势，研发有机肥施肥机械，完善相关配套设备和技术。三是加大对有机肥产业的科技支持。将有机肥农机装备纳入重点研发计划，争取国家资金支持；设立有机肥生产与使用机械及技术专项科研项目；建立有机肥资源回收、加工处理与生产设施专项建设资金。

4. 强化市场监管，优化行业发展环境

一是督促企业严格落实有机肥行业国家新标准。用《有机肥料》标准（NY/T 525—2021 版）管理有机肥料产品质量，提高有机肥生产企业的准入条件，严把有机肥料市场准入关，确保有机肥料使用安全和良好效果。二

是加强对有机肥产品的检测和监管。打击无序竞争，推动有机肥品牌化，对于没有生产用电、投入设备资金的有机肥生产企业，取消政策补贴；对于出现以次充好情况的有机肥生产企业，给予罚款、停业整顿等惩治措施；对于有机肥的假冒伪劣行为严惩不贷，切实保障流通市场内有机肥的产品安全。三是加强对有机食品认证的把关和监管，让真正的有机产品走上百姓餐桌，得到相应的高回报，进而提升有机肥使用效益。

参考文献

鲁飞：《有机肥助力农业可持续发展》，《农经》2020 年第 12 期。

钱晓华、张从军、胡仁健等：《安徽省商品有机肥产业发展研究与对策》，《绿色科技》2017 年第 19 期。

符纯华、单国芳：《我国有机肥产业发展与市场展望》，《化肥工业》2017 年第 1 期。

郭帅、贺晓辉：《云南省有机肥产业发展现状及对策研究》，《昆明学院学报》2014 年第 3 期。

肖莹、张来峰、王宁：《国内外有机肥产业现状浅析与发展》，《农业工程技术》2017 年第 26 期。

周楠、李云平、刘智强：《“金疙瘩”为何叫好不叫座？——有机肥推广困局调查》，新华网，2020 年 10 月 13 日。

激活土地要素市场活力　推进湖南农村宅基地制度改革的对策建议

湖南省社会科学院（湖南省人民政府发展研究中心）调研组*

农村宅基地制度改革事关农民切身利益，事关农村社会稳定和发展大局，是深化农村改革的重要内容，是实现乡村振兴的重要基础。农村建设用地中70%是宅基地，承载激活生产要素助力乡村振兴的重大责任。为明晰湖南试点地区农村宅基地制度改革的思路和方向，调研组先后赴湖南省自然资源厅、省农业农村厅及湖南省相关市县开展调研，在此基础上，形成本报告。

一　湖南农村宅基地改革面临的五大困境

在2020年开启的新一轮全国农村宅基地改革试点中，湖南省浏阳市、汨罗市、宁远县、凤凰县位列其中，四地进行了一系列有益的尝试和探索，但因为多方面的障碍和制约，改革推进仍然困难重重。

1. 农户宅基地供需之困：土地闲置与无地可用现象并存

近年来，城镇化的飞速发展给农村带来较大影响。2012~2021年，湖南城镇化率从46.65%上升到59.71%，10年间，湖南农村常住人口减少了

* 调研组组长：钟君，湖南省社会科学院（湖南省人民政府发展研究中心）党组书记、院长（主任）。调研组副组长：侯喜保，湖南省社会科学院（湖南省人民政府发展研究中心）党组成员、副院长（副主任）；蔡建河，湖南省社会科学院（湖南省人民政府发展研究中心）二级巡视员。调研组成员：刘琪、闫仲勇、张鹏飞、李迪，湖南省社会科学院（湖南省人民政府发展研究中心）研究人员。

875.4万人，大量宅基地闲置。根据湖南省农业农村厅提供的数据，湖南现有农村宅基地共计1409.11万宗，总面积482.3万亩，其中闲置宅基地（含闲置农房占地）面积达38.83万亩，占全省宅基地（含农房占地）面积的8.05%。加之历史积弊、政策变动、代际继承、人口流动等复杂因素叠加，“一户多宅”、宅基地超标占用、长期闲置、腾退困难等现象较为普遍。与此同时，由于老宅基地没有成熟有效的退出机制，大部分村庄已无宅基地指标可用，从而导致未批先建或者乱占耕地建房的现象时有发生。大量信访、纠纷都与建房需求有关。

2. 农村宅基地退出之困：有偿退出补偿标准与补偿程序尚无依据

一是缺乏统一的补偿标准。对于房屋的补偿，是采取补房不补地还是房和地一起补，是只补正房还是正房和杂屋一起补，无论是国家还是省级政策都尚未明确。在补偿的标准方面，《中华人民共和国土地管理法》规定，集体土地的补偿，都按农用地前三年平均年产值的一定倍数支付土地补偿费。在我国农民土地年产值较低的情况下，这一标准很难激活农民的积极性。湖南主要思路是利用增减挂钩指标与农村宅基地退出相结合，一般由各地乡镇根据自己实际情况制定相关退出补偿标准。调研中发现，总体来看，试点地区能够给予的宅基地退出补偿标准不高，比如浏阳仅补偿十几元到几十元每平方米不等，有的甚至没有补偿，因此能顺利退出的基本上是“一户多宅”，而“一户一宅”退出的积极性很小。二是缺乏统一的补偿程序。《中华人民共和国土地管理法》仅规定了集体经济组织宅基地的收回及拆迁补偿问题，并没有就具体的程序做出任何明确规定。2022年11月农业农村部发布的《农村宅基地管理暂行办法（征求意见稿）》，也未涉及宅基地退出程序等相关内容，湖南省级层面关于宅基地退出同样缺乏相对公平统一透明的补偿程序。

3. 农村宅基地融资之困：估值、担保与贷款难度较大

一是价值评估难。由于农村住房建造标准不一、建筑材质多样、所处地理位置不同，且缺乏有效的市场参照标准，再加上县域第三方评估机构匮乏，少有机构愿意涉足宅基地及农房评估，导致宅基地及农房价值评估难度

极大。二是融资担保难。由于流转市场不健全、相关融资担保手续繁杂、农村宅基地担保权利实现困难、农村地区缺乏专业担保机构等多方面原因，农村宅基地融资担保难以开展。三是农房抵押贷款政策推广难。由于农村信用体系不健全，且部分试点地区农户的宅基地使用权尚未办理登记公示，宅基地及农房一旦进入处置程序后，银行等金融机构在实际操作过程中面临比处置城镇住房抵押更多的风险和困难，从而导致银行等金融机构不愿意涉足宅基地及农房抵押融资业务。

4. 农村宅基地投资之困：宅基地使用权流转期限较短，不利于形成长期稳定投资

调研中浏阳市反映，在2015年启动的第一轮全国农村宅基地制度改革试点工作中，该市作为湖南的唯一试点地区，当时湖南省委农村改革专项小组批复城乡合作建房的合作期限为“不超过50年”。而在新一轮改革中，相关部门要求合作期限为“不超过20年”。《民法典》第705条也明确规定“租赁期限不得超过二十年。超过二十年的，超过部分无效”。因此，目前各地闲置宅基地和农房流转平台均规定农房流转租赁的最长流转期限为15~20年。从实践来看，工商资本的回乡投资以及资金回笼往往需要较长周期，流转期限太短必然制约工商资本长期扎根的投资积极性。调研中绝大多数承租方均表示，前期沉没成本很高，期盼农房租赁和宅基地使用权的期限能够延长，以稳定未来的投资预期。

5. 农村宅基地法律之困：改革试点缺乏法律支撑，“边缘革命”面临诸多法律风险

调研中各试点地区均反映，由于缺乏相关法律授权，试点地区在推进改革时顾虑重重，无法达到预期效果。一是村庄规划法律地位有待明确。《自然资源部办公厅关于进一步做好村庄规划工作的意见》（自然资办〔2020〕57号）提出“村庄规划批准后，应及时纳入国土空间规划‘一张图’实施监督信息系统，作为用地审批和核发乡村建设规划许可证的依据”。但在实际操作过程中，由于《国土空间规划法》尚未出台，“多规合一”村庄规划的法律地位有待进一步明确，造成村庄规划编制动力不足、已编村庄规划实

施落地难等问题。二是宅基地的使用权不允许抵押与“三权分置”实现融资功能的需求相冲突。关于农房使用权抵押法律上尚无依据，只有国家层面的政策。如我国《物权法》第184条、《担保法》第37条和《民法典》第399条都明确“关于宅基地使用权不得抵押”。如何顺利推行“三权分置”改革，赋予宅基地使用权抵押融资功能是下一步宅基地改革的重点。三是农村宅基地使用权有偿流转受限。尽管各地在农村宅基地退出试点中取得成效，但是难以出现大的突破和创新，主要是受《民法典》第363条“农村宅基地仅限于在村集体经济组织内流转”限制，农村宅基地使用权流转限制严格，市场机制难以进入农村宅基地退出系统中。

二　推动湖南农村宅基地制度改革的四个路径

农村宅基地制度改革是贯彻落实习近平总书记关于“三农”工作重要论述精神的具体体现，也是贯彻落实二十大报告提出要“深化农村土地制度改革，赋予农民更加充分的财产权益”的必然要求。农村土地制度改革涉及的主体、包含的利益关系十分复杂，必须按照中央农村工作会议精神要求稳慎推进。

1.积极争取政策法规调整，破解制度层面瓶颈

建议由湖南省级层面积极向国务院及相关部委汇报改革试点遇到的困难和问题，争取全国人大常委会授权试点地区一定期限内可以暂时调整或暂不执行有关法律条款，同时积极争取其他政策支持。

一是关于试点地区资格延续的问题。试点地区普遍反映较为担心的是试点资格的问题，一旦试点资格停止，将会对现有的农村宅基地使用权流转市场造成较大冲击。

二是打破宅基地使用权仅在宅基地资格权人内部闭环流转的旧格局，形成竞争性的城乡统一的住房市场流转新格局。借鉴浙江绍兴经验，在四个试点地区探索赋予农村宅基地完整的用益物权和抵押物权，允许宅基地使用权在资格权人之外流转，在更大范围且以多元形式盘活农村闲置的宅基地资

源，拓宽农民财产收入渠道，缩小城乡居民收入差距。

三是适当延长农房租赁和宅基地使用权的流转期限。例如，在满足前置条件情况下，可允许宅基地流转期限为 50 年，进一步吸引乡贤、青年、农创客等人才下乡返乡，降低社会资本的投资顾虑。

四是放宽农村宅基地用途管制（即允许闲置宅基地使用权入市）。尽管宅基地用途被严格限定为“建造住宅及其附属设施”，但试点地区越来越多的宅基地已经转变为经营性或复合性用途。例如，“闲置农房激活”和宅基地使用权流转改革均扩展了宅基地的“经营性建设”用途，宅基地和集体经营性建设用地之间的界限已经较为模糊。因此，建议逐步放宽农村宅基地的用途管制，淡化农村集体经营性建设用地和宅基地的界限，逐步打通农村各类建设用地之间的转换通道。

2. 夯实农村产权融资基础，推动权益认定保护

一是推动农村宅基地确权与颁证。进行农村不动产确权登记是广大农民明确合法财产性收入和实现融资功能的基础。各试点地区应加快制定出台农村宅基地资格权确权颁证实施细则，成立农村房屋不动产登记领导小组办公室，统筹各方力量，加大资金、技术、人员投入，解决未取得集体经济组织成员资格建房、违法违规占用土地建房、权属不清等历史遗留问题。推进农村宅基地使用权和所有权确权工作，颁发统一的农村使用权证书和房屋所有权证书。建立农村土地使用权登记公示系统，将农村宅基地使用权产权信息及时全面地向社会公布。

二是完善农村土地权益评估。推动试点地区依托各地农村产权交易中心设立专业的农村资产评估中心，制订操作性强的资产评估规范和标准，对农村土地承包经营权、农村宅基地、农村住房价值等进行评估，合理确定农村土地产权价值，对农村产权进行有公信力和银行认可度的价值评估。

三是完善宅基地使用权抵押贷款机制。推动试点地区探索建立贷款风险补偿机制，由县财政出资设立“农房”抵押贷款风险基金，对金融机构贷款本金损失给予补偿。建立贷款风险缓释机制，政府引入担保、保险公司，与银行分别合作开办“农房”抵押贷款担保业务和保证保险业务，各方按比例共担风险等。进一步创新完善宅基地及农房处置机制。可考虑建立宅基地反担保机制解决抵押难问题。由农村集体经济组织或农民专业合作社为农户贷款提供担保，农户以宅基地使用权作为反担保措施。一旦发生违约，由集体经济组织或合作社代偿，并采取出租、转让等方式处置违约农户的宅基地使用权。

3.健全农村宅基地财产盘活机制，激活土地要素

一是完善宅基地流转收益分配机制。宅基地流转收益包含两部分收益，即农房使用权流转收益，和土地使用权流转收益。为保护农民利益，要进一步完善宅基地流转收益分配机制，充分保障村集体、宅基地资格权人、使用权人之间的合法权益，实现收益分配合理化。建议明确农房使用权流转收益归宅基地使用权人，土地使用权流转收益由村集体和宅基地使用权人按一定比例共同分配。收益的分配比例和分配方式必须征得本集体经济组织同意，由本集体经济组织成员代表会议研究确定，并在乡（镇）政府和村“两委”的指导下进行。对于城乡建设用地增减挂钩、指标交易等产生的增值收益分配向村集体倾斜。

二是健全宅基地有偿退出机制。探索建立完善的宅基地有偿使用制度。鼓励试点地区制定差别化的宅基地有偿使用标准，建立包括货币补偿、以房换房、宅基地置换和征收、购房补贴等多元化补偿形式，增强宅基地退出补偿的激励作用。同时，探索完善廉租房制度，对于自愿退出宅基地或转让、抵押宅基地后无稳定居所的集体经济组织成员，将其纳入农村住房保障范围。

三是稳妥推进宅基地分类处置。充分利用和处置好闲置宅基地，最大程度激活农村土地资源要素。在宅基地“三权分置”前提下，适度放活宅基地使用权，可借鉴宁远闲置宅基地综合利用“六种类型”，探索因地制宜分类盘活利用农村闲置宅基地和闲置住宅的可行办法。综合考虑村庄区位优势、产业发展和资源禀赋条件，交通便利、区位优势明显的城郊可以通过宅基地使用权转让、租赁、抵押、入股等方式发展二三产业；在区位优势不明

显、产业基础较薄弱的传统农村，注重推动村庄布局重构、城乡建设用地增减挂钩等结合，侧重开展宅基地整理复垦、置换与退出；在自然生态条件好、交通相对便利的旅游资源丰富的农村，可通过宅基地使用权入股、租赁、退出等方式，重点发展休闲农业、餐饮民宿、乡村旅游、文化创意、康养基地等产业。

4. 完善配套举措，增强改革试点助力

一是加快编制务实管用的村庄规划。村庄规划编制是做好宅基地管理工作的基础。要督促全省各地按照务实、管用、好用的原则，加快村庄规划编制，合理安排农村建设用地规模、布局。在具体推进上建议借鉴河南省经验，要求规划编制技术人员与村民同吃、同住、同劳动，实地调研时间一次连续不低于 10 天，总体驻村服务时间不得少于 30 天，入户调查率不低于 70%，真正了解农民群众的诉求和希望，努力编制出有特色、有情怀、实用好用管用的村庄规划。

二是加速宅基地信息管理平台建设。农村宅基地未批先建和违建乱建行为与信息化管理手段落后有关。建议推动试点地区以一体化智能化公共数据平台和省域空间治理数字化平台为依托，围绕农房盘活核心业务，归集整合自规、大数据等部门数据，打通数字乡村一张图、不动产登记等业务系统，构建闲置宅基地（农房）资源发现、发布、审核、交易、合同网签、备案、服务、监管等全链条数字化管理体系。探索建设闲置调查、流转服务、盘活管理三大应用场景。

三是完善农村社会保障体系。现阶段社会保障体系不完善是制约宅基地使用权流转的重要因素。建议农村公共资源投入应优先考虑农村居民的社会保障需求，公租房、廉租房建设应考虑覆盖进城务工农户。通过培训等各种方式，鼓励宅基地使用权流转的农民自主创业，实现再就业。进一步完善就业服务、农村养老、农村医疗保险、农民最低生活保障等农民基本社会保障制度，为农民做好医疗保障、就业保障、养老保障，让农民放心大胆地将自己的宅基地使用权进行流转抑或抵押贷款，提高宅基地的利用效率，促进农村社会经济发展。

参考文献

《中共中央　国务院关于做好2022年全面推进乡村振兴重点工作的意见》，http：//finance. china. com. cn/news/20220222/5750006. shtml，最后检索时间：2022年11月12日。

董新辉：《乡村振兴背景下宅基地“三权分置”改革法律问题研究》，法律出版社，2021。

徐冰、金斌：《余江宅改》，广东人民出版社，2020

江苏省农业农村厅：《江苏省农村宅基地制度改革试点稳步推进》，http：//www. hzjjs. moa. gov. cn/zjdglygg/202209/t20220929_ 6412232. htm，最后检索时间：2022年11月25日。

郑兴明、雷国铨：《农村宅基地退出改革的实践进展、成效审视与推进路径——基于三个典型试点地区的比较分析》，《经济体制改革》2022年第4期。

郭鑫：《农村宅基地制度改革的动力、现实困境与破解路径》，《新经济》2021年第11期。

农资价格上涨对湖南农业生产的影响及应对策略

湖南省人民政府发展研究中心调研组*

2022年全国“两会”上，习近平总书记指出，必须把确保重要农产品特别是粮食供给作为首要任务。湖南作为粮食主产区，2021年粮食总产量614.9亿斤，创六年新高，扛稳了粮食安全的政治责任。然而，从2021年下半年开始，化肥等农资价格大幅攀升，直接推高了种植成本，对农民种粮积极性造成较大影响。为此，调研组走访了湘中某产粮大县10多个村及乡、村农资经销商，形成对策建议。

一　2022年开春以来湖南农资市场行情

中国农资协会最新数据显示，2022年春节后，尿素和氯化钾的价格比2021年同期分别上涨了32%和94%，与2021年初相比分别上涨了3.2%和5.7%。以化肥为代表的农资价格明显上行，对保护农民种粮积极性、维护国家粮食安全造成不利影响，需引起高度重视。农资价格持续快速上涨表现在以下三个方面。

1. 农资三大类中化肥和农药涨幅较大，并有进一步扩大之势

调研组到湘中某镇基层农资经销商调研了解，农资三大类（化肥、农

---

* 调研组组长：谈文胜，原湖南省人民政府发展研究中心党组书记、主任。调研组副组长：侯喜保，原湖南省人民政府发展研究中心党组成员、副主任；蔡建河，原湖南省人民政府发展研究中心党组成员、二级巡视员。调研组成员：袁建四、徐涛，原湖南省人民政府发展研究中心研究人员。

药、种子）中化肥和农药涨幅较大。国内化肥价格已在高位持续运行 1 年有余，2020 年 12 月尿素均价约 1800 元/吨，2021 年最高涨到 3144 元/吨，创下近 10 年新高，2022 年继续保持坚挺态势。以某产粮大县为例，对比 2021 年 2 月价格，化肥已全线上涨，从春耕期间主要化肥品种尿素、氯化钾及各类复合肥来看，尿素上涨 1200 元/吨，涨幅 66.7%；钾肥（氯化钾）上涨 1500 元/吨，涨幅 55.6%；复合肥上涨 1200 元/吨，涨幅 66.7%。农药价格也逐步攀升，除草剂、杀虫剂、杀菌剂产品价格均出现了不同程度的上涨，其中草甘膦、吡虫啉和丙环唑涨幅最猛，分别高达 100%、33.4% 和 42.5%（见表 1）。

表 1　2021~2022 年农资三大类主要产品价格

种类		2021 年	2022 年	涨幅
化肥	尿素	1800 元/吨	3000 元/吨	66.7%
	钾肥(氯化钾)	2700 元/吨	4200 元/吨	55.6%
	复合肥	1800 元/吨	3000 元/吨	66.7%
农药	除草剂(草甘膦)	2.56 万元/吨	5.12 万元/吨	100%
	杀虫剂(吡虫啉)	9.42 万元/吨	12.57 万元/吨	33.4%
	杀菌剂(丙环唑)	9.53 万元/吨	13.58 万元/吨	42.5%
种子	水稻	40 元/斤	41~42 元/斤	—
	玉米	10 元/斤	11~12 元/斤	—

资料来源：湘中某镇基层农资经销商提供。

2. 农资成本占种植成本比重逐年上升，最高可达41%

种植成本主要包括土地流转、种子、化肥、农药、育秧苗、耕地犁地、人工插秧、收割等从种地到粮食入仓整个生产环节的费用。调研组与多个种植经验 30 年以上的农户访谈了解到，近年来，种植成本中上升最快的是人工成本和农资成本。受访者表示，丘陵山区受限于“一半机械化、一半用人工”的种植模式，插秧、施肥、田间管理等均离不开人工，将劳动力（家庭自用工）的机会成本折算成人工成本，占比高达 40%左右，是种植成本的“大头”。以化肥、农药、种子为主体的农资成本占总成本比重最高达

35%，占比逐年上升，对生产成本的影响将进一步加大。农业机械化服务等租赁成本保持在260~280元/亩，占比有所下降，但因油价上涨，2022年预计费用也略有上涨。土地流转费用各村之间差距较大，总的来看占比略有下降（见表2）。

表2　2021~2022年水稻种植成本分析（以种植单季稻为例）

单位：元/亩，%

项目	2021年		2022年	
	费用	占比	费用	占比
土地流转费	100	9.8	100	8.5
种子	60	5.9	60	5.1
肥料	110	10.8	220	18.6
农药	90	8.8	120	10.2
旋耕机租赁(犁地)	130	12.7	140(预计)	11.9
插秧(人工一天)	200	19.6	200(预计)	16.9
收割机租赁(收割)	130	12.7	140(预计)	11.9
田间管理等种植(人工一天)	200	19.6	200(预计)	16.9
总费用	1020	100.0	1180	100.0

注：以湘中一产粮大县某丘陵山区村庄为例，大概匡算。

3.基层农资店春耕备肥积极性不高，在仓库存同比下降80%

调研组与多个农资经营负责人访谈了解到，每年10月农资渠道商会进行化肥冬储，以应对来年春耕用肥。然而，受原材料高价位运行、市场预期不明朗及资金周转等因素影响，2022年下游经销商对冬储备肥存在一定观望情绪，以减少备货避险。某农技站干部表示，各渠道商普遍推迟冬储，备货量较往年明显减少，如全镇共有200多家农资店，备货的仅有1~2家，且只是少量备货，在仓库存相比2021年下降80%以上。采访中某农资经销商负责人表示，目前农资价格高位运行，公司不敢大规模囤货，而是用一批进一批，一方面是因为资金压力大，另一方面是因为化肥后续行情走势不明朗。

二　农资价格上涨对农业生产的影响

调研发现，农资涨价直接提升了种粮成本，对冲了近期粮价上涨带来的收益，农户普遍对 2022 年种粮预期不佳。

1. 农资价格上涨降低了种粮比较效益

多地种植大户表示，按照最新的农资价格，一亩地化肥成本增加 100 元，农药成本增加几十元，考虑到油价上涨，不排除农机服务也要涨价，预计一亩地种植成本增加 150 元以上，严重挤压了种粮收益。结果是小规模生产农户从节约的角度来考虑农资投入，选择惜购或观望，并通过减少农药化肥的施放量、以单质肥料替代复合肥等高端肥料、使用廉价低质的“三无”农资等方式降低显性成本，继而影响粮食产量。

2. 提高最低收购价格仍无法对冲成本提升

根据国家发改委消息，2022 年我国继续对稻谷最低收购价进行上调，早籼稻、中晚籼稻和粳稻的最低收购价相对 2021 年每斤上涨 1~2 分钱不等（见表 3）。按亩均 1000 斤计算，每亩收益增加 10~20 元，但每亩化肥成本增加 100 元，粮价涨幅根本抵不上农资价格涨幅。农户反映，国家最低收购价也就是市场最高价，市场收购价在 110~120 元/100 斤。一些基层干部也表示，大多数新型农业经营主体（种粮大户）只会闷头种地，水稻 90%为原粮销售，即粮食从田地里收割上来就卖掉了，不注重深加工和市场销售，这也是种粮收益低的原因之一。

表 3　2011~2022 年稻谷最低收购价格

单位：元/斤

年份	早籼稻	中晚籼稻	粳稻	变化	发布时间
2011	1.02	1.07	1.28	上涨	2月11日
2012	1.2	1.25	1.4	上涨	2月2日
	上涨 0.18	上涨 0.18	上涨 0.12		

续表

年份	早籼稻	中晚籼稻	粳稻	变化	发布时间
2013	1.32	1.35	1.5	上涨	2月7日
	上涨0.12	上涨0.1	上涨0.1		
2014	1.35	1.38	1.55	上涨	2月11日
	上涨0.03	上涨0.03	上涨0.05		
2015	1.35	1.38	1.55	持平	2月5日
	平稳	平稳	平稳		
2016	1.33	1.38	1.55	下调	2月3日
	下调0.02	平稳	平稳		
2017	1.3	1.36	1.5	下调	2月17日
	下调0.03	下调0.02	下调0.05		
2018	1.2	1.26	1.3	下调	2月9日
	下调0.1	下调0.1	下调0.2		
2019	1.2	1.26	1.3	持平	2月26日
	平稳	平稳	平稳		
2020	1.21	1.27	1.3	上涨	2月28日
	上涨0.01	上涨0.01	平稳		
2021	1.22	1.28	1.3	上涨	2月26日
	上涨0.01	上涨0.01	平稳		
2022	1.24	1.29	1.31	上涨	2月18日
	上涨0.02	上涨0.01	上涨0.01		

资料来源：国家发改委官网。

3. 农资价格上涨使农民出现厌耕弃耕现象

调研显示，湖南丘陵山区耕地季节性撂荒现象比较普遍。随机走访几个村了解到，因农资价格大幅上涨，农民弃耕呈扩大化趋势。以某行政村为例，全村2/3的人口外出务工，留守在村的老人只能简单种些水稻用于基本生活需要，几乎各户都有撂荒存在，大量耕地闲置。耕地荒废成为农村普遍现象，造成了耕地资源的浪费，对农业发展不利，严重威胁国家粮食安全。

三　湖南农资市场波动的三个关键因素

湖南农资涨价除了市场正常波动外，还存在三个关键因素。

1. 湖南省内农资产销缺口较大是价格难以平抑的关键

农资是现代农业发展的后备资源。湖南作为农业大省、畜牧业大省，化肥需求量一直很大。湖南省农业农村厅数据显示，2022 年湖南化肥需求预计在 510 万吨左右，2022 年春耕用肥要占到全年需求的 40%。湖南也是缺肥省份，尤其是 2015 年巴陵石化停止生产化肥后（据调研了解，湖南化肥生产企业长期以来受原材料价格上涨、生产工艺成本上涨及利润率降低等因素影响，降低了产能甚至停产），湖南的化肥产能远不能满足省内粮食生产需求，所需化肥须从外省长途调运（复合肥从湖北调入，尿素从陕西、内蒙古、山西、重庆、四川调入，钾肥从加拿大进口）。调研中，据业内人士测算，2022 年尿素需求总量（缺口）约 75 万吨，复合肥需求总量（缺口）约 360 万吨，钾肥需求总量（缺口）约 30 万吨。化肥具有常年生产、季节使用的特征，外省调入运输距离长、费用高，加上运输途中的不确定性，旺季供应往往难以充分保证，因而优化淡季储备尤为重要。

2. 管理体制不顺是造成农资市场不稳定的关键

调研发现，淡储制度、农资流通以及市场监管等均存在体制机制障碍。从淡储制度来看，湖南省出台了化肥淡季储备制度，14 个市州中仅长沙市出台了化肥淡季储备管理办法，其余市州均未建立化肥淡季储备常态化制度，122 个县市区（尤其是种粮大县）均未出台淡季储备制度。从农资流通来看，由于省、市、县三级供销系统不是垂管单位，各级供销系统只能确保其买家的价格合理，而农资流通环节过多，对于农户到手价无法掌控。从市场监管来看，县级有县农业局农业综合执法大队、县市场监督管理局两家农资执法检查队伍，多头管理导致农资市场存在全链条、全流程监管“盲点”，市场上频现“三无”农资产品，不仅扰乱了市场、坑了农民，还会加大农业面源污染，威胁农业生产安全。据多家农资经营店负责人反映，这类“三无”产品“横行”乡村，劣币驱逐良币，正规农资被“三无”农资挤出，一旦出现事故，农户维权无门，增加了粮食生产风险。

3. 全球形势影响是农资价格波动大的关键

俄乌局势动荡，俄罗斯是世界上最大的氮肥出口国、世界第二大钾肥出口国，其磷肥出口量居世界第三位，全球氮肥和钾肥的供应或许将长期中断。据权威报道，乌克兰国家农科院院长表示：“目前乌克兰氮肥短缺近

200 万吨，欧洲氮肥短缺更是高达约 700 万吨。”业内人士分析，目前形势或对国内化肥供需产生直接或间接的影响。

四　应对农资价格上涨的几点建议

粮食安全是国家战略，应对农资上涨要将长期与短期、治本与应急相结合，切实保障农民利益，保护农民耕种积极性。

1. 优化省级农资淡季储备制度，成立省级化肥智能仓库

为缓解湖南农资供需缺口，要加强湖南省内农资淡储网络布局，优化建立省为主、市县为辅的淡储制度，进一步压实各级党委政府对农资淡储工作的责任。为保证农业生产和农资价格稳定，建议借鉴安徽经验，成立湖南省级化肥智能仓库，推动传统农资服务数字化变革。由湖南省供销社具体承建，依托全省供销合作社系统农资经营企业及各类为农服务生产主体，仓库设计容量 6 万吨，运用堆垛机器人自动高效对产品的分类入库、出库、物流等环节进行管理，实现全省化肥信息“一云”统揽、业务“一网”打尽、资源“一平台”调度，形成年配送化肥 510 万吨的能力，供应辐射全省各产粮大县基层农资供销商，确保基层库存化肥数量和质量，促进湖南农业生产的可持续发展。

2. 设立省级农资风险资金，加大种粮农民农资综合直补力度

农资补贴政策的核心目标是保障粮食安全，必须优先保障实施。湖南作为粮食主产区，农资等生产要素投入较大，农业生产者对农资价格也更为敏感，因此补贴决策必须在粮食安全和农民增收之间寻找平衡点。一是提高农资综合直补标准。整合年度中央和省级相关农业补贴资金（含中央和省级化肥淡季商业储备补贴资金），设立湖南省级农资风险专项资金，对实际种粮户（含小规模种植户和流转土地适度规模化种植的大户）按每亩农资成本实际涨幅的 50%进行额外补贴（调研组估计，2022 年农资成本上涨约 100 元/亩，2022 年全省粮食播种面积继续稳定在 7135 万亩以上，农资补贴金额需 35 亿元）。二是探索创新种粮大户补贴制度。种粮大户（家庭农场、农民专业合作社等）是提高种粮效益、稳定粮食生产、转变农业生产方式的主力军，农业补贴资金适度向种粮大户倾斜，有利于调动粮农种粮积极性，促使其继续加大土地流转力度，扩大粮食种植面积，提高机械化、标准化、专业化水平。同时，针对现实存在的粮食种植面积和实际享受财政农资综合补贴面积不匹配问题，建议农业部门定期或不定期对耕地粮食种植情况进行监督，探索按耕地作物种植变化情况动态调整农资补贴面积，使补贴与粮食生产直接挂钩。

3. 探索发展农村新型经营服务组织，提升农户采销议价能力

结合农村产权制度改革，探索发展村级新型经营服务组织，即由村级集体经济合作社领办，吸纳村级新型农业经营主体为成员，以经济利益为纽带，以多元服务为抓手，整合全村乃至跨行政村的农业资源，探索创新农资采购配送统一、种植模式统一、技术指导统一、收割销售统一、农产品品牌统一的“五统一”模式，从而实现从种子到肥料再到生产加工全链条管理。同时，通过注册商标、绿色食品认证等提高农产品附加值，使粮食“种得好”也“卖得好”。具体来说，村领办的合作社作为大型采购商，在农资采购环节拥有与各大农资企业议价的能力，在田间管理环节统一对接涉农服务机构便于服务议价，在产品销售环节可以抱团开辟市场，实现从卖原粮到卖品牌的产业链延伸，最终带动农民增收。

4. 进一步健全农资监管制度，规范农资市场价格秩序

粮食好与坏，农资是关键。因此，在保障种粮户利益方面，要进一步加强执法监管的责任落实，农业综合执法大队与市场监督管理局要明确分工，通过专项行动、“双随机”检查等形式，加大对化肥、农药价格巡查和生产经营执法检查的力度，及时掌握市场价格动态，坚决查处生产经营假劣化肥、农药、农资等违法行为。在保障经营者权益方面，要深入农资经销企业和个体经营户，引导经营者依法经营、诚信经营，督促指导经营者在经营场所内醒目位置公示农资销售品种、产地、计量单位、价格、举报电话等主要内容，做到明码标价全覆盖，切实营造良好透明的消费环境。

参考文献

申国华：《农资价格上涨不是小事》，《民生周刊》2022 年第 9 期。

穆阳芬、童玲、王润楠：《当春耕遇上疫情：农资市场面临多重考验》，《中华合作时报》2022 年 4 月 22 日。

李莎：《化肥、柴油等农资价格明显上涨　推升粮食种植成本但对产量影响有限》，《21 世纪经济报道》2022 年 4 月 13 日。

黄汉权、罗屹、韩静波：《要素价格上涨对农户种粮成本和收益的影响研究》，《价格理论与实践》2021 年第 11 期。

王艳、杨梦帆、刘学：《如何应对化肥价格上涨?》，《农民日报》2022 年 3 月 16 日。

藏粮于地的治理突围

——娄底市耕地抛荒治理的调研与启示

湖南省人民政府发展研究中心调研组*

习近平总书记指出，饭碗必须牢牢端在我们自己手上。2020 年起，湖南省启动耕地抛荒治理三年行动，娄底市作为农业基础薄弱的传统老工业城市，坚决落实湖南省委、省政府决策部署，把耕地抛荒治理作为市委、市政府“一号任务”来抓，于 2022 年 5 月 20 日在全省率先完成了存量抛荒耕地动态清零目标，为全省乃至全国丘陵地区耕地抛荒治理提供了思路借鉴。

一　耕地抛荒治理面临的四个难点

娄底地处丘陵地区，位于衡邵娄干旱走廊，耕地抛荒治理中遇到的难点痛点较多，在全省乃至全国具有典型性。

1. 种地收益低，谁来种？

近年来，化肥、农药等农资价格逐年上涨，人工费用成本也不断增加，而粮食的收购价格上涨幅度有限，农民种粮积极性不高，抛荒治理工作难度大。据农业部门调查测算，2022 年当地种粮大户种植一亩早稻成本约为 1185 元①（散户 1315 元），预计每亩早稻总收入为 1054 元②，每亩纯收入

---

* 调研组组长：谈文胜，原湖南省人民政府发展研究中心党组书记、主任。调研组副组长：侯喜保，原湖南省人民政府发展研究中心党组成员、副主任。调研组成员：左宏、贺超群，原湖南省人民政府发展研究中心研究人员；杨萍、夏红梅、谢钢金、伍建飞、邹霞，娄底市工作人员。

① 其中种子 100 元、农药 150 元、肥料 240 元、早稻育秧灌水除草 235 元、机耕 110 元、机插（抛）100 元、机收 110 元、土地租金 100 元，烘干运输 40 元。

② 按照平均亩产为 850 斤左右、2022 年早稻保底收购价为 124 元/百斤计算。

为-131元；晚稻每亩生产成本1185元（与早稻成本相同），收入为1310元[①]，每亩纯收入为125元；每亩双季稻纯收入为-6元，耕种成本和收益倒挂。

2. 耕种条件差，怎么种?

娄底位于云贵高原与江南丘陵过渡地带，山地和丘陵面积占94.8%，岗地、盆地占5.2%，耕地细碎、总体坡度大、耕作层浅薄；地处衡娄邵干旱走廊，水资源人均占有量仅为1513立方米，低于全国2200立方米的水平。耕地质量等级调查结果显示，全市有3～6级地（中产田）192.84万亩，占76.35%，7～10级地（低产田）39.37万亩，占15.59%，以中低产田为主，耕种条件有限导致抛荒治理难度增加。

3. 土地流转难，怎么破?

娄底市耕地面积252.57万亩，人均0.508亩，远低于全国全省平均水平，规模化生产才能根本解决抛荒问题。虽然国家出台了《农村土地承包经营权流转管理办法》，但由于农业税取消、地力补贴直接补给承包户而非种植户等原因，很多农民宁愿让耕地荒芜也不愿流转，加上部分地方水利、地利条件限制等，农村中“有田无人种、有人无田种”的现象较普遍。

4. 治理投入大，怎么筹?

受地形限制，娄底土地防汛抗旱能力较弱，修建机耕道、沟渠等基础设施成本较高。即便实行规模化经营，土地平整、排灌系统、田间道路和生态工程等前期投资大、回收期长、风险较大。据当地农业部门测算，治理一亩抛荒水田前期需投入的基础费用平均达500元以上，这也是抛荒治理的一大难点。

二　娄底市耕地抛荒治理的主要做法

近年来，娄底市把耕地抛荒治理作为扛牢粮食安全政治责任的基础工作强力推进，成效明显。2021年，湖南省春耕生产暨耕地抛荒专项治理现场

① 按平均亩产1000斤、2022年中晚籼稻保底收购价131元/百斤计算。

推进会在娄底召开。2020~2022 年，娄底市累计完成抛荒治理面积 17.76 万亩，增加粮食产量 6.22 万吨，复耕率 100%，复种率 97.7%。

1.压实“四个责任”，形成治理闭环

一是夯实“领导责任”。娄底市委、市政府高度重视耕地抛荒治理，强化“党政同责”，出台了“铁八条”，将耕地抛荒治理纳入了全市高质量发展考核体系；娄底市委书记、市长亲自调度指挥，赴各县市区现场办公，专项督导，坚决落实粮食生产安全责任。二是明确“管理责任”。实行市级领导包县、县级领导包乡镇、乡镇领导包村、村组干部包组、组长包户的“五包”责任制，各责任人员对抛荒治理的宣传发动、摸清底数、制定措施、政策兑现等全过程进行包干负责，把任务细化到每一处田块、每一个责任人，构建网格化责任体系，打通治理的“最后一公里”。三是确保“资金责任”。市县乡三级统筹整合有限的财政资金，三年共投入0.89 亿元，专项用于耕地抛荒治理。同时引入社会资本，确保治理经费保障到位。四是强化“监督责任”。成立娄底市委、市政府联合督查组，对粮食安全和耕地抛荒治理落实情况进行专项督导；成立粮食生产对口督导小组，常态化督导耕地抛荒治理落实情况。

2.建立“三张清单”，明确治理任务

积极统筹各类资源，在娄底市建立起“三张清单”，为耕地抛荒的精准治理奠定良好基础。一是“抛荒清单”。按照“应查尽查、应报尽报”原则，在娄底市逐村逐户逐丘开展抛荒地排查，并利用卫星遥感、无人机测绘、土地确权登记颁证数据等逐一核对，确定精准的“抛荒清单”。其中涟源市利用测绘无人机清晰度高、监测范围广、工作效率高、作业方式灵活等特点，出动无人机3000 余架次，完成抛荒面积核定近 1 万亩，其经验做法被湖南省委内刊重点推介。二是“任务清单”。县乡村三级层层建立耕地抛荒治理任务台账，实行动态销号管理模式，实行“十天一调度、一汇总、一通报”制度，有力推动了治理工作。如双峰县以“一单四制”（任务清单，台账制、交办制、销号制、通报制）推进抛荒治理清零行动，全面落实复耕复种。三是“奖惩清单”。列出“奖惩清单”，明确激励约束细则，充分调动广大干部群众的积极性。如冷水江市对完成全部治理任务的村（居）奖补4000元，安排300元/亩的工作经费，并对镇、村干部给予适当奖励；对存在抛荒现象的村（居），在年度考核中扣分并取消评先评优资格，在农业项目申报及资金投入中不予考虑。双峰县鼓励乡镇建立保证金制度，从村级转移支付资金中按1万元/村或100元/亩提取保证金，验收合格后返还。

3. 推进“四个一批”，破解治理难题

坚持统筹规划，分类施策，将经济手段与政治手段相结合，多措并举推进抛荒治理。一是基层自治一批。通过开好屋场会，有效激活基层自治，给农户上好“政策课”、算好“种粮账”，引导农户复耕。冷水江市发布村规民约，重点推出“耕地抛荒两年，村集体重新发包承包经营权”的标语在各村、组、户进行覆盖式悬挂。各村组干部利用农闲时间召开村组屋场会，面对面与农户沟通，向农户下发告知书，签订承诺书，确保耕地不荒。二是利益联结一批。以“利益联结”为纽带，搭建“流转平台”，集约流转荒地复耕，成效显著，2020~2022年，娄底市累计新增种植规模30亩以上大户842户，新增流转耕地19.7万亩，其中7.8万亩是抛荒地，占比达39.6%。双峰县青树坪镇成立镇级土地流转中心，以村为单位，将土地统一入库，再采用好田荒田成片“打包”招租的方式流转给经营主体，对荒田免收2~5年租金，由经营主体垫资集中复耕复种。其中，农户每年获得200公斤稻谷/亩的租金收益，村集体每年获得5公斤稻谷/亩的工作经费，经营主体则通过规模种植和奖补政策获得收益，极大调动了三方积极性。三是共管代种一批。针对有耕种意愿但劳动力短缺的耕地，引导农户委托第三方代耕代种代收。如娄底市农业部门组织的“双抢代收”服务，全程代收确保不误耕期；新化县将县级财政下发的双季稻补助和上级财政支持资金收入统一归村代管，由村里负责农户的双季稻生产，各项开支统收统付公开，农户只负责田间管理，收获的早、晚稻都归农户所有，极大调动了农户积极性。四是干部兜底一批。针对地段偏僻、耕作条件不佳的抛荒地，由村干部及党员进行兜底治理，“脱下皮鞋是种粮大户、穿上皮鞋是村干部”。如涟源市白马镇各村都建立了兜底治理的“行政田”，该镇发展的 29 名种粮大户中，有 20 人是村干部，占比达到 68.97%。

4. 做好“两个结合”，形成“治理+发展”叠加效益

一是与自然资源禀赋相结合，分类施策保安全。按照“一类一策、一丘一策”要求，科学制定复耕复种方案，坚持“宜双则双、宜单则单、宜粮则粮”原则，坚决杜绝“一翻了之”“一种了之”“翻了荒、荒了翻”等现象。如双峰县制订复种方案，分类指导，2021 年全县新增水稻种植面积 2.2 万亩，2022 年有望再增加 3600 亩以上。涟源市要求各地能种双季稻的必须要种上双季稻，能种一季稻的必须要种上一季稻，不能种植水稻的要种上玉米、大豆等粮食作物，2022 年大豆玉米复合种植推广面积达 2.63 万亩。二是与特色产业发展相结合，融合倍增显效益。如涟源市湄江镇借助风景区优势种植“稻田字”，打造湄江硕泰香米品牌；依托农耕文化博物馆，打造湄江农耕文化研学基地。新化县将治理梯田抛荒和退化作为紫鹊界风景区保护重要内容来抓，建立了分区域梯田种植水稻奖补政策，按 400 元/亩流转核心景区梯田 2900 余亩，景区 763 亩存量抛荒梯田基本清零。双峰县利用农机产业优势助力耕地抛荒治理，开发了适合丘陵地区的高地隙大马力履带式旋耕机、自走式旱地履带式旋耕机，解决了抛荒耕地无机可用的问题，同时也促进了农机产业发展。

5. 夯实“两个基础”，确保治理成效可持续

一是夯实硬件，改善基础设施。高标准的农田水利设施是治理耕地抛荒的硬件基础，娄底市 70%以上的抛荒地或多或少存在着基础设施不完善的情况。为此，娄底市痛下决心，2019~2021 年共投入 7.67 亿元完善农田基础设施，建成了高标准农田 47.92 万亩；先后两次实施“山塘清淤三年行动”，累计完成山塘清淤整修 2 万余口，新增蓄水容量 2405 万立方米，新增恢复灌溉面积 5.1 万亩。二是优化软件，提升服务能力。针对劳动力不足、技术不高、流转难等问题，全面加强服务体系建设。如娄底市统筹推进土地流转平台建设，截至 2022 年 3 月底，共建立了 6 个县级 84 个乡镇级农村产权（土地流转）交易中心，推动耕地流转面积 118.44 万亩，减少“非粮

化”耕地存量面积4.17万亩，三年中土地流转率提高了13.5%。涟源市成立“临时生产队”，协调组织合作社、种粮大户为散户代购农资产品，免费提供耕田、插秧服务。双峰县组织农机大户分乡镇成立16个机械作业服务队，逐村进行集中作业。通过夯实硬软件基础，降低耕种成本，提高种粮效益，确保了治理成效的可持续。

三 几点启示

从根本上解决耕地抛荒问题，必须结合新时代农业、农村、农民的新特点，不断调动农民的生产积极性，增强农业生产效益。娄底的做法给全省耕地抛荒治理提供了四方面启示。

1. 把抛荒治理当作经济工作更要当作政治任务来抓

耕地抛荒治理事关国家粮食安全，既是经济问题更是政治问题。一方面，抛荒治理要尊重经济规律，考虑多方利益有序推动工作，注重抛荒治理与本地特色经济的结合，在治理中治出经济效益。另一方面，必须坚持“党政同责”，将耕地抛荒治理作为“一把手”工程来抓。娄底市将抛荒治理任务作为确保粮食安全底线的基础工作和政治任务来抓，实施市、县、乡村一级一级包、一层一层抓，确保了抛荒治理不留死角。

2. 吃透中央精神的同时也要探索“湖南模式”

认真吃透习近平总书记关于稳定粮食生产的重要指示精神和落实中央关于稳定粮食生产和遏制耕地抛荒的各项决策部署，在《农村土地承包经营权流转管理办法》等国家文件中找依据找思路，是抛荒治理的重中之重。同时，也要根据本地特点创新一批本土模式，娄底市探索形成了“四个一批、两个结合”等切合实际的治理经验，对其他市州也有参考价值。可在湖南省各市州深入挖掘、系统总结一批好做法、好经验，特别是关于湖南这类丘陵山区为主的地区如何整治抛荒，形成对湖南乃至全国具有借鉴价值的“湖南模式”。

3. 立足“利益联结”这个关键激发农业内生动力

抛荒整治问题的核心实际上是“土地流转”和“规模经营”，涉及农户、村集体、种植大户、第三方服务机构等各主体利益，立足“利益联结”才能扣准抛荒治理的关键，激发农业内生动力。要基于稳面积、稳产量“两稳”，遏制非农化、非粮化“两化”，协调好承包户、村集体、新型经营主体三者之间的利益关系，建立利益共享、风险共担、合作共赢的联结机制，形成可持续的解决方案。

4. 实施三年见成效的措施更要锚定未来见长效的机制

湖南耕地抛荒整治三年行动计划将于2022年12月底前全面完成，在当前国内外形势日益复杂的情况下，全省上下一定要按照既定目标切实完成任务，确保守住粮食安全底线。但正如娄底市所探索的，要切实保证治理效果长久可持续，还有很长的路要走。因此，要建立健全系统完备、科学规范、运行有效的长效机制。如推动土地流转的制度建设，进一步推动规模种植；建立健全稳定的资金保障制度，加强农业基础设施建设，统筹和规范各种补贴，实行以奖代投；鼓励发展适合丘陵地带的农机产业，提高农业机械化水平和劳动生产率；以市场为导向，把资源优势和市场需求结合起来，进行供给侧结构调整，做到“宜粮则粮、宜特则特”，实现粮食生产和特色产业发展两手抓；进一步完善农业社会化服务体系，采取土地流转或社会化服务方式，逐步形成一整套的机制和措施。

参考文献

晏红安：《平江县耕地保护利用现状与对策初探》，《湖南农业》2022年第1期。

陈胜冲：《湖南省耕地抛荒驱动因素的区域差异及其对策研究》，湖南师范大学硕士学位论文，2021。

罗拥华、杨涛：《耕地流转背景下耕地抛荒的成因及其治理——基于交易成本的视角》，《现代农村科技》2020年第7期。

罗拥华：《耕地流转之后抛荒的成因与治理策略》，《现代农业科技》2020年第13期。

刘群：《关于耕地抛荒问题的调研报告》，http：//zrzyt. hunan. gov. cn/zrzyt/xxgk/gzdt/zhxw_ 1/202201/t20220124_ 22469182. html，最后检索时间：2023年6月15日。

湖南易地扶贫搬迁群众可持续生计发展研究

湖南省社会科学院（湖南省人民政府发展研究中心）调研组*

易地扶贫搬迁作为我国精准扶贫的重要组成部分，通过人口的空间转移破解了“一方水土养不起一方人”的发展困境。当前我国易地扶贫搬迁工作正式进入后续扶持阶段。为切实写好易地扶贫搬迁后续帮扶“后半篇文章”、推动湖南易地扶贫搬迁群众实现可持续生计发展，调研组先后赴湖南省乡村振兴局、省发改委、省民政厅以及株洲市、怀化市、湘西自治州等地深入调研，并在湖南省范围内开展问卷调研，共回收有效问卷545份。在此基础上，形成本报告。

一　四大创新打造易地扶贫搬迁“湖南样板”

作为精准扶贫首倡地，湖南高度重视易地扶贫搬迁工作，全面贯彻落实国家系列安排部署，围绕“搬得出、稳得住、有就业，逐步能致富”的目标，坚持创新工作方法，易地扶贫搬迁及后续扶持工作取得明显成效。“十三五”期间，湖南搬迁建档立卡贫困群众18.7万户69.4万人，2019～2021年湖南易地扶贫搬迁工作获得国务院督查激励，创造了“湖南样板”。

1. 创新精准识别搬迁：实现“搬得出”

湖南在全国首创“先定区域后定人”的高精度识别经验方法。湖南将搬迁区域锁定在高寒、地质灾害、石漠化等重点区域，并严格划分成七种类

---

* 调研组成员：刘琪、李迪，湖南省社会科学院（湖南省人民政府发展研究中心）研究人员；朱健、王辉，湘潭大学商学院教师。

型。根据这七类划定标准，以村民小组和自然村寨为单位，按照乡镇申报、复核确定、公示公告、上报备案等4步程序，统筹划定迁出区域，再从划定的迁出区域内甄别确定搬迁对象，以“范围精准”进一步确保“身份精准”，扣好易地扶贫搬迁“第一粒扣子”。同时，加强对识别搬迁户的跟踪排查，通过核实再核实，排查再排查，湖南共进行了三次搬迁对象动态调整，对不符合条件的对象坚决清退，确保“应搬尽搬”。如新化县是湖南易地扶贫搬迁任务大县，按照“先定区域后定人”的原则，全县将纳入搬迁的34436名贫困人口锁定在416个重点贫困区域，精准识别率100%。

2. 创新安置选址模式：实现“稳得住”

按照城乡统筹、布局优化等要求，湖南创新确立了“四靠近”的集中安置选址原则，即靠近城镇、靠近中心村、靠近产业园区、靠近旅游景区。将全省2460个集中安置区的选址，紧邻生产生活要素集中区域，其中，60%依托中心城镇，30%紧靠工业园区、旅游景区、特色种养区，10%依托交通等基础设施便利的区域。同时，在安置区实施“微菜园”、水电减免等政策，搬迁群众生活成本平均降低约100元/月，基本实现“稳得住”。各地针对扶贫搬迁探索了各种创新模式。如江华、通道、芷江、宜章、城步、保靖、桃源等地大打旅游牌，将集中安置点向景区靠拢。靖州、麻阳、江永、绥宁等地依托特色农业产业基地布局建设集中安置点，大大加速了搬迁户的脱贫进程。平江县作为全省搬迁任务第一大县，在县城紧靠园区的洪家塅规划建设了全县最大的集中安置区，将全县有意愿搬迁到县城安居的7580名搬迁人口，全部搬迁到洪家塅进行集中安置。祁东县坚持“用最好的地建最好的房，把最好的房给最困难的人”，吸引300多户原本打算申请分散安置的搬迁户改为选择集中安置。

3. 创新后续扶持方式：实现“有发展”

“人有恒业，方能有恒心。”湖南认真贯彻落实习近平总书记关于“后续扶持最关键的是就业”等重要指示精神，加大资金政策支持力度，切实将产业就业帮扶举措落到实处，探索了一系列后续扶持模式。一是创新培育特色产业。因地制宜培育壮大种养、乡村旅游等特色扶贫产业，探索“合作社+基地+搬迁户”“搬迁户+小庭院”等模式，使33.7万搬迁群众增收受益。设立易地扶贫搬迁后续产业扶持财政专项，连续4年投入资金约3亿元，对约1000个特色农林产业基地给予奖补，带动近10万名搬迁群众增收。二是创新推广扶持模式。开展“后续扶持产业配套基础设施建设+劳务报酬发放+就业培训+资产折股量化”的扶持模式试点。湖南省2021年共安排试点项目15个，吸纳搬迁群众就业1643人，发放劳务报酬4592万元，项目累计为搬迁群众和当地村集体带来近200万元分红。三是创新引导帮扶车间。以首创优先供给用地、优先保障配套、优先给予申报项目奖补的“三个优先”优惠政策，引导企业到乡镇村集体闲置场地和集中安置区创办厂房式就业帮扶车间。四是创新劳务服务。以首创“政府+劳务经纪人+搬迁户”“输出有订单、计划到名单、培训列菜单、政府后结单”等就业帮扶模式，在湖南省安置区设立劳务经纪人2000余名，培训搬迁群众10万人次。加强劳务输出对接，建立劳务协作对接机制927个，对成批次、成规模外出的劳动力实施“点对点”“一站式”输送服务。湖南省易地扶贫搬迁有就业意愿劳动力32.46万人全部实现就业。

4. 创新搬迁管理模式：实现“有保障”

易地扶贫搬迁工作涉及点多面广，湖南为有力有序推进搬迁后续扶持工作，推动建立了权责清晰、高效协同的组织体系，以及全方位、高精准的信息平台，从体制机制上实现了“有保障”。一是推动形成各部门落实后续扶持工作的强大合力。首创建立了由湖南常务副省长和分管副省长担任“双召集人”的联席会议制度，发改、扶贫、财政等24个省直部门为成员单位，在湖南省发改委设立联席会议办公室，从湖南省直有关单位抽调业务骨干30人，脱离原有岗位专职承担易地扶贫搬迁工作。以《关于进一步做好易地扶贫搬迁后续工作的若干意见》为依据，落实部门责任，为牵头部门发挥统筹协调职能提供了坚实支撑。二是率先尝试“互联网+易地扶贫搬迁”大数据监管模式。首创开发“互联网+易地扶贫大数据平台”，集易地扶贫搬迁户基础信息库、项目建设及搬迁对象后续帮扶情况实时调度等功能于一体，与湖南省扶贫领导小组脱贫攻坚“三落实”动态监管平台、湖南省人社厅就业信息系统互联互通、数据共享。实现对搬迁家庭“产业到户、就业到人”的动态、全程、全覆盖跟踪管理。线上监管，线下巡查，线上线下相互补充，全面监管不留死角。易地扶贫搬迁道路上的一次次大胆创新与探路，收获了显著成效，搬出了“湖南特色”。

二　做好易地扶贫搬迁“后半篇文章”仍需突破四个瓶颈

2021 年湖南易地扶贫搬迁工作全面转入以后续帮扶为重点的新阶段。由于牵扯面广、任务繁重，客观上仍存在搬迁群体来源复杂、地方产业基础薄弱、脱贫户就业技能低下等一系列问题。

1. “易地扶”与“后续扶”衔接不充分

随着搬迁群体帮扶政策逐步弱化，少数脱贫户和边缘户仍面临一些风险。

部分地区“后扶”衔接资金紧缺。一是各地资金实际使用情况差异较大。湖南省各市州经济社会发展差距较大，各地易地扶贫搬迁工作的复杂性，以及专项财政的预算、使用和结余情况都存在千差万别。调研组在对株洲、怀化、湘西等具有易迁工作典型性的地方走访调研时发现，脱贫攻坚任务完成以后，长株潭等区位优势较好的一些县区，易地扶贫搬迁专项账户上还有较大的资金结余，如有的县区有接近 1000 万元的结余；而湘西等地区在专项资金用完的情况下，还要偿还易地扶贫搬迁融资贷款，后续扶持工作更是面临财政压力，工作推进难度有所增加。二是资金紧缺的地区面临一系列隐患。地方基本公共服务资金主要来源于“三农”资金、项目征地等前期费用，后续产业扶持、教育、卫生、污水处理等项目缺少专项资金支持，导致公共服务供给不足、社区管理滞后。例如，个别安置点与迁出地在就学、就医、社保、低保、养老、残疾人管理服务和保障等工作上还未衔接到位，搬迁群众“人户分离”，在生产生活中出现“两头跑”现象；同时，房屋修缮改造、水电物业补贴资金等也面临较大资金缺口。一些地区对搬迁群众的基本医疗保险财政补贴有所减少，由此出现了群众对基本医疗保险的参保意愿降低的现象，导致因病致贫风险增加。少数地区公益性岗位减少，但在岗人员往往人力资本低下、就近就业困难，退出公益性岗位就意味着再度失业，这可能导致少数脱贫户和边缘户返贫风险增加。

后续扶持工作力量有所弱化。调研显示，部分县市区在易地扶贫搬迁后续扶持工作上面整体有所松懈，重视程度有所下降，工作人员配备减少，机构也未能保持稳定。目前，大部分安置区各类组织设置尚未健全，人员隶属关系仍未理顺，基层党组织、群众性自治组织、治安管理、综合防控等基层治理体系不健全、干部配备不充分，无法合理分配工作，致使工作滞后。例如，社区对居住的搬迁群众家庭情况动态掌握不够精准，导致推动低保、医保、就医、就学、就业等难以按计划规定完成。

2. “好就业”与“就好业”转身较困难

大多脱贫地区经济社会发展水平较低、产业基础薄弱、劳动力文化素质较低，搬迁群众务工就业仍然存在不少问题和困难，就业增收的延续性、根源性、代表性还有待加强。

外出务工缺少品牌化效应。湖南历来属于劳务输出大省，其中，益阳市通过打造“益阳厨师”“桃花江保姆”“安化保安”等劳务品牌，形成了品牌效应，带动了全市劳务输出。但对于其余大部分地区，尤其是脱贫地区而言，并未形成有特色、有竞争力的劳务品牌。从调研数据可知，大部分搬迁户家庭收入来源以外出务工为主。但搬迁群众普遍文化程度低、就业技能差、择业能力弱，难以匹配岗位需求，导致劳务输出难以形成规模化效应和品牌化效应，劳务协作的组织化程度和就业质量还有待提升。

就近就业不足、不稳定。县域经济底子薄、抓手少，发展水平相对滞后，产业基础较为薄弱，这是制约湖南发展的一大短板。作为易地扶贫搬迁工作的主要承载主体，县域能够提供的就业岗位并不多，本地就业的比例不足。根据湖南省发改委数据，2021 年湖南易地扶贫搬迁群众省外就业的比例高达 44%，省内县外就业的比例达到 15. 73%，约 40%未在本地就业。调研中，湘西州反映，有劳动力且有就业意愿的 3. 72 万名搬迁群众，在县内务工的只有 33%。扶贫搬迁群众本地就业也不够稳定，如湖南省扶贫车间带动就业仅占3.77%，周边基地、园区、龙头企业等带动就业占比6.54%，公益岗位就业3.23%，近30%的扶贫搬迁群众都是依靠自主创业和灵活就业维持生计，就业稳定性较弱，缺乏可持续发展能力。

就业人员权益保障难度较大。部分搬迁群众面临着无劳动合同、无社会保险、无劳动保障等困境。从当地产业发展环境看，易地扶贫搬迁地区总体来看基础设施、生存环境、生产条件、产业基础仍较为一般，难以吸引优质企业入驻，即使成功引进扶贫车间，为了利润最大化的目标，企业也会尽可能压缩用工成本来平衡交通运输等成本，因而能够开出的工资较低，甚至以兼职、零工等形式绕开“五险一金”的缴纳。部分搬迁群众由于文化素质低、职业技能缺乏等不利因素，也只能退而求其次，选择无劳动合同、无社会保险的送外卖、打零工、建筑工等工作。这部分搬迁群众的雇佣关系不明确，游离在正规的就业保护和社会保障体系之外，不仅劳动报酬低、失业风险大，出现劳动争议纠纷时，也处于弱势地位，难以受到保障。

3.“产业强”与“产业扶”效果不凸显

扶贫扶长远，长远看产业。产业扶贫政策在一定程度上促进了各地特色优势产业的发展，对实现稳定脱贫提供了重要支撑。然而一些地方由于缺乏统筹规划、与市场需求脱节、市场预警机制不完善等，面临扶贫产业同质化、脆弱化等问题，产业扶贫效果并不突出。

产业扶持项目趋于同质化。产业扶持短平快项目多，同质化现象严重。调研得知，一些地方在选择扶贫项目时，没有充分考虑自身实际以及市场需求，存在盲目跟风等情况。比如，湖南炎陵县黄桃产业近年来从无到有、从小到大，成为一大特色精品产业。其他地区见此趋势也投入大量财力物力发展黄桃产业，黄桃种植面积激增。《2020湖南黄桃产业大数据》显示，全国共有708个县供应黄桃，位于湖南省的有86个。扶贫产业同质化现象严重，未能系统考虑市场对产品的供需结构，重前期效果，轻后期预警，无法有效规避市场风险，从而出现“头年一哄而上，来年一拍两散”的情况。

帮扶车间抗风险能力较弱。部分帮扶项目和车间“外援”依赖明显，日常经营过度依赖政府补贴和优惠政策，内生发展动力不足，抗风险能力较弱。一些深度贫困地区发展基础薄弱，难以支撑扶贫产业项目和帮扶车间可持续发展。现有帮扶车间以中小微企业为主，订单需求量规模小、难持续，在企业家才能、资源储备方面也较为欠缺，不具备应对突发市场风险的能力。此外，大多“小车间”“小作坊”的职业安全、卫生、消防制度等往往不健全，在生产经营方面存在一定安全隐患。调研了解到，凤凰县禾库安置区就业帮扶车间受新冠疫情影响，原材料供应不足、订单下降，企业生产不景气，纺织车间、鞋业车间均已停产，仅箱包车间艰难维持，吸纳安置区搬迁劳动力就业还不够充分。

产业扶持带动效果不明显。扶持产业效益不突出，利益联结机制未健全。目前湖南省的产业扶持项目形式较为单一，主要采取委托扶持分红模式，简单发钱发物“一发了之”、财富入股“一股了之”的现象依然存在。就目前的实践来看，大多是强制性地按比例分红，脱贫户只能拿到各类资产的利息，很少能达到分享企业红利的地步。总体来看，产业扶持带动效果不明显，搬迁群众实际参与度不高。一方面，安置区产业发展和就业支撑能力不足，精深加工、冷链物流等配套建设不足，缺乏新型经营主体带动，大部分县域经济、产业布局和工业现状暂时无法提供大量发展机会。另一方面，搬迁群众对扶持产业项目的参与度较低。安置区搬迁人口劳动力就业多以外出务工为主，剩余一部分搬迁群众则过着“两头跑”的生活，对产业项目参与程度不高。

4. “可持续”与“能致富”目标受制约

面对搬迁群众对美好生活的需要，易地扶贫搬迁工作逐步由“搬得出”“稳得住”转向“能致富”“可持续”的新目标。由于搬迁群众各方面生计资本较为匮乏，短时间内难以形成可持续生计发展，“能致富”“可持续”面临一定挑战。

收入总体仍处于较低水平。课题组调查结果显示，受调查群众中家庭人均年收入在 1 万元及以下的占比 35.40%，人均年收入在 1 万~2 万元占比 48.86%，人均年收入在 2 万元以上的占比仅为 15.74%。说明搬迁群众的收入薄弱，整体收入仍处于较低水平，与“可持续”和“能致富”的目标仍有较大差距。

现有收入结构较为单一。工资性收入仍然是搬迁群众收入的主要渠道和重要来源，除此之外，家庭经营性收入、转移性收入和财产性收入的占比都比较低。在怀化市发改委调研得知，2021 年当地搬迁群众工资性收入占比达 72.4%，远高于全国居民平均水平 55.9%。经营性收入和财产性收入偏低。其中，经营性收入占比仅为 10.5%，财产性收入占比仅为 1.5%（见图 1）。

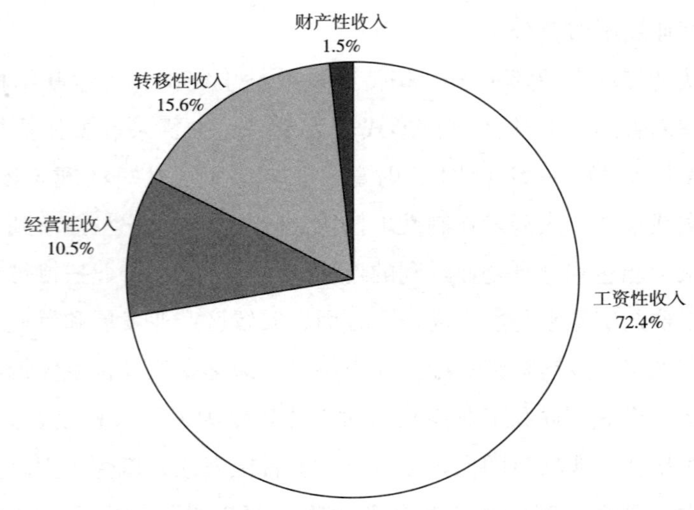

图 1　2021 年怀化市易地扶贫搬迁群众收入结构

资料来源：怀化市发改委。

人力资本质量短时间内难以提升。一是基础教育缺乏影响技能学习效果。由于搬迁群众的受教育程度和学习能力普遍不高，且年龄较大，参与技能培训的效果并不尽如人意。由调查问卷数据可知，搬迁群众家庭成员最高学历占比最多的是初中，达 33.65%，而大专及以上学历占比只有 22.37%（见图 2）。二是技能培训仍存不足。虽然有关政府部门会根据群众需求定期开展职业技能培训，但是技能培训的覆盖范围仍然存在不足，接受技能培训的搬迁群众不多。问卷调查结果显示，47.34%的受调查者表示过去一年未参加任何技能培训，28.99%的受调查者表示参加过一次技能培训。三是培训内容针对性实用性不强。部分培训课程流于形式，内容设计不够合理。没有基于当地特色和群众切身需要设计培训课程，缺乏针对性和精准性，加之大多培训课程周期较短，学员短时间内难以学精学透，影响培训内容的实际效益。

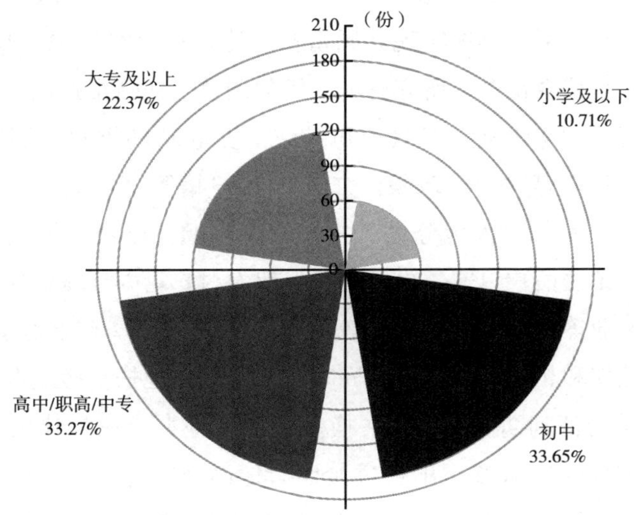

图 2　易地扶贫搬迁群众家庭成员最高学历

资料来源：课题组调查问卷统计结果。

三　湖南易地扶贫搬迁群众实现可持续生计发展的对策

易地扶贫搬迁工作深刻改变了搬迁群众的生产生活条件，实现了生计空间重建，随着易地扶贫搬迁阶段的转变，还需进一步加强对搬迁群众的风险监测，确保政策不松劲、力量不减弱、工作不断档。

1. 理顺一项政策：易地扶贫搬迁后续帮扶政策

进入后续扶持为主的阶段后，为巩固前期阶段成果、避免政策断档，现有组织体系在一定时期内应保持稳定，并设置“渐退期”逐步退出。

完善后续扶持政策体系。易地扶贫搬迁工作进入以后续扶持为主的阶段，要实现搬迁群众“稳得住、有就业、逐步能致富”的目标，需强化顶层设计。一是保持主要帮扶政策总体稳定。整体来看，一方面不能提过高的目标，搞过头保障，防止掉入“福利陷阱”。另一方面仍要“扶上马、送一程”，要确保不发生规模性返贫和新的致贫。要加强监测、及时干预、设置过渡期、促进异地搬迁群体实现共同富裕。建议在落实好中央政策基础上，对省市县现有帮扶政策进行研究论证、优化调整。加强帮扶政策与市场机制对接，促进帮扶政策合理、适度、可持续。兜底救助类政策要继续保持稳定。优化产业就业等发展类政策。二是推动户籍管理实施“两选一继续”政策。针对易迁人口“人地分离”户籍管理问题，出台政策规定移民可选择直接办理城镇居民户口簿，也可选择保留农村户籍办理城镇居住簿，明确子女入学、就业等享受城镇居民同等待遇，移民继续享有土地承包经营权、集体收益分配权和相关惠农政策。同时，要实现易地扶贫搬迁群众户籍业务“就近办”，身份证到期换领和丢失换领业务就地办。三是建议政府扶持实施“两优惠四保险”政策。出台过渡期搬迁群众家庭用水、用电、用气等优惠政策，明确优惠期限和标准；创新优惠数字普惠金融信贷产品，建议针对搬迁安置区产业发展和搬迁人口生产就业推动银行开发专属“易扶贷”数字普惠金融产品；建立保险助力防返贫长效机制，推动农产品灾害险、价格险等险种广泛应用，整合优化“十三五”期间为建档立卡脱贫户投保的意外险、返贫险等险种。

积极探索社会资本参与新路径。进入后续扶持为主的阶段，推进产业培育、就业帮扶、社区融入，不仅要着力保障财政专项资金投入、提高财政资金使用效率，而且应积极引导社会资本投入，构建形成多元化的资金保障体系。一是建议推动碳汇收益转化为后续产业发展资金。厦门建立全国首个农业碳汇交易平台，平台通过提供开发、测算、交易、登记农业碳汇等一站式服务，促进农业生产转化为碳交易产品，推动农业“碳票”变“钞票”，助力农民增收致富。在2022年5月该平台推动的首笔交易中，某食品企业购买了厦门市同安区莲花镇 7755 亩生态茶园、共计 3357 吨的农业碳汇，这也是全国首批农业碳汇交易项目。建议湖南借鉴其经验，推动全省林业资源丰富、农用地和土地利用减少明显的易地扶贫搬迁地区开展“农业碳汇+乡村振兴”，探索建立以林地碳汇为主体，光伏碳减排、湿地碳汇、农用地碳减排等方式并重的新路径，推动各地国有平台支持以村集体为单位开发碳汇，持续产生碳汇并上市交易创造收益，将“预期碳汇收益+”作为易地扶贫搬迁的迁入地开发和投入的还款来源，支持搬迁安置区产业发展。二是建议通过市场化运作破解安置小区物业管理资金难题。贵州六盘水的水城区鱼塘社区成立劳务公司盘活停车场、门面、农贸市场等资源，年收入 300 余万元，解决社区物业管理和部分搬迁群众就业。建议湖南在规模大、人口多的易地扶贫安置小区，借鉴其成功经验，在安置区探索“社区+公司+物管”“居民+公司+物管”等模式。由社区牵头成立公司（合作社），将社区配套建设的门面、停车位等商业资产的所有权、管理权、运营权“三权分置”，由公司负责承包安置区配套建设的商业资产运营，承接社区物业管理。三是建议推行“文创搭台、市场唱戏”模式破解集体经济资金短缺难题。广西巴马瑶族自治县打造“长寿”热点 IP，争取文化和旅游部产业发展司专项资金助力巴马文旅 IP 培育开发，在易地扶贫安置小区“花哒街”开展地域特色鲜明、民族特色突出的墙绘项目，打造巴马网红打卡地，吸引每年长期居住巴马的“候鸟人”多达几十万人。建议湖南借鉴其经验，研究出台优惠扶持政策，推动文旅资源丰富的易地扶贫安置区，加大力度开发和制造地区文旅 IP。争取上级专项资金，积极引入社会资本参与扶贫搬迁地区共同支持传统村落保护发展、非遗项目打造、文创产业培育、乡村休闲旅游发展。

2. 端牢一个饭碗：易地扶贫搬迁群众就业饭碗

后续扶持工作要紧紧抓住就业这个“牛鼻子”，不断提升搬迁群众的生计资本，激活搬迁群众的内生发展动力，让易地扶贫搬迁群众能够牢牢端住自己的饭碗。

大力促进增加工资性收入。一是将外出务工组织化率提升至 70%以上，打造劳务品牌。推动劳务需求城市和扶贫搬迁人员相对集中地区开展劳务协作，以县为单位将农村劳动力外出务工组织化程度提高到70%以上，提高农民工工资议价能力和工资待遇。把握国家大力推动劳务品牌建设的机遇，建议湖南省级层面研究印发《湖南省关于开展劳务品牌创建工作通知》，健全劳务品牌的发现培育、发展提升、壮大升级的促进机制和支持体系，将培育劳务品牌与推动地方产业发展紧密结合，推进“一县一品”。二是提高以工代赈支持水平。建议在交通、水利、能源、农业农村、城镇建设、生态环境、灾后重建等领域大力推广以工代赈方式，将部分财政衔接推进乡村振兴补助资金用于实施以工代赈项目，将易地扶贫搬迁劳动力劳务及其他扶持对象的报酬占项目投资的比例提高到35%以上。三是加大对易地扶贫搬迁群众的公益性岗位就业扶持。依托当地开发区、产业园区等挖掘就业岗位，通过开发护校、护路、护林、护医、护厂、护河、护家、治安巡防、养老护理、环卫协管员“十大员”公益性岗位，确保有劳动力的搬迁家庭每户至少1人实现就业。

持续促进增加经营性收入。一是做大做强各扶贫搬迁区域农业特色优势产业。建议将财政衔接推进乡村振兴补助资金60%用于发展产业，鼓励成立省级乡村振兴产业基金，引入国投创益基金等知名乡村振兴产业基金投入安置区扶贫产业中，支持培育龙头企业、农业产业化联合体、农民专业合作社、种养大户、家庭农场等农业经营主体，通过反租倒包、股份合作等模式，提高农民经营性收入。二是实施粮油单产提升工程。围绕水稻、玉米、红薯、油菜、油茶、大豆等主要粮油作物，加大高产优质品种、高产技术推广力度，加强防灾减灾，提高粮油单产水平。按市场价对优质粮油进行收购，促进搬迁地区农民稳定增收。三是着力降低农业生产成本。积极发展土地托管、代耕代种、统防统治等农业生产性服务，不断提升农业生产服务的专业化水平，扩大服务范围和规模，降低单位耕地面积和单位农产品产出的成本支出，实现节本增效。

适度拓展增加财产性收入。一是盘活易搬旧房资源促增收。在满足规划和用途管控的前提下，村级集体可以采取自营、出租、入股、联营等方式，将易地扶贫搬迁收回的宅基地用于发展乡村民宿、健康养老、民俗展览、创意办公、乡村旅游和农产品冷链、初加工、仓储等一二三产业融合发展项目，由村级集体统一经营或对外招商经营，创办乡村旅游、家庭农场、休闲农业、乡村酒店、创客中心等新型经营主体，盘活闲置土地，增加财产性收入。二是盘活当地特色村集体财产。通过退耕还林、公益林、复垦复绿等途径有效利用易扶搬迁迁出地，依托资源、龙头带动，以土地流转、资源入股等方式盘活迁出地“三块地”。鼓励各地对搬迁后退出的承包地和山林打包开发、规模经营，形成搬迁群众的“生态股”，将生态价值转化为搬迁户长期收益。对名胜古迹、古树名木等自然资源，以及基础设施和房屋等固定资产，进行连片开发、规模经营，实现农村资源变资产、资金变股金、农民变股东。

3. 解决一个困难：满足搬迁群众迫切需求

为了使搬迁群众搬得出、稳得住，安居又安心，须努力做好易地扶贫搬迁安置社区的后续扶持服务管理工作，充分保障搬迁群众的合法权益。

解决搬迁群众新增住房需求。一是科学设定保障条件，建立常态化申请受理机制。将因人口增加造成住房困难的搬迁家庭纳入城镇住房保障体系。结合当地经济社会发展状况，合理确定公共租赁住房、保障性租赁住房的保障条件和标准，逐步提升住房保障水平。依据全省易地扶贫搬迁大数据平台做好搬迁家庭人口动态管理，根据当地城镇住房保障条件，组织住房困难家庭申报公租房或保障性租赁住房。二是多渠道筹集房源，合理确定保障方式。有新增住房需求的，可立足当地实际，在商品住房项目中配建公租房、保障性租赁住房，明确配建比例。探索利用集体经营性建设用地、企事业单位自有土地建设公租房、保障性租赁住房，允许将闲置和低效利用的商业办公用房、厂房等改建为公租房、保障性租赁住房。各地可盘活易地扶贫搬迁剩余安置住房作为公租房、保障性租赁住房，同步有效统筹使用园区、乡镇等剩余未分配公租房。在积极筹措房源的基础上，现阶段可通过发放租赁补贴的方式将符合条件的易地扶贫搬迁人口新增住房需求优先纳入保障。

解决搬迁群众人力资本提升需求。通过竞争性磋商的方式面向社会公开遴选社会信誉度高、教学质量好、培训针对性强、促进就业效果好的培训机构承接易地扶贫搬迁劳动力项目制职业技能培训工作。一是推进后扶职业教育培训计划。建议采取“理论+实操”的培训方式，在搬迁安置点开展“湘菜师傅”“湖湘家政”“湖南技工”“乡村工匠”等中长期品牌化项目制培训和“短平快”培训。二是推进本土特色技艺培训。建议省文化馆通过与基层馆联动的方式，举办一批乡村振兴巧娘（巧匠）传承技艺系列培训班，结合当地特色，可举办包含剪纸、刺绣、土家族织锦、湘西竹编、扎纸、藤编等多个项目的巧娘（巧匠）培训班。为搬迁群众提供全方位的技能培训，拓展他们就业的能力。

解决搬迁群众就业劳动保障需求。一是优先为扶贫车间办理工伤保险。各级人社部门要为扶贫车间企业办理工伤保险设置“绿色通道”。可针对扶贫车间参加工伤保险实行先缴费后补贴。凡与脱贫户、监测户签订1年以上劳动合同并按时足额缴纳工伤保险费的扶贫车间，从就业补助资金中给予缴费补贴，每户扶贫车间可设置3年工伤保险补贴期限。二是积极帮办代办，上门服务。对参保有困难的“扶贫车间”，安排专人深入扶贫车间收取营业执照、职工姓名、身份证号等参保资料后，代为办理登记手续。

4. 增加一个机会：推动“后扶”产业可持续发展

以“发展产业，带动就业”作为巩固搬迁成果的根本之策，强化“后扶”产业与乡村振兴战略的有机衔接，推动扶贫产业可持续发展，切实为搬迁群众提供就业岗位、拓展收入来源、开创致富之路。

因地制宜发展优势特色产业。一是因地制宜地选择具有比较优势的特色产业。建议省级层面建立乡村产业数据库，画出乡村产业地图，科学指导贫困地区产业投资、生产，推动农产品产销平衡，有效预防产业同质化恶性竞争。注重实施品牌培育计划，加强与412家国家级农业产业化重点龙头企业对接和合作，带动本地产业发展。打造“一县一业”“一镇一特”“一村一品”，切实解决广大农村品牌小、低端农产品多、竞争力不强等问题。二是在易地扶贫搬迁地区率先开展现代农业示范区建设工程。易地扶贫搬迁为现代农业的规模化、集约化提供了有利的条件，要以扶贫搬迁地区为示范点，建议在湖南省易地扶贫搬迁区域遴选10个现代农业示范板区，率先开展现代农业示范建设工程。三是优化产业项目库建设。按照“5 年储备、3 年滚动、1 年实施”计划，建议易地扶贫搬迁地区全面摸清底数，建立“补短提质”项目库。围绕发展壮大乡村特色产业、促进搬迁群众稳定就业等任务，积极谋划一批劳动密集、产业链条长、带动脱贫户增收效果明显的产业就业类项目。

延续帮扶车间优惠政策，稳住企业群众共生业态。切实发挥扶贫车间“小车间大扶贫、不出村有钱赚”的作用。一是强化政策保障。延续就业帮扶车间优惠政策，从就业奖补、税收优惠、员工培训、金融厂房等方面给予全方位支持，帮助提质增效、转型升级，更多吸纳搬迁群众就地就近就业。对现有就业帮扶车间开展一次摸底排查，对闲置、亏损、带动能力弱的就业帮扶车间进行专项整改。对生产经营困难的就业帮扶车间，发放复工复产一次性补贴，通过“企业订单周转池”、组织行业协会订单调剂等方式调剂订单，帮助其渡过难关。对新增吸纳脱贫人口就业的，发放吸纳脱贫人口就业一次性补贴。二是推动规范管理。按照“成熟一个、认定一个”的原则开展就业帮扶车间规范认定。发掘一批经营良好、带动就业能力强的企业、乡村工厂、生产车间、加工点、代工厂及农民专业合作社，积极创建就业帮扶车间。做好就业帮扶车间日常管理，定期走访车间，加强在产业发展、销售渠道拓展等方面的帮扶，支持车间持续健康发展。定期做好就业帮扶车间绩效评估工作，按评估等级及时发放带动就业奖补。三是实施扶贫车间提升工程。建议省级层面针对就业帮扶车间提升出台指导意见，明确湖南省范围内扶贫车间提升的扶持政策，推动扶贫车间进入搬迁社区，支持就业帮扶车间转型升级为乡村就业工厂。

参考文献

《中共中央　国务院关于做好 2022 年全面推进乡村振兴重点工作的意见》，http://finance.china.com.cn/news/20220222/5750006.shtml，最后检索时间：2022 年 8 月 25 日。

刘伟、黎洁：《易地扶贫搬迁与贫困农户可持续生计》，社会科学文献出版社，2020。

仇焕广、冷淦潇、刘明月、汪三贵：《中国千万人的易地扶贫搬迁：理论、政策与实践》，经济科学出版社，2021。

李斌、李辉：《我国农村易地扶贫搬迁研究现状、热点及展望》，《中南民族大学学报》2022 年第 4 期。

王帅：《加大易地扶贫搬迁后续扶持力度的探索》，《农业发展与金融》2022 年第 3 期。

“四好农村路”力推乡村振兴国家重大战略经验推介及政策建议

湖南省社会科学院（湖南省人民政府发展研究中心）调研组*

“四好农村路”建设在脱贫攻坚和当前推进脱贫攻坚与乡村振兴有效衔接的伟大实践中发挥了关键作用，为推进农业农村现代化、促进广大农民脱贫致富奔小康、实现人民共享改革发展成果提供了坚实支撑保障。习近平总书记高度重视“四好农村路”建设，强调“要想富、先修路”不过时。自2014年提出“四好农村路”理念以来，先后多次做出重要指示批示，为“四好农村路”建设高质量发展指明了方向。湖南省委、省政府坚决贯彻落实习近平总书记重要指示批示精神，把“四好农村路”建设摆在突出位置，不断健全体系、完善机制、创新举措，在“四好农村路”建设上取得了显著成效，为湖南省乡村振兴提供了坚实支撑。

一　“四好农村路”是推动乡村振兴国家重大战略的关键抓手

农村公路纵横交错、四通八达，覆盖范围最广、服务人口最多、公益性最强，是交通扶贫战线的最关键抓手，串街联乡、通山入林，建设农村公路可以让农业更繁荣、农村更美丽，让广大农民群众享受到实实在在的实惠便

* 调研组组长：钟君，湖南省社会科学院（湖南省人民政府发展研究中心）党组书记、院长（主任）、研究员。调研组成员：邓子纲、周恒、周海燕，湖南省社会科学院（湖南省人民政府发展研究中心）研究人员；唐苗苗，湖南交通职院讲师；刘雄，中南大学公共管理学院社会学系博士。

利。党的十九大以来，以习近平同志为核心的党中央不断深入阐述乡村振兴战略的科学内涵，开展了全面深刻的理论建构和实践探索，把“四好农村路”建设作为交通战线巩固脱贫攻坚成果，实现乡村振兴和共同富裕的开路先锋，在实现乡村振兴国家重大战略中发挥了至关重要的作用。

1. “四好农村路”建设是力推乡村振兴、凝聚人心的“民心工程”

习近平总书记强调“没有农业农村的现代化，就没有整个国家的现代化”。“三农”工作映现党的初心使命。“四好农村路”是以习近平同志为核心的党中央关心“三农”工作做出的重要部署。建设“四好农村路”，是交通领域贯彻落实习近平总书记关于“人民对美好生活的向往，就是我们的奋斗目标”指示精神的具体行动，这既是党在新时代的重要执政目标，也是习近平关于三农问题和乡村振兴重要论述的价值目标。临澧县高水平建设管养运营农村公路带来的农村面貌翻天覆地的变化、汨罗市城乡客运公交和客货邮发展给城乡居民带来的获得感等，充分表明“四好农村路”建设实践在打赢交通运输脱贫攻坚战中发挥关键作用，为推动农民致富、凝聚民心贡献了交通力量，“四好农村路”建设已成为党在农村基层凝聚人心的“民心工程”。

2. “四好农村路”建设是统筹城乡发展、服务群众的“民生工程”

“四好农村路”建设深刻体现了城乡关系未来的发展方向。习近平总书记强调“能否处理好城乡关系，关乎社会主义现代化建设全局”，要做好乡村振兴战略这篇大文章，必须走城乡融合发展之路。农村公路作为连接城乡的纽带，在推动城乡融合、服务民生中发挥了举足轻重的作用。花垣县发扬首倡地精神不断健全防止返贫的有效机制，韶山市充分整合伟人故里的资源拓宽产业路，以路兴产，畅通了农产品销售渠道，资源路、旅游路、产业路盘活了农村地区的特色资源，在乡村振兴中发挥了举足轻重的作用，“四好农村路”让城乡双向运输进一步打通，改善了农村生产生活条件，已经成为湖南省农村地区摆脱贫困、实现小康、走向富裕的重要载体，成为服务群众的“民生工程”。

3. “四好农村路”建设是防止返贫致贫、优化治理的“民力工程”

“四好农村路”建设始终坚持调动广大贫困群众积极性、主动性、创造性，激发脱贫内生动力。“四好农村路”为广大农村的经济社会发展注入了强大的内生动力，在有效防止基层返贫、优化基层治理方面发挥重要作用。“四好农村路”的建设推动了农村基础设施的不断完善，推动了农村运输服务水平的不断提高。郴州汝城县发挥“半条被子”初心精神，党员带头修路，党员先锋队投工投劳，将农村路修成一条条党心民心“同心路”。益阳清溪村下沉到组的农村公路管养体系，在修好农村公路的同时提高了基层治理效能，带动了农村经济发展，“四好农村路”已经成为农村地区摆脱贫困、实现小康、走向富裕的重要载体。“十三五”以来，湖南全省农村公路建设完成固定资产投资1070亿元，直接产生约190万个就业岗位，间接产生211万个就业岗位。全省积极推广“群众性养护体系”，“四好农村路”公益就业岗位达3.5万个，其中公益性岗位1.9万个，成为优化基层治理的“民力工程”。

二 湖南省“四好农村路”建设服务乡村振兴战略的成功实践

湖南全省上下坚决贯彻落实习近平总书记“四好农村路”建设的重要指示，推动实现全省农村通组道路全覆盖，率先实现“县县通高速、村村通客车、组组通硬化路”，“四好农村路”成为传递巩固脱贫攻坚和乡村振兴有效衔接的接力棒，极大提升了广大群众的获得感和满意度，进一步提高了脱贫攻坚的质量和成色，为湖南打赢脱贫攻坚战、全面推进乡村振兴提供了有力支撑，相关经验成果被中央办公厅、国务院办公厅重点推介。

1. 高效率管养结合，构建富民富乡的长效机制

近年来，临澧县不断健全管养体系，率先出台《临澧县农村公路养护管理暂行办法》，层层压实养护责任，将公路养护管理写入村规民约，积极推进社会化养护，建立“路长制”三级管理体系，探索建立“党建+路长制”，夯实“路长制”的群众基础，构建群防群管的养护工作局面，有效保护农村公路运输安全，保持了路域环境干净、整洁、舒适、美观，打造了一批幸福屋场和美丽乡村旅游公路。推动农村公路延伸到各特色农业产业基

地，将精品旅游资源连点成线，便捷的道路网络为发展乡村旅游提供了积极支持，促进了“一乡一品、一村一品”的农村商品流通。把农村公路建设与产业发展、脱贫攻坚、乡村振兴、休闲旅游、生态环保等结合起来，有效盘活地区资源，带动特色种养业、农村电商、客货运输、乡村旅游等，有效增强了农村地区的“造血”功能，构建了高效率的管养机制和富民强乡建设长效机制，使临澧县农村公路取得历史性成就，旧貌换新颜，被运输部、农业农村部、国务院扶贫办授予“四好农村路”全国示范县。长沙县坚持把农村公路建设作为县域经济和社会发展的先导和落实“民生立县”、服务“强省会”战略的重大举措，不断加大政府财政投入，创新建设管养运体制机制，将“四好农村路”打造成乡村公路精品线，打通了城乡居民出行的“最后一公里”。

2. 以“四好农村路”为纽带，深入推进城乡客货邮融合发展，实现乡村振兴

汨罗市充分发挥城乡公交线路密、覆盖广、站点多等优势，积极破除农特产品上行不通畅、物流快递下村不及时等问题，扎实推进农村客货邮融合发展，为乡村振兴提供了基础设施保障。不断健全农村客货邮融合发展的市镇村三级物流配送体系，建成市级农村客货邮融合发展服务中心，建设电商物流园。按照“一镇一村、一镇多村、整镇整村、一村多点”的模式建成镇级客货邮服务站 14 个、村级客货邮服务网点 178 个、通村物流节点 280 个，以 26 条覆盖全市所有镇村的城乡公交路线为主线，串起市镇村三级农村客货邮融合发展配送节点，全面形成市镇村三级全覆盖的物流配送体系网络，实现“交通+”全覆盖，甜酒、粽子、粉皮、红薯片、茶叶、金银花等特色农副产品借助便捷交通物流迅速走红，产业越来越兴旺。

3. 以“四好农村路”带动产业兴旺，力推新时代山乡巨变

益阳市高新区清溪村依托立波故里良好的区位优势和自然生态禀赋，持续完善“四好农村路”，带动产业发展，增强“造血”功能，为打造“乡村振兴标志地、农业改革示范地、三产融合发展样板地”的新时代清溪村提供了强有力的支撑。通过不断提档升级农村公路，推动清溪村三产发展齐头并进，吸引稻虾基地、稻鱼基地、院士水产、院士菜稻落户清溪村。全村推

行由"村民提议、村委审议、代表决议、小组实施、村务监督"的共管共治"五步工作法"，将爱路护路纳入村规民约，严格兑现惩奖。全面推进"四好农村路+乡村旅游""四好农村路+电商物流"的运营体系建设，畅通游客下乡、产品进城的渠道，实现了进出有好路、产业有出路、致富有门路。2021 年，清溪村实现农民增收 1119 万元，带动周边农村剩余劳动力就业 2500 人，人均务工收入达 4.8 万元，实现村集体经济增收 30 万元。

临澧县等地的成功实践是湖南"四好农村路"建设力推乡村振兴战略的缩影。党的十八大以来的十年，湖南深入实施乡村振兴战略和县域经济发展行动，实现村村通硬化路，城乡整体面貌焕然一新，是农村公路网络持续延伸、通达程度大幅提高的十年，是农村公路管理养护持续升级、农村出行条件大为改善的十年，是农村公路运输服务持续优化、服务品质稳步提升的十年，是政策规划标准体系持续完善、治理能力显著提高的十年，是农村公路共建共治共享、发展合力不断凝聚的十年，是农村公路持续融合发展、充分发挥先行作用的十年。这十年来，湖南具备条件的乡镇和建制村全部通硬化路、通客车、通邮路，农村地区行路难问题得到历史性解决，带动脱贫地区整体面貌发生历史性巨变，"四好农村路"为服务全面建成小康社会、支撑实施乡村振兴战略、推进农业农村现代化做出了重要贡献，已成为推动乡村振兴、实现共同富裕的"民心""民生""民力"工程。

三　"四好农村路"建设的"湖南经验"

湖南把"四好农村路"建设作为重要政治任务和重大民生工程，主动担当作为，多措并举推进，在取得重大成效的同时，也形成了可推广、可复制的经验。

1. 坚持政府兜底投入，激发社会资本参与，创新投融资模式，引导产业反哺建设，汇聚了"源头活水"，构建了资金多元、持续稳定、运转高效的资金保障体系

湖南各地投入资金保障农村公路建管养运，将其列入地方政府支出的重点，充分利用中央车购税、燃油税，安排一般债等国省资金，支持农村公路发展。全社会鼎力支持，积极参与“四好农村路”建设的资金筹措。汨罗市以镇村筹、乡友捐等形式筹措资金，鼓励社会力量参与农村公路建设，“十三五”以来累计社会筹资 5.4 亿余元。临澧县、长沙县通过拓宽融资渠道，鼓励金融机构、社会力量依规参与农村公路建设，探索对建设项目中长期信贷支持，自筹资金达到 30%以上，建立了更加稳定的资金投入机制。通过农村公路建设，带动农产品现场交易价提高和土地流转率提升，旅游产业带动农民增收，反哺农村公路建设养护。

2. 坚持“四好”理念，加强顶层设计，引导激励群众参与，发挥政府与市场“两个方面”积极性，构建了管养共担、成果共享、基层共治的综合治理体系

先后出台了《湖南省深化农村公路管理养护体制改革实施方案》等制度，把“四好农村路”作为全省交通运输真抓实干考核指标，健全农村公路管理养护监督考核激励机制，将考评结果与养护资金分配挂钩，积极推进农村公路“路长制”，不断完善政府统筹、行业指导、部门联动、市县落实、齐抓共管的责任体系，建立健全“精准细严”的管理体系，落实县、乡各级农村公路养护机构、人员和资金保障机制，农村公路管理效能明显提高。建立专群结合的养护运行机制，推行专业化、精细化、机械化、市场化养护，创新构建群众性养护体系，充分发动群众参与，积极推广群众性养护体系，“县道县管、乡村道乡村管”的分级管养体系不断完善，基本实现“有路必养、养必到位”。推行由“村民提议、村委审议、代表决议、小组实施、村务监督”的共管共治“五步工作法”，确定道路管养资金的用途，具体使用由村委会牵头，信息公开，村民监督，及时公布在村务公开栏，乡村治理机制效能不断提升。

3. 坚持资源整合，延拓产业链条，引水活源，增强造血能力，以“示范创建”、路网提质力推乡村振兴，构建政府引导、市场参与、资源协同的路衍经济发展体系

长沙县大力实施旅游路、资源路、产业路建设，有效盘活农村地区资源，带动一大批特色产业蓬勃发展，打造了金井镇“茶产业路”等一批示范路、美丽路。汨罗市依托"互联+交通"，促进农村生态旅游日益繁荣，农村特色产业不断壮大，通过把整治农村路域环境与新农村建设、美丽乡村建设相结合，形成了一批宜居、宜业、宜游、宜养的特色小镇和美丽乡村。湖南大力开展"四好农村路"示范创建与"最美农村路"评选，激励县市区积极参与示范创建，截至2022年6月底，累计创建"四好农村路"全国示范县17个、全国市域创建突出单位2个、省级示范县37个，省级示范市2个，创建交通运输部"十大最美农村路"1条、主题"最美农村路"14条。通过一批可推广、可复制的先进经验以点带面，典型带动、示范引领作用充分发挥，进一步激发了县市区创建热情，推动"四好农村路"与城乡物流、文旅发展深度融合，走上良性循环发展之路。

四　新时代推动湖南"四好农村路"建设力推乡村振兴的对策建议

目前湖南正处于大力实施乡村振兴国家战略的关键阶段，也是推动全省交通运输高质量发展、谱写交通强国湖南篇章的重要时期。新的形势下，亟待继续采取有力有效举措推动"四好农村路"建设，聚焦扩投资、稳就业、保畅通、重安全、优治理、强管养、提服务、促融合等重点工作，为力推乡村振兴战略、加快推进农业农村现代化提供有力支撑。

1. 科学制定实施农村路网建设规划，打通乡村振兴的"最后一公里"和"最后一米"

深刻认识农村交通发展面临的新形势新要求，准确把握现代农村交通运输体系的科学内涵，从现代化、综合化、体系化三个新视角来谋划和推进、全力做好"四好农村路"高质量发展工作，继续将农村公路工作置于国家"乡村振兴"工作大局之中重要位置，启动新一轮农村公路建设和改造，积极稳妥扩大农村公路有效投资，落实县级建设主体责任，县、市、省按照事权分级和阶段性发展目标，制定农村公路网支持政策。县级按照"四好农村路"中长期发展规划，科学制定五年建设规划，加快农村公路提质改造建设，进一步满足群众“进村入户”需求，扎实推进现代农村交通运输体系，加快建设交通强国的农村篇章，推动农业农村现代化，夯实脱贫攻坚与乡村振兴有效衔接的基础支撑和交通保障。

2. 持续深化农村公路管养体制改革，凝聚乡村振兴的最大向心力

一是在健全责任机制、加大资金保障基础上，进一步深化落实农村公路“路长制”，充分发动群众力量，深入推进群众性养护体系建设。要因地制宜引入市场化养护机制，积极推进社会化养护，鼓励通过签订长期养护合同、招投标约定等方式，引导专业企业加大投入。二是分类推进农村公路养护市场化改革，逐步建立政府与市场合理分工的养护生产组织模式，稳定农村公路就业，促进农民增收。引导符合规定的事业单位改革转企，鼓励将干线公路建设养护与农村公路捆绑招标，支持养护企业跨区域参与市场竞争，充分延伸拓展路衍经济的范围，积极推动农村公路由规模速度型向质量效益型转变。

3. 推进城乡客货运良性发展，打通城乡运输的物流“微循环”

继续深入推进城乡客运一体化示范县创建，统筹规划、分步实施城乡客运一体化示范县创建，逐步实现农村客运集约化、规模化经营，解决好农民群众出行难、出行贵、出行不便等问题，确保农村公路“微循环”运行通畅，做好服务农业生产和农村地区民生物资运输保障，进一步推进城乡客运一体化、客货邮融合发展改革，在自主运营与公益服务之间探索平衡点，探索城乡客运一体化可持续发展，进一步探索农村物流体系低成本和长效化发展，为乡村振兴提供更加便捷高效廉价的运输服务，奠定更加坚实的发展基础和支撑保障。

4. 全面推动“四好农村路”示范创建工作，打造乡村振兴的最美风景线

结合美丽乡村建设，持续推动“四好农村路”示范创建工作，开展“美丽农村路”建设和“最美农村路”评选，和“产业振兴路”结合起来，推进“四好农村路”示范县创建由区域示范向全域达标转变。在实现高质量“建好、管好、护好、运营好”农村公路总目标的基础上，吸收总结已有“四好农村路”示范创建工作经验，形成与乡村振兴国家战略相适应的具有湖南特色的农村公路“建、管、养、运”综合标准体系，形成乡村产业振兴发展合力，力推乡村振兴高质量发展。

参考文献

周正祥、杨钰卓：《乡村振兴背景下推进湖南省“四好农村路”高质量发展的战略思考》，《长沙理工大学学报》（社会科学版）2023 年第 3 期。

杨泽众：《铺就四好农村路　乡村振兴加速度》，《中国公路》2022 年第 17 期。

纪明、黄金：《乡村振兴背景下交通基础设施对农村共同富裕的影响研究》，《无锡商业职业技术学院学报》2023 年第 2 期。

李琳娜、刘丹、纪璇：《乡村交通运输地理研究进展》，《地球科学与环境学报》2023 年第 3 期。

王兆峰、张青松：《公路交通网络与乡村旅游发展的耦合研究——以大湘西为例》，《中南林业科技大学学报》（社会科学版）2022 年第 3 期。

漆瑞婷、王子航等：《乡村振兴背景下农村交通发展对策综述》，《综合运输》2022 年第 7 期。

文旅融合

进一步推进湖南红色文化时代化的对策研究

湖南省社会科学院（湖南省人民政府发展研究中心）调研组*

党的二十大报告指出，要弘扬以伟大建党精神为源头的中国共产党人精神谱系，用好红色资源，深入开展社会主义核心价值观宣传教育。2020 年 9 月，习近平总书记在湖南考察时指出，湖南是一方红色热土，要教育、引导广大党员、干部发扬革命传统，传承红色基因。在不断推进马克思主义中国化、时代化、大众化的新时代，深入分析湖南红色文化时代化的现状，探寻其创新性发展和创造性转化的路径，是促进湖南红色文化保护、研究、传承、宣传和推广，切实增强红色文化自信与认同的重要举措。

---

* 调研组组长：钟君，湖南省社会科学院（湖南省人民政府发展研究中心）党组书记、院长（主任）。调研组副组长：侯喜保，湖南省社会科学院（湖南省人民政府发展研究中心）党组成员、副院长（副主任）。调研组成员：唐文玉、黄晶、王晟添、吕若楠，湖南省社会科学院（湖南省人民政府发展研究中心）研究人员。

一　湖南红色文化时代化亮点频现

湖南红色文化是指在马克思主义指导下，由中国共产党领导各界先进分子及各族人民群众自新民主主义革命以来在湖南境内创造出来的各种物质财富和精神财富的总和，是一种带有湖南地域特色的先进文化。作为一种极具地方特色的湖南红色文化，它的形成除与其他红色文化有共同的文化基础外，还有其独特的湖湘文化基础。在中国革命和建设进程中，湖湘文化演变、发展成湖南红色文化，其核心内容包括心忧天下的爱国情怀、经世致用的价值取向、兼容并包的开明风格、敢为人先的革新精神。近年来，湖南红色文化在顺应时代潮流、推进现代化新湖南建设方面取得了较大成效，主要体现在以下四个方面。

1. 不断深化湖南红色文化研究

近年来，湖南省社科规划办在高校和研究机构建立了传承红色基因研究基地等社科研究基地，推动了相关研究。湖南省已将“半条被子”精神、袁隆平精神、韶山精神等纳入中国共产党人精神谱系，并围绕其开展社科专项研究，进行理论阐释和宣传。开展“沿着总书记的足迹”主题宣传，组织中央和省直主要媒体深入十八洞村、沙洲村等地采访，已推出相关报道200余篇（条），全网点击量远超2亿人次；策划《雷锋精神》《强国之魂》等出版选题41种。

2. 不断强化红色资源保护

一是坚持高位推动。湖南省委、省政府将红色资源保护利用纳入重要议事日程，制定印发加强革命历史类纪念设施、遗址遗迹和爱教基地建设管理等系列文件，推动构建良性工作格局。二是加强规划保护。以编制《长征国家文化公园（湖南段）建设保护规划》为契机，对全省境内长征主题遗址遗迹、纪念设施分门别类编制相关保护规划。三是健全制度保障。印发《湖南省革命文物保护利用工程（2020—2022年）实施方案》，制定出台《湖南省红色资源保护和利用条例》，推动湖南红色资源保护利用步入法治轨道。四是抓实普查认定。统筹推进红色资源普查与研究、申报和认定，进一步摸清全省红色资源家底、保存现状及其在全国的位置。五是推动提质换档升级。进一步擦亮湖南“伟人故里”的金字招牌，连续 19 年（2004～2022 年）成功举办中国湖南红色旅游文化节，高标准推进长征国家文化公园（湖南段）、湖南革命军事馆和十八洞村精准扶贫等建设和陈列布展，开通韶山至井冈山红色旅游铁路专线。

3. 不断创新党史学习教育有效方式

一是以现场学习带动讲好故事。全省各级各部门带头深入省第一师范、十八洞村等红色教育基地开展学习研讨，现场讲述湖南红色故事，形成强大示范带动效应。二是以新闻宣传主动讲好故事。推出“湖湘潮　百年颂”“百年大党　风华正茂”等系列专题专栏 200 余个、稿件 2.7 万余篇，总点击量达 20 亿人次；《百炼成钢·党史上的今天》全网点击量达 12 亿人次。三是以文艺精品生动讲好故事。创作《理想照耀中国》《百炼成钢》《忠诚之路》《半条红军被》《湖湘红色基因文库》等一批优秀文艺作品和出版物，举办“百年正青春”“百团百角唱百年”等主题文化活动。四是以主题教育联动讲好故事。组建党史学习教育宣讲团，以专题宣讲、屋场会、微宣讲等形式开展集中宣讲 2300 多场、基层微宣讲超 10 万多场，直接受众超千万人次，实现县市区全覆盖和省直单位广覆盖。五是以思政课堂互动讲好故事。加强和改进新时代高校和青少年思想政治工作，举办“潇湘红色故事汇·百年激荡青春潮”全省大学生红色故事讲述大赛，常态化开展“走进红色课堂　传承红色基因”“新时代先进人物进校园”等主题活动，引导广大青少年知史爱党、知史爱国，让红色基因、革命薪火代代相传。

4. 不断推动红色资源的传承转化

一是推动红色资源数字化。开展湖湘珍贵红色资源数字化保护，运用三维全息、体感互动等技术，实现红色资源物质形态与数字形态的融合融通。二是打造高质量展陈。定期组织专题培训，提升革命历史类纪念设施、遗址遗迹和爱国主义教育基地的文物保护、展览展陈和讲解宣传水平。三是推出文艺和出版精品。建立重大革命和历史题材影视剧创作领导小组，设立文化事业发展引导资金，加大红色题材文艺创作生产扶持力度，近年来推出了《热血当歌》《湖湘英烈故事丛书》《革命诗画》等一批产生全国影响的优秀作品。四是推动红色文旅发展。着力打造“伟人将帅故里”“工农运动热土”“红军光辉史迹”“长征壮丽篇章”四大红色旅游主题板块，建设湘赣边红色文化旅游融合发展创新区，建成28个国家红色旅游经典景区点、81个省级重点红色旅游区点，2021年红色旅游区（点）接待游客超过1.4亿人次。

尽管当前湖南红色文化时代化取得了较好成效，但也存在不少问题：参观人数多，培训规模小，培训质量有待提升；散点数量多，统筹推进有较大提升空间；静态展陈多，参观浏览多，互动参与少，信息化建设不充分；对象偏窄，大多数基层群众处于“培育”的边缘与薄弱地带；实施方案多，法治化的制度规定少，缺乏有特色与创新性的制度安排。

二　进一步推进湖南红色文化时代化的对策思路

党的二十大报告指出，传承红色基因，赓续红色血脉。推进湖南红色文化时代化，要立足新时代新要求，从湖南实际出发，进一步加强创新突破，从红色文化的时代化研究、红色教育、红色旅游等方面着手，锻长板、补短板，奋力打造“新时代红色文化创新发展高地”。

1. 筑牢理论基础，培育红色文化时代化的“红色引擎”

一是深入挖掘时代内涵，建设具有广泛影响力的“新时代红色文化研究基地”。加强研究力量整合，建立红色文化领域的新型智库大成集智体系，组建一支由湖南省委党史研究院、高校马克思主义学院、社会主义研究院、湖南红色文化研究院等相关单位构成的高水平研究联盟，打响“红色文化研究湘军”品牌。以新时代新形势下红色文化的未来发展方向、时代内涵挖掘、文化资源数字化保护与开发、产业新格局建设、新型传播方式构建、红色文化的“走出去”等为重点，将红色文化研究与时代发展新趋势、人民群众关注的社会热点焦点问题以及新技术进行深度融合，开展具有前瞻性、创造性、针对性、实效性的深度研究，打造一批站在时代前沿的，兼具历史厚度、思想高度、情感温度的高水平理论成果。二是加强成果转化，构建文化相关单位与研究基地的深度交流合作机制。支持和鼓励湖南省公共文化场馆、红色文化教育基地等文化相关单位与研究基地之间加强交流合作，建立战略伙伴关系，构建理论与实践、研究与实际紧密结合的良好生态，形成推动湖南省红色文化研究成果不断提升、走在全国前列的新局面。探索完善多方共同参与的公共文化服务，允许部分红色文化机构试点在管理决策层面吸纳智库专家参与；支持红色文化专家常态化地进入红色文化场馆进行授课讲座；鼓励联合开展针对性强的专项研究，有效推动红色文化时代化研究的走深走实和落地见效。

2. 创新红色教育，建设全国一流的红色教育中心

一是以“体验”为重点，开创红色教育2.0新局面。建议湖南省率先探索推广以体验为主的红色教育新模式。一方面，在党性锤炼、研学、教育培训三大领域，注重在教育内容上将红色文化与新时代现实生活紧密结合以拉近心理距离，在形式上实现由静态展览向动静结合转变。另一方面，选取知名度高、影响力大的红色教育基地，如韶山、岳麓山、汝城县沙洲村三地进行试点，开展更大程度的创新突破。如深入挖掘当地红色文化故事，在充分尊重红色精神内核的基础上，形成适合不同人群的若干“红色剧本”，打造“参观浏览+互动演绎+跨时空对话”的新方式，让群众身临其境体验感悟红色文化精神。二是针对不同人群，构建多层次研学体系。结合不同年龄阶段学生的身心发展特点和不同人群需求，以小学、中学、大学阶段研学及亲子研学、老年研学、成人党史教育培训等为重点，开发全方位、多层次、立体化的研学项目。如小学阶段研学围绕“看”和“学”，开发参观红色基地、倾听红色故事、学唱红色歌谣等课程；中学和大学阶段研学则以“研究”与“实践”为主，开展红色课题研究、红色故事编演、红色精神弘扬等深度课程。通过特色化的优质研学项目，进一步发挥红色文化的教育功能，并抢占研学新蓝海，抢跑发展新赛道。

3. 深化文旅融合，建设世界知名红色旅游目的地

一是突出特色，打造具有鲜明湖湘特色的红色旅游产品与服务体系。深挖湖湘地域文化内涵，将红色旅游与当地历史文脉、地域文化相融合，形成独具特色的“1+N”旅游产品体系。“1”即1个核心红色旅游产品，“N”即具有地域特色的旅游相关产品与服务。研究出台《湖南省红色旅游产品体系提质升级三年行动计划》，支持各地充分利用旅发大会契机，集中力量将核心红色旅游产品提质升级为“拳头产品”，强化统筹规划，注重培育各地“1”之间的差异性与独特性，支持红色资源开发水平较低的地区，按照文化渗入、科技赋能、价值彰显的原则建设红色旅游新地标。大力发展“红色旅游+”，延长红色旅游产业链。鼓励各市州因地制宜地培育“N”。如长沙建设世界知名红色旅游目的地，聚力推出来长红色旅游必打卡的“四个一”活动：上一堂山水党课（在岳麓山或橘子洲聆听党课）、吃一顿“忆苦思甜饭”、读一本红色诗集、赴一场红色夜游。让红色旅游产品在提升内涵价值的同时，形式上更丰富多元，促进红色旅游与其他业态的融合发展，以提升产品吸引力。二是突出创新创意，打响“湖湘红色文创”旅游商品品牌。借鉴故宫博物院文创商品开发经验，在深入梳理和解读红色资源文化内涵的基础上，选取特色鲜明，兼具文化价值、艺术价值与情感价值的红色元素，打造一批有内涵、有颜值、有趣味、有实用性的“四有”优质文创商品。鼓励各地探索开发“舌尖上的红色文创”，如支持岳麓山景区与茶颜悦色联名推出“麓山茶”“书院点心”等产品。

4. 构建分众传播话语体系，增强红色文化传播力影响力

一是聚焦青少年，以红色动漫促进红色文化的传播。深入挖掘湖南红色文化中的“热血”“信仰”“奋斗”等元素，制作一批优质动漫作品，或将相关元素融入其他中国动漫制作中，以红色精神点燃少年爱国热忱与青春奋斗热血，以适合青少年的文化作品播下红色基因传承的火种。二是聚焦微传播，以短视频推动红色文化的轻量化传播。将互联网思维和社会化媒体思维渗透到传统主流媒体中，鼓励官方媒体制作一批简短精悍、内涵丰富、便于传播的红色文化短视频。支持公众参与红色文化传播，引导社会组织、群

众，特别是在抖音、快手等短视频平台拥有大量“粉丝”“流量”的优质自媒体加入红色文化传播队伍中来，凝聚多元力量，汇集多方智慧，形成红色文化微传播矩阵。三是聚焦“银发族”，以情感共鸣推动红色文化的温度传播。支持对红色文化有深厚感情的老一辈进社区、进校园、进文化馆，讲述亲身经历的红色故事，并选取一批有价值的民间红色故事，进行宣传推广和再创作，形成“湖南红色对话”等有深度、有温度、有高度的系列优质节目。四是聚焦“走出去”，以讲好“湖南故事”推动红色文化的国际化传播。探索“红色旅游+汉语教学”模式，寻找与湖南红色文化精神相契合的国家或地区，建立红色旅游方面的深度交流合作，鼓励外国人通过红色旅游和红色文化深入学习汉语。实施“湖南红色故事走出去计划”，举办红色故事翻译大赛，鼓励外国人及留学生翻译红色文化，讲述湖南红色故事，推动红色文化的国际化传播。

参考文献

韩桥生、李浩：《全媒体时代红色文化传播的困境与策略》，《江西师范大学学报》（哲学社会科学版）2021 年第 5 期。

闫金红、柴玲玲：《新时代大学生红色文化认同的现实境遇与提升策略》，《思想政治教育研究》2022 年第 4 期。

张珊：《红色文化资源的时代样态与发展境遇研究》，《老区建设》2022 年第 9 期。

张珊：《论红色文化融入时代新人培育的实践》，《广西青年干部学院学报》2020 年第 6 期。

李梦园：《北京红色文化时代价值与传承》，《活力》2021 年第 23 期。

湖南加快建设世界知名旅游目的地对策研究

湖南省人民政府发展研究中心调研组*

湖南省第十二次党代会做出“实施全域旅游战略，建设世界知名旅游目的地”的重大决策部署，标志着湖南旅游发展进入了一个新的历史时期。面对全新的发展形势和更高的发展要求，需要对湖南旅游进行重新审视，找问题、补短板，发挥优势、突出主题。为此，调研组通过与贵州、四川、江西、海南、黑龙江等多省进行对比分析，总结出湖南世界知名旅游目的地建设呈现“三有三不足”的特点，并就加快建设世界知名旅游目的地提出了三点建议。

一　湖南建设世界知名旅游目的地呈现“三有三不足”的特征

与一般旅游目的地相比，世界知名旅游目的地应具备具有全球影响力的品牌、国际标准的旅游产品和服务供给以及能使当地可持续发展的支撑体系三大核心要素。湖南作为旅游资源大省，拥有多个海内外知名的旅游品牌，但对标夏威夷、巴黎、香港等世界知名旅游目的地，湖南仍呈现有品牌但辐射带动力不足、有资源但开发利用不足、有支持但力度和方式不足的三大特点。

* 调研组组长：谈文胜，原湖南省人民政府发展研究中心党组书记、主任。调研组副组长：侯喜保，原湖南省人民政府发展研究中心党组成员、副主任。调研组成员：李学文、侯灵艺、张诗逸、黄晶，原湖南省人民政府发展研究中心研究人员。

1. 有品牌，但辐射带动力不足

一是品牌知名度高，但美誉度在下降。湖南省张家界、长沙等旅游目的地城市在国内外的知名度都非常高，但从口碑大数据①情况来看，近年出现了总评价数、好评数“双降”趋势。以新冠疫情前的2019年数据为例，全省景区共产生12.21万条评论，比2017年（22.14万条）减少了近45%；比2018年（21.44万条）减少了近43%。其中，好评数占总评论数的比例从2017年的89.1%，下降到2019年的83.33%。

二是品牌有特色，但整体辨识度欠佳。旅游经济首先是眼球经济、形象经济，湖南省长沙、张家界、韶山、凤凰等旅游目的地特色十分鲜明，但湖南旅游还缺乏能统领整体品牌特点的形象，“锦绣潇湘，伟人故里”这一旅游品牌，与“北国好风光，尽在黑龙江”“心灵故乡，老家河南”“山地公园省·多彩贵州风”等兄弟省份旅游品牌对比，描述不够直观、特色不够突出，旅游品牌的文化内涵呈现不足。

三是品牌数量多，但实力不强。湖南旅游目的地品牌数量在全国处于第一方阵，在最新发布的《中国县域旅游竞争力报告2021》中，湖南有6个县市进入2021中国旅游百强县市榜单，数量排名全国第6、中部第2（仅次于江西省）；有8个县市进入2021中国旅游潜力百强县市榜单，数量居全国第1位；但高等级品牌偏少，产业带动力在同类旅游目的地中没有优势。从景区建设水平来看，在全国306家5A级景区中，湖南仅有11家，排名全国第12、中部第5；迈点研究院公布的2020年全国5A级景区品牌100强榜单中，湖南仅有张家界、岳麓山2家入榜，数量排名中部第5（见表1）。从品牌效益来看，张家界作为山岳型国际旅游目的地，旅游收入尚未突破千亿，同类型的江西省九江市（庐山所在地）早在2016年即实现上亿游客人次和千亿元旅游收入。

① 依托联通大数据平台，以马蜂窝、美团、去哪儿、大众点评、携程、驴妈妈、同程、猫途鹰、百度旅游、途牛、艺龙等OTA平台网络评价数据为基础分析所得。

表 1　中部 6 省旅游品牌竞争力情况

省　份	2021 年中国旅游百强县市数量	2021 年中国旅游潜力百强县市数量	2020 年 5A 级景区数量	2020 年 5A 景区 100 强数量
湖　南	6 个	8 个	11 家	2 家
山　西	2 个	5 个	9 家	4 家
安　徽	4 个	3 个	12 家	5 家
江　西	8 个	4 个	13 家	4 家
河　南	2 个	2 个	14 家	2 家
湖　北	3 个	4 个	13 家	4 家
湖南在中部 6 省排名	2	1	5	5

资料来源：根据国家文化和旅游部、中国发展网、迈点研究院网站数据整理。

2. 有资源，但开发利用不足

一是旅游资源丰富，但旅游产品开发不足。湖南省旅游资源丰富，架构完整，从自然风光、名胜古迹、风土人情，到当前的热点网红城市，均有享誉中外的“金名片”。但旅游资源向旅游产品的有效转化仍待进一步加强。旅游产品方面，有效供给不足。围绕团队观光游形成的供给和产业体系过剩，当前游客追求的深度体验、夜间经济、休闲度假、沉浸式互动性体验等新业态产品发展不充分，文化和旅游融合深度不够，旅游产品与服务创新不足，旅游二次消费占比低，门票经济依赖较重。2019 年，湖南 A 级景区门票收入占旅游营业收入的比重达 15.12%，远高于四川（6.26%）、江西（7.65%）、贵州（9.58%）等地（见表 2）。旅游产业链方面，“吃、住、娱”等相关业态有待深层次挖掘。根据《中国文化文物和旅游统计年鉴 2020》，湖南省入境过夜游客在休闲娱乐、餐饮、住宿等方面的消费占比处于全国落后水平，娱乐消费占比 1.4%，仅高于西藏、新疆、青海、宁夏、山西等五省；餐饮消费占比 6.5%，仅高于西藏、青海、陕西三省；住宿消费占比 8.6%，仅高于吉林省。

表 2　湖南与四川等地 A 级景区数量及门票收入情况对比

项目	湖南	四川	贵州	江西
A 级景区总数(个)	482	679	420	421
A 级景区门票收入(亿元)	46. 38	44. 36	19. 88	46. 77
A 级景区门票收入占旅游营业收入的比重(%)	15. 12	6. 26	9. 58	7. 65

资料来源：《中国文化文物和旅游统计年鉴 2020》。

二是“流量”大但“留量”少，经济效益欠佳。湖南省游客人数总量多，但过夜游客占比少，“留不住游客”的问题较为严重。与四川省相比，2020 年湖南省国内游客人数高出四川省 2. 42 亿人次，但过夜游客数量却比四川省少 0. 55 亿人次，过夜游客占比仅 23. 3%，远低于四川省的 47. 9%。从经济效益看，国内外游客旅游人均花费较低。2020 年湖南省国内旅游人均花费 1191 元，明显低于四川省的 1589 元（见表 3）。2019 年，湖南省入境过夜游客花费 206. 64 美元/（人・天），远低于全国平均水平 231. 06 美元/(人・天)。

表 3　2020 年湖南与四川的国内旅游情况对比

省份	游客人数(亿人次)	过夜游客(亿人次)	过夜游客占比(%)	旅游收入(亿元)	旅游人均花费(元)
湖南省	6. 93	1. 61	23. 3	8258. 42	1191
四川省	4. 51	2. 16	47. 9	7170. 06	1589

资料来源：湖南省文化和旅游厅、四川省文化和旅游厅。

3. 有支持，但力度和方式不足

一是从体制机制来看，领导小组作用发挥力度不足。机构设置上，湖南领导小组在责任分工和考核制度上不够具体，协调能力不足。如贵州领导小组副组长成员有 4 个，湖南是 1 个；贵州成员单位比湖南多 14 个，下设机构比湖南多 5 个专项小组；会议分类更加具体，贵州旅游产业领导小组协调各部门并推进各项工作落实的能力更强（见表 4）。

表4　湖南和贵州旅游产业领导小组设置

项　目	贵　州	湖　南
组　长	省长	省长
副组长	省委副书记、分管副省长、政法委书记、宣传部部长	分管副省长
成员单位数	49个	35个
下设机构	1. 办公室 2. 旅游资源保护和开发专项组 3. 旅游规划管理专项组 4. 旅游投融资改革专项组 5. 旅游服务监管专项组 6. 旅游宣传推广专项组	办公室
会议制度	全体会议、专题会议、办公室主任会议、专项组会议	全体会议、工作会议

资料来源：根据湖南省文化和旅游厅、贵州省发展研究中心提供材料和网络资料整理。

二是从宣传推广来看，营销手段和方式不足。以海外市场宣传推广为例，湖南省还存在部分限制，有关部门工作人员开展境外旅游推介活动面临缺乏政策依据难题。而四川等地在推广营销上充分开拓思路，不仅利用六大境外营销中心建设了国际营销平台，实现了驻客源地常态营销；还通过成功举办联合国世界旅游组织全体大会、开展“熊猫走世界·美丽中国”等务实举措，充分展示对外形象，不断提高国际知名度和影响力。

三是从服务配套来看，标准化建设、服务体系方面完善性不足。标准化建设方面，湖南乡村旅游标准基本完善，自驾游体系正加速构建，但体现湖南特色的标准体系还亟待构建。服务体系方面，监管和智慧旅游平台还不够完善。尤其是智慧旅游方面，线上线下融合发展不足，现有的游潇湘 App 还不够轻量化、精准化、全面化，收录景区数量有限，也没有在线讲解、定位服务、自驾游路线推荐等智慧功能。相对来说，“一部手机游云南”不仅是云南省最权威的旅游资讯平台，也是数量最多的实时景区直播平台，还兼具在线导览服务、游客投诉处置、购物退货等功能，为赴滇游客提供了全方位的旅游服务保障。

二　湖南加快建设世界知名旅游目的地的对策建议

湖南要加快建设世界知名旅游目的地，应加强品牌、产品和政策三大体系支撑，以构建“1个品牌+2张卡片+6大榜单”的文旅品牌体系为统领，以打造“流量、留量、质量”齐升的湖湘特色世界级旅游产品体系为核心，以铸造“四个1”（1个领导小组、1项联席制度、1次大普查、1套世界级服务体系）政策体系为保障，纵深推进全域旅游战略实现新跨越。

1. 进一步提升品牌体系竞争力，让湖南旅游既有意义又有意思

一是提炼特色、整合创新，构建文旅品牌体系。湖南省的山水民情独具魅力，红色资源全国领先，时尚文化亮点纷呈，湖湘底蕴源远流长，这四大特色构成了湖南旅游的DNA，要围绕DNA来塑造湖南旅游品牌形象，打造“1个品牌+2张卡片+6大榜单”的文旅品牌体系。1个品牌，建议以“国色潇湘，乐享湖南”为品牌宣传语。“国色潇湘”具有美冠天下、红色湖南之意，“乐享湖南”意为邀请全世界人民来湖南感受红色文化和湖光山色，塑造湖南旅游共享发展、满足人民对美好生活向往的品牌形象。2张卡片，即文旅电子会员卡和世界青年旅游卡。整合全省景区、酒店、商场、餐饮、演艺等旅游全产业链资源，推出“乐享湖南”文旅电子会员卡，通过会员卡实现获取文旅资讯、规划出行线路、购买文旅产品、享受智能服务、留言互动点评等功能，会员卡根据用户活跃度、成交量等数据不断积分、升级，用户积分又可获取在湖南省旅游消费优惠。针对全球15~30岁青年群体，推出“湘漾（young）”世界青年旅游卡，持该卡可享受全省4A级及以上景区门票折扣、4A级以下景区门票全免和吃住行等旅游消费折扣权益。通过卡片权益培育用户成长体系，提升游客对湖南旅游的品牌认知度和忠诚度。6大榜单，开展“好湘旅游名牌”系列建设，每年在全省旅游发展大会上授牌发布“好湘呷”“好湘住”“好湘行”“好湘游”“好湘购”“好湘乐”等6大旅游要素名牌榜单，向全世界推介一批特色足、服务优、高质量的旅游市场主体。

二是突出优势、补齐短板，擦亮金名片。建议将湖南首届旅游产业发展大会落户张家界。张家界以旅游立市，在国内外均享有较高的知名度和美誉度，品牌号召力位于全国第一方阵。此举有助于扩大此次大会的公众关注度和影响力，同时也将帮助受新冠疫情重创的张家界旅游走出困境，在全省范围内起到“四两拨千斤”的作用，重燃全省旅游市场的信心。开展品牌合作。与不同类型的国际旅游目的地建立品牌合作关系，如推出张家界与三亚“山海情”精品线路，推动游客双向输送，两地旅游品牌共建共享共赢，扩大品牌国际影响力。促进文旅深度融合。将能够体现地域文化特色的城乡建设项目与旅游景点串珠成链，并将地域文化内容、文化符号、文化故事融入旅游景点，纳入旅游的线路设计、展陈展示、讲解体验，在文旅融合中盘活区域文化资源，提升湖南旅游品牌辨识度。

三是推陈出新、创意发展，塑造新品牌。推出新名片。建议将湘西州（永顺老司城、矮寨·十八洞·德夯大峡谷）打造为湖南旅游新品牌，永顺老司城是湖南省唯一的世界文化遗产，被誉为中国的“马丘比丘”[①]；矮寨·十八洞·德夯大峡谷作为湖南省最新获评的国家5A级景区，入选“建党百年红色旅游百条精品线路”，已成为新的红色文化地标。湘西州的这两大核心景区，既能体现独特地方民俗文化，又对讲好新时代中国故事具有重要意义，将助力湖南旅游更好地在国际上展现新面貌。打通新渠道。既要做实与央视、卫视等主流媒体品牌形象宣传，更要加强与微信、携程、小红书、抖音、高德导航等头部平台合作，做好网络精准营销；适时加大对海外客源重点市场的营销力度，积极申办联合国世界旅游组织大会等国际性会展活动，努力使湖南成为疫后海外游客进入我国的热门地区。

2. 进一步完善旅游产品供给体系，让湖南旅游既有“流量”也有“留量”

一是以特色做大“流量”，打造新时代具有鲜明湖湘文化特色的世界级旅游产品。“民族的，才是世界的”，建议乘“以国为潮”和沉浸式体验等

① 世界新七大奇迹之一，世界文化和自然双重遗产，是保存完好的前哥伦布时期的印加遗迹，被称为“失落的印加城市”，秘鲁最受欢迎的旅游景点。

旅游新业态兴起之风，结合 AR、VR 等现代科技，创新推进本土文化与旅游产品的深度融合，将文旅融合从文创商品有效扩展至体验型旅游产品，打造“文旅融合创新发展高地”，培育“文化趣体验、旅游新玩法，尽在创意新湖南”超级 IP。在体验式、参与式、沉浸式等旅游新业态方面，强化统筹和政策引导，避免一哄而上的同质化竞争。创新培育一批地标式文化体验型旅游产品。支持与鼓励各地将当地文化的精神特质提炼出来，在实现文化的可视、可感、可触等方面下功夫，培育一批互动参与感强的深度文化体验型旅游产品，以深化文化赋能为方向，推进旅游产品的优化升级，以文化创意为抓手，盘活现有旅游资源，进一步优化和丰富旅游产品供给。在让游客感到有趣、有深度的同时，也让来湘旅游成为当代年轻人表达自我的重要途径，让更多游客自发地进行打卡分享和口碑传播，助推湖南省旅游产品成功“走红出圈”。

二是以“拳头产品”增加“留量”，因地制宜构建全方位旅游产品体系。加强顶层设计和统筹规划，根据省内不同旅游目的地的资源禀赋、“留量”短板和游客需求，制定《湖南省知名旅游目的地“留量”提升计划》，加快建设一批重点支撑项目，构建湖南省全方位、多层次、差异化的旅游产品体系，用硬核旅游产品留住人。加强“核心吸引物”的深度开发。支持知名旅游目的地做强“人设”，围绕“核心吸引物”进行深度开发和延伸开发，丰富“核心吸引物”产品供给，为游客提供更多“非留不可”的理由。例如，支持张家界加快补齐夜游项目短板，率先打造全球知名“山间夜游”产品体系。支持韶山把握当前观光瞻仰未能充分满足来韶游客情感需求的现实情况，加快建设 1~2 个世界级地标式红色文化参与体验型项目，创新打造“伟人沉思的夜晚·韶山研学之夜”等红色研学品牌，率先构建以成人研学为主、学生研学与亲子研学并重的多层次研学旅游产品体系。通过多样化的系列活动鼓励游客将在韶山的感怀说出来、写下来、带回去，推动来韶游客从平均停留 3.5 小时的观光半日游向深度体验与感怀的过夜游转变。

三是以质量提升效益，围绕新老六要素加快推进旅游产业高质量发展。建议围绕“吃住行游购娱”和“商（商务旅游）、养（养生旅游）、学（研学旅游）、闲（休闲度假）、情（情感旅游）、奇（探奇旅游）”新老六要素，提高要素产品供给质量，积极开发“适配性”旅游产品，加快补齐旅游配套产品短板。打造五大“旅游+”产品。建议结合湖南实际，充分发挥湖南省湘菜、休闲娱乐、教育、中医药、文化创意等产业优势，聚力做强“湖南美食旅游”“湖南幸福休闲旅游”“湖南趣学深思研学旅游”“湖南中医药康养旅游”“湖南创意旅游”五大“旅游+”产品。拓宽做强旅游“三链”。支持景区景点深入推进“旅游+”跨界融合，鼓励将当地特色服饰、歌舞、节庆、饮食、民间艺人绝技等融入旅游项目开发建设，塑造多业态、多产品、全天候的旅游综合体，打造符合市场新需求的二次消费链，有效拉长旅游产业链、消费链和服务链。

3. 进一步加强政策支持力度，让湖南旅游既有热评更有好评

一是“做实一个领导小组”：调整做实省旅游产业发展领导小组。强化全省旅游工作统筹协调，推动省旅游产业发展领导小组工作制度化、具体化、常态化，形成多方联动、上下协调、政出一门的工作机制。借鉴贵州省的做法，根据机构改革后的新情况，重新调整产业领导小组组织框架，调整、增加成员单位；重新拟定领导小组的工作职责，建立高效运转的文化和旅游融合发展协调机制。湖南省旅发领导小组下设资源保护和开发、宣传推广、项目推进、服务监管等专项组，明确各专项组牵头部门，集中对本领域重大问题进行统筹协调，对工作任务推进落实情况进行督促检查。制定领导小组、领导小组办公室、各专项组工作规则，促进领导小组高效运转。

二是“建立一项联席制度”：建立湖南省旅游工作联席制度。每年重点支持30个重点景区建设，建立以湖南省政府分管领导为召集人，湖南省文化和旅游厅牵头、湖南省直有关部门配合参与的30个旅游景区建设联席会议制度，负责30个旅游景区建设综合协调、规划编制、政策研究、督促检查等工作。

三是“开展一次大普查”：开展全省旅游资源大普查。通过旅游资源普查让旅游资源的经济效益、社会效益和生态效益的充分发挥得到有机统一。建议成立由湖南省常务副省长任组长、有关分管副省长任副组长的旅游资源普查领导小组，由湖南省自然资源厅牵头，会同相关部门组织开展湖南旅游资源普查工作，并安排专项经费，建立专家委员会。各市（州）、各县（市区）也按要求成立相应的领导机构，狠抓落实。以新发现旅游资源为重点开展调查登记，着重发现、发掘新的特色旅游资源。摸清旅游资源家底，编制旅游资源电子地图。结合湖南特色，在原有分类上增加红色旅游、乡村旅游、休闲度假等类别。根据旅游资源大普查成果，建立湖南旅游资源大普查数据库云平台，进一步健全旅游资源的保护和开发体系。

四是"打造一套世界级服务配套体系"：在公共服务、安全保障、人才培养等方面打造一套世界级配套体系。实施"旅游标准+"服务战略。在全国率先出台并持续修订《湖南省旅游城市防范疫情标准体系》。从省级层面尽快研究出台旅游服务全过程的行动指南。推进景点、特色客栈、乡村旅社、购物中心、自驾营地等建设标准体系，以及具有地方特色红色文化、生态文化、山地度假等旅游服务标准体系构建，加大标准实施力度，提升建设水平和服务水平。完善旅游市场监管制度。推进《湖南省实施〈旅游法〉办法》落实，允许地方依据该《办法》制定更加详细的管理条例，强化制度保障。强化人才保障服务。利用湖南人才强省战略的实施，积极引进一批国际化文旅企业领军人才和职业经理人，建立高端指导型专家顾问团队和专家库。大力发展旅游职业教育，深化校企合作，积极推进涉旅行业全员培训，全面提升全省旅游人才和相关人员素质。突出世界旅游目的地城市配套服务建设。以张家界、长沙等为试点，以打造世界旅游目的地城市为抓手，推动全省城市配套服务全面升级，形成有国际影响力的具备旅游元素、配套旅游要素、满足旅游消费需求的旅游型城市。

参考文献

湖南省发展和改革委员会、湖南省文化和旅游厅：《湖南省"十四五"时期推进旅游业高质量发展行动方案》（湘发改社会〔2021〕656 号），http：//whhlyt. hunan. gov. cn/

whhlyt/xxgk2019/xxgkml/tzgg/202109/t20210902_ 20456638. html，最后检索日期：2022 年 8 月 9 日。

张丽：《中国旅游业跨区域合作模式与协调机制研究》，经济科学出版社，2021。

中国旅游研究院编著《中国旅游业创新和 IP 发展报告（2020—2021）》，中国旅游出版社，2022。

王丹竹：《贵州旅游产业高质量发展研究》，《当代旅游》2022 年第 7 期。

夏权威、卢元昕、张敏：《建构主义视角下民族文化旅游资源的开发模式探析——以黑龙江省为例》，《黑龙江民族丛刊》2021 年第 10 期。

把握消费新趋势，进一步激发湖南省旅游消费潜力的对策建议

湖南省人民政府发展研究中心调研组*

2021 年国务院《政府工作报告》明确提出，要稳定和扩大消费，发展文化、旅游等服务消费。2020 年以来，随着经济、社会的发展，特别是受新冠疫情等因素影响，居民的旅游行为习惯发生显著变化，部分变化将对行业发展产生深远影响。准确把握居民旅游消费需求新变化，深化旅游业供给侧改革，进一步激发旅游消费潜力的意义重大。为此，调研组组织开展专题调研，通过与文旅厅等相关部门以及景区景点、旅行社、旅游集团、行业协会等相关企事业单位座谈交流，发放网络调查问卷等方式，进行深入分析，提出几点建议。

一　2021年居民旅游消费新趋势

当前，居民旅游消费行为在旅游时间、地点、核心需求、公共服务需求以及购买方式等方面产生明显变化。旅游需求总体呈“向内”趋势，不仅表现在时空上的向内收缩，更体现在对旅游服务和产品内涵、玩法深度挖掘的需求上。

---

* 调研组组长：谈文胜，原湖南省人民政府发展研究中心党组书记、主任。调研组副组长：侯喜保，原湖南省人民政府发展研究中心党组成员、副主任；蔡建河，原湖南省人民政府发展研究中心党组成员、二级巡视员。调研组成员：郑劲、文必正、彭丽、黄晶，原湖南省人民政府发展研究中心研究人员。

1. “微旅游”加速发展，成为激活旅游消费市场的新突破口

在新冠疫情的影响下，以短时间、近距离、随心性为特点的“微旅行”“轻度假”加速发展，并将成为疫情防控常态化背景下激活旅游消费的有力突破口。一是游客决策时间和出游时间进一步缩短。问卷调查统计结果显示，2021 年游客旅游决策时间较上年缩短的居民占比达 71.9%（见图 1）。许多游客仅提前一周预订机票酒店。根据携程数据，国庆前一周机票预订量环比提升 161%，大幅超越上年同期（78%）。此外，居民旅游时间普遍缩短，湖南居民更倾向周末出游。问卷显示，旅游天数通常在 2 天以内的游客占比达 56.63%，25%的湖南居民旅游时间集中在周末，比省外居民高出 5 个百分点。二是近距离旅游成为新常态。受流动性管控政策等因素影响，游客旅游半径缩小至省内，甚至是本市周边，本地居民“游客化”趋势凸显。问卷调查统计结果显示，居民旅游地主要在湖南省内和本市周边的分别为 56%、37%。根据文旅部专项调查数据，2021 年国庆节假日期间，游客平均出游半径 141.3 公里，比上年缩减 71.7 公里，降幅达 33.66%。

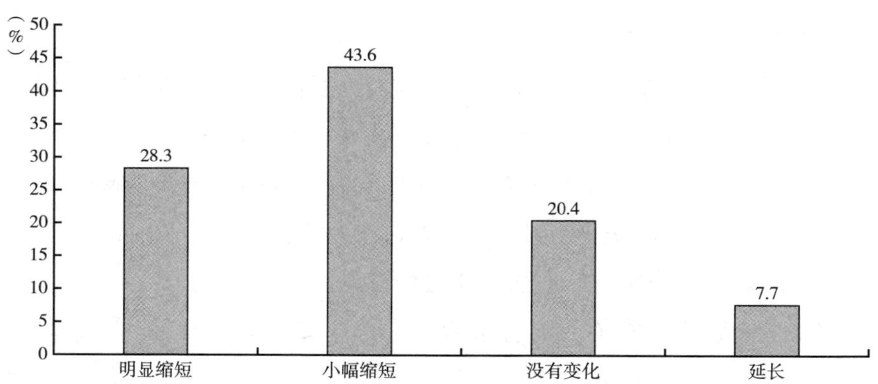

图 1　2021 年游客旅游决策时间变化情况

资料来源：问卷调查。

2. “沉浸式”“一站式”需求凸显，成为释放旅游消费潜力的新热点

一是产品体验方面，游客核心需求发生显著变化。随着消费升级和新一

代消费主力的崛起，游客对旅游产品的需求不再满足于观赏性，而是求新、求异、求内涵、求趣味、求品味、求回味，沉浸式体验、互动式参与等成为新的吸引点。二是旅游服务方面，“一站式”服务需求强烈。2020 年以来，旅游去旅行社化特征愈发明显。问卷调查统计结果显示，2021 年跟团游游客占比仅 22%，韶山等地团队游客占比由 2019 年的 5 成降至 3 成。游客自由行的偏好，叠加本地居民游客化等因素，导致游客对“一站式”旅游公共服务的需求迫切。根据问卷调查统计结果，当问及促消费举措时，选择“加强智慧旅游服务，一站式智能化地提供相关信息”的人数最多，占比达 52. 3%。此外，游客的“一站式”服务需求也体现在住宿业等相关行业上。例如，以酒店为旅游目的地的“宅酒店”新玩法盛行，游客在酒店内满足吃、住、行、购、娱等多方面旅游需求。央视财经调查显示，2021 年国庆假期，“酒店沉浸式度假”“宅酒店”已成为主流旅游休闲方式。

3. “囤旅游”日趋流行，成为培育旅游消费意愿的新抓手

在直播和“双十一”效应，以及“未使用免费退、随时退、过期自动退”等服务影响下，消费者的囤货习惯从日常用品蔓延至旅游产品，酒店、机票等产品热销。在线旅游平台飞猪数据显示，“双十一”活动“期货型”旅游商品成交额同比增长超 60%，山东航空、长隆等 12 个品牌成交额突破亿元。不少游客的消费方式从“搜索—购买—使用”转变为“囤货—预约—使用”，即出现了“先购买旅游产品、再制订旅行计划”的新方式。

4. “云旅游”需求升级，线上线下融合成为发展新方向

“云旅游”主要停留在通过视频远程看景点、听解说、买产品等方式，但游客普遍期盼“云旅游”能与旅游景点深度交互融合发展。问卷调查统计结果显示，55. 8%的调查对象认为新冠疫情过后“云旅游”将和实地旅游相辅相成，人数远高于认为“云旅游”会越来越受欢迎（18. 7%）和“云旅游”热度会退去（25. 5%）的人数（见图 2）。当前热点“元宇宙”为实现“云旅游”升级、线上线下深度融合、创新沉浸式体验提供了新方向，需重点关注、提前布局。西安已启动全球首个基于唐朝历史文化背景的“元宇宙”旅游项目——“大唐 · 开元”。

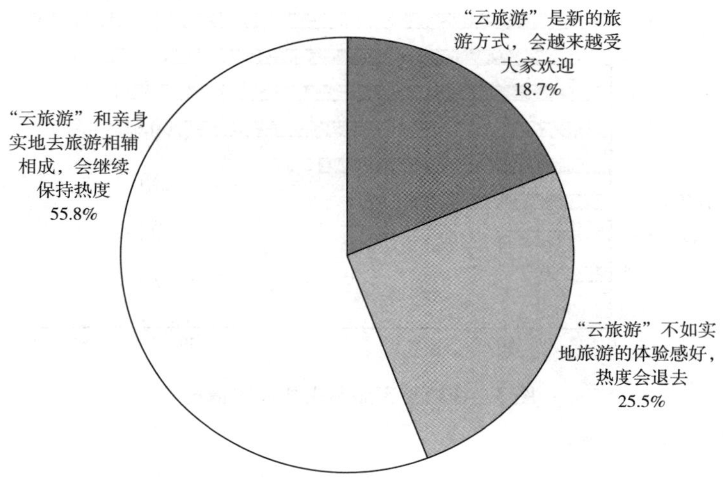

图 2　游客关于新冠疫情后“云旅游”发展的看法

资料来源：问卷调查。

二　湖南省旅游消费存在的主要问题

1. 消费结构方面

一是过夜游消费贡献率低。2021 年前三季度，湖南省国内旅游一日游游客 48977.99 万人次，占比 77.9%，远高于过夜游客的 13868.31 万人次，过夜游收入 2611.08 亿元，占比仅 35.02%。二是非基本消费占比低。根据问卷调查统计结果，在湘旅游消费主要是餐饮、住宿、景区门票等旅游基本消费，购买的人数占比分别为 50.68%、48.42%、41.63%，购买文创产品等纪念品（15.84%）、购买土特产（10.86%）等其他消费的人数较少（见图 3）。三是旅游二次消费不足。湖南省大部分高等级旅游景区，仍以门票经济和二次交通经济为主，二次消费整体较差。例如，拥有高空体验等项目的矮寨·十八洞·德夯大峡谷景区，2021 年旅游二次消费占总收入的比重仅 21.21%，门票收入占比近 8 成。

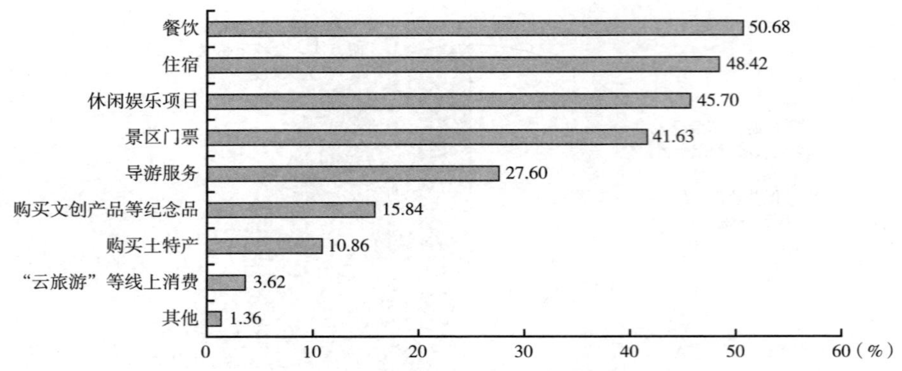

图 3　在湘游客旅游主要消费情况

资料来源：问卷调查。

2. 激发消费潜力方面

一是宣传营销方式创新不够。现有的宣传营销方式与手段仍未与游客新型消费方式有效对接，营销手段未跟上市场需求变化。以湖南省“全域旅游年卡”为例，年卡虽然在权益上不断进行升级完善，但仍未实现“过期退、免费退、随时退”等功能，消费者购买有顾虑，购买意愿有待激发，年卡带来的宣传推广与引流效益有待进一步放大。二是面对新变化的重视与应对不足。调研发现，一些部门、旅游集团、旅行社及相关行业协会对需求侧新变化的分析研判不够，存在“虽看见、无应对”现象。有的仍持观望态度，认为“这些新变化能持续多久仍待进一步验证”；有的在等待新冠疫情结束后新变化的自然消亡，认为“疫情结束后，团队旅游将恢复到 2019 年一样”，科学应变、主动求变的动力不强。此外，面对人流量骤多骤少、游客散客化等情况，部分景区与旅行社仍未探索出有效应对办法，转型发展方向不明朗。为求生存，一些旅行社采取了质价同降的低价团方式，有的旅游企业甚至选择转行发展。

3. 游客消费感受方面

一是旅游产品与服务有待创新。问卷调查统计结果显示，有 37.5%的游客对在湘旅游消费的总体评价为“一般”或“不太满意”。游客不够满意的消费体验主要集中在旅游产品与服务的“新”“异”“趣”“丰”等方面，52.0%的游客认为旅游服务缺乏创意和独特性；48.9%的游客表示深度沉浸式体验的旅游服务少、不够好玩；40.7%的游客认为旅游服务单一，可消费的相关休闲娱乐项目不足。二是餐饮服务、文创产品等方面有待提升。游客对旅游餐饮的意见仅次于旅游产品与服务，44.8%的游客表示景区内餐饮价格高、味道欠佳，24.4%的游客认为旅游目的地缺乏特色餐饮品牌。此外，游客表示文创产品、酒店民宿、土特产品质等方面有待提升（见图4）。

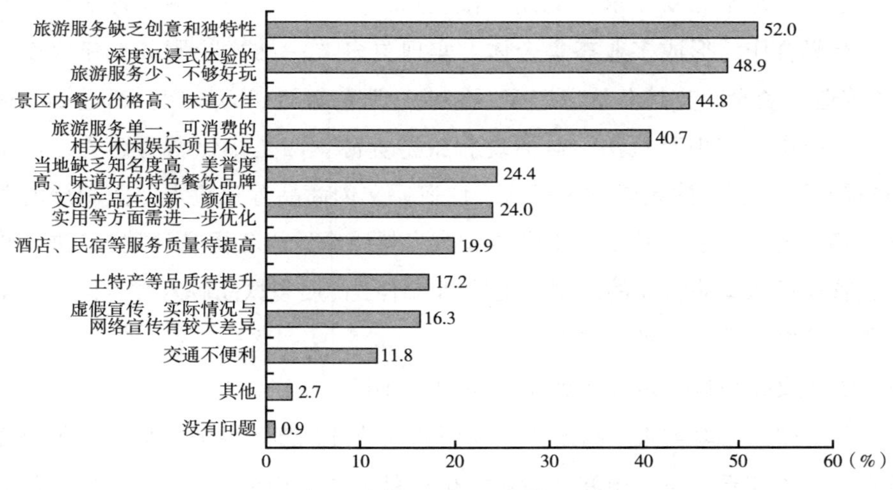

图4　在湘游客对旅游消费的意见情况

资料来源：问卷调查。

三　对策建议

激发旅游消费潜力，既要看到疫情防控常态化背景下旅游业发展的现实困难，也要找准新趋势中蕴含的新机遇，更要把握旅游业未来发展的大势。为此，提出以下“长短结合”的政策建议。

1.以“微旅行”为突破口破解疫情防控常态化背景下旅游消费难题

一是聚焦湖南省内居民，大力发展本地游、周边游、省内游。以发展湖南省居民在湘的高频复游、深度游为重点，通过推出“周末游省内”系列活动、打造“寻根湖南·本地人深度游”路线、推出“湖南居民旅游优惠年卡”等方式，顺应并进一步培育湖南省居民空闲时间游省内的消费习惯。二是聚焦过夜游，打响“微旅行·湖南48小时”品牌。支持和鼓励各地整合旅游资源，推出48小时旅游线路和相匹配的优惠套餐，聚力推出5~10个48小时休闲旅游目的地。加大宣传推广力度，让“微旅行·湖南48小时”品牌深入人心，让湖南成为省内外游客微旅行、短途游和周末放松的首选地。三是聚焦新需求，实施“微改造”工程。鼓励旅游业各细分行业进行跨界合作，形成多业态集合体，实现更多“一站式”服务。建议设立“微改造”资金，支持各地以游客新需求、消费新热点为导向，通过小改造引入新业态、实现新玩法，盘活现有旅游资源。四是聚焦游客感受，实施“精提升”工程。建议以景区餐饮、住宿、文创商品等为重点，实施旅游服务“精提升”工程。比如，出台《湖南省景区餐饮服务提升计划》，进一步放宽餐饮进入文旅行业的限制，支持湖南本土优质餐饮品牌入驻景区、与景区联合开发“舌尖上的文创”。

2. 以文化与科技为重点创新旅游产品和服务

新时代的游客需求对旅游产品与服务的持续创新、特质挖掘提出了更高要求。从长期看，应当用好、做强文化与科技“双引擎”。一是强化文化创意驱动，培育旅游产品与服务创新的“永动机”。建议借鉴河南经验，以文化创意为抓手，让文化赋能“活起来”，进一步探索实现湖湘文化的可视化、可感化，深化文化和旅游的融合发展，丰富旅游供给，使旅游产品既有“回味”，也有“趣味”。建议湖南省打造“全球顶尖文旅创意策源地”，培育“旅游新玩法，尽在创意新湖南”超级IP。建立一批“文旅创意实验室”，定期召开“全球旅游创新创意大会”，引进并扶持一批旅游文化创意企业发展。鼓励景点景区加强与文化创意产业的深度合作，为创意创新成果转化提供平台，打造湖南省旅游新玩法永立潮头、引领潮流的“永动机”，让“旅游新玩法，尽在创意新湖南”超级IP响彻全球，吸引源源不断的游客来此打卡游玩。支持长沙等地乘网红城市东风，打造旅游“创意之都”

“潮玩之城”，打造全球文旅创意创新的策源地、展演展示首选地、旅游新玩法的云集地。二是深化科技赋能，构建旅游产品与服务创新的“强支撑”。顺应新趋势、创新产品与服务，需要强有力的旅游科技支撑。建议湖南省提前布局一批“旅游+科技”项目，满足游客需求，培育旅游科技创新产业。例如，率先布局“元宇宙+文旅”“云旅游 2.0”。以湖湘文化故事为底座，利用 VR、AR 等现代科技，探索线上与线下旅游的深度融合，形成沉浸式互动性体验新模式。

3. 持续关注发展新趋势，推动市场主体转型升级

一是加快智慧文旅建设，加强对行业发展新趋势的分析研判。建议借鉴江苏、广西等地经验，加快建设以游客智慧服务、智慧监管和智慧分析为重点的“一站式”智慧文旅服务平台。充分挖掘使用文旅大数据，及时对景区、游客、舆情等数据进行智慧分析，为进一步把握旅游业发展新趋势、优化服务供给、开发旅游资源等提供大数据信息支撑。二是强化行业引导，推动市场主体转型升级。建议适时面向湖南省旅游业重点企事业单位开展旅游行业培训课程，为新时代旅游业的生存发展提供新思路、新方向，引导行业加快观念转变、优化产品供给。建议实施旅行社转型升级行动计划，设立旅行社转型升级资金，支持旅行社向“特色化、集约化、创新型”方向发展。鼓励旅行社等企业结合游客需求新变化，整合跨行业优质资源，建立新型服务综合体。三是顺应新型消费方式，不断创新宣传营销手段。顺应游客“囤旅游”等新型消费方式，推出更多“过期退、免费退、随时退”的旅游产品。如升级“锦绣潇湘全域旅游年卡”服务条款，消费者购买后未使用可免费退、随时退、过期自动退。借助“618”“双十一”等活动热度，聚力打造湖南旅游直播专场，吸引更多游客囤积湖南旅游产品，有效缓解旅游企业资金压力。

参考文献

中国旅游协会休闲度假分会主编《中国休闲度假大会蓝皮书（2021）》，中国旅游出版社，2021。

《新冠肺炎疫情下的旅游需求趋势研究报告》，https：//mp. weixin. qq. com/s/4mUX2vPgN-mJzUxibEr6bw，最后检索时间：2021 年 11 月 2 日。

《2021 年国庆旅游市场数据报告》，https：//mp. weixin. qq. com/s/S-10SyjuMopCyQLjQ6Et2A，最后检索时间：2021 年 12 月 5 日。

《2021 年国庆节假期文化和旅游市场情况》 https：//www. gov. cn/xinwen/2021-10/08/content_ 5641260. htm，最后检索时间：2021 年 12 月 5 日。

《2021 年国庆假期出游总结报告》，https：//baike. baidu. com/item/2021 年国庆假期出游总结报告/58782071，最后检索时间：2021 年 12 月 3 日。

夜经济“热”下的“冷”思考[*]

——以全国网红城市长沙夜经济发展为例

湖南省社会科学院（湖南省人民政府发展研究中心）调研组[**]

党的二十大报告提出，“着力扩大内需，增强消费对经济发展的基础性作用”。夜经济作为城市功能转换的新兴时空场域，撬动消费、提振经济的“金钥匙”，已经进入加速车道。一座城市的夜经济水平，正成为衡量城市经济实力、商业繁荣程度、居民生活品质等的重要标尺。长沙作为全国知名网红城市，夜经济发展如火如荼。调研组对长沙扬帆夜市、五一商圈、渔人码头等代表性夜市进行实地调研，发现夜经济“热”背后还需进行“冷”思考，为全省乃至全国夜经济发展提供建议思路。

一 湖南长沙夜经济已经成为全国现象级存在

长沙作为第一批脱离新冠疫情影响、进入经济复苏队列的城市，夜间经济功不可没。从夜经济传播力、创新力、成长力、产业规模、商圈流量五个维度进行评比，长沙的本土品牌、夜间延时消费产业已超越众多一线城市，吸引了全国各地游客关注。

---

* 本报告为长沙市社科联重大委托项目“长沙建设国家文化旅游消费示范城市研究”（项目编号：2022csskzdkt04）阶段性成果。

** 调研组组长：汤建军，湖南省社会科学院（湖南省人民政府发展研究中心）党组成员、副院长（副主任）。调研组成员：左宏（执笔）、侯灵艺（执笔）、马美英，湖南省社会科学院（湖南省人民政府发展研究中心）研究人员；唐学伟，湖南省对外经济文化促进会副会长；张俊英，湖南工商大学副教授；谢佳怡，湖南大学在校生。

1. 长沙城市夜经济影响力位列全国第2

作为旅游消费集聚区的长沙，近年夜经济持续升温。2021 年长沙实现旅游总收入 1926.44 亿元。据对来长游客调研，大多数游客最期待的是夜间游览活动。从获评国家级夜间文化和旅游消费集聚区的五一商圈、阳光壹佰凤凰街，到出圈的“扬帆夜市”，都被游客列入必去清单。根据《2021 年中国城市夜经济影响力十强榜单》，长沙在中国城市夜经济十强中位列第 2，以城市打卡短视频播放量为衡量标准，长沙城市夜经济传播力全国第 1（见图 1）。长沙还深受夜经济消费主体的年轻人青睐，成为入选毕业生首选城市前 10，这一定程度上也证明了长沙夜经济在竞争人才、竞争发展中的硬实力。

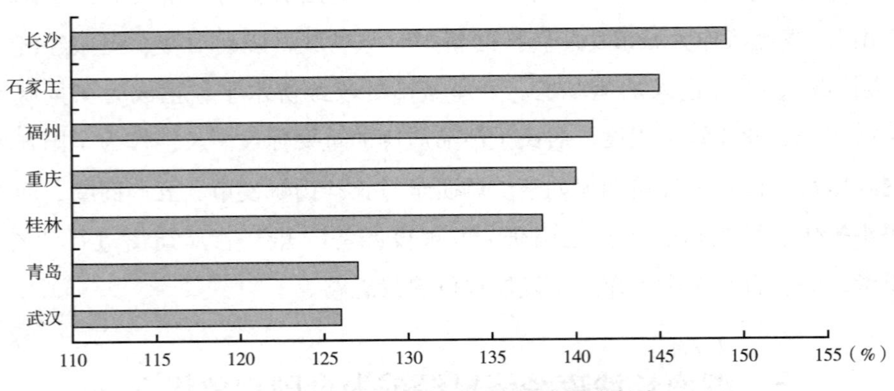

图 1　部分城市打卡短视频播放量增长率

资料来源：瞭望智库《中国城市夜经济影响报告》。

2. 夜经济已经成为湖南文旅“四色”浓墨重彩的一色

湖南文化和旅游资源形成的历史、现实丰富特别，“古色”厚重、“红色”炙热、“绿色”盎然，特别是“夜色”亮丽。以长沙为代表的夜观光、夜文娱、夜消费，形成大家都喝茶颜悦色、吃文和友美食的火热风潮；“高贵不贵，文化惠民”的梅溪湖国际文化艺术中心，让湖湘大地的夜色里承载了精彩的视听盛宴；渔人码头华灯初上，Live house 的歌声与整齐的商摊相互呼应，映照着夜长沙绚烂的时尚与烟火。2021 年，我国夜间经济规模达到 36 万亿元，预计 2022 年将突破 40 万亿元。湖南夜经济热度指数居全国第9，夜间消费占省内总消费的48%（见图2），成为华中地区夜经济热门省份之一。其中长沙夜经济热度居全省首位。“90后”“00后”成为消费主力。夜经济是湖南文旅的重要板块和亮丽特色。

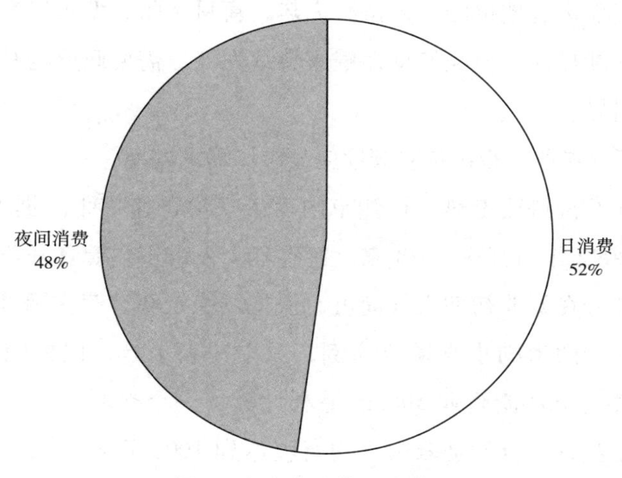

图2　湖南省消费占比情况

3. 夜经济已成为稳就业稳消费增收入的生力军

携程数据显示，2022年8月全国夜游景区门票订单量同比增长近200%，出游人次同比增长302%，不少热门景区成为各地的夜间文化和旅游消费集聚区。美团数据显示，2022年8月全国夜间堂食订单量环比增长14%，夜间休闲娱乐订单量环比增长11%。在长沙扬帆夜市的福记虾铺，店内外餐桌常常爆满。入夏以来生意持续火爆，一天能卖出上千斤龙虾，营业额约两万元。截至2022年5月底，扬帆夜市以0.081平方公里的面积，为1084人解决了就业。扬帆夜市日均客流量可达到4万人，节假日高峰期可达10万人，人均客单价50元以上，消费流水每晚数百万。由于扬帆夜市的火热，也带动了周边地产租赁市场，夜市从业人员直接带动租房289套，租赁仓库加工间338个，夜市核心区房屋租金较周边整体上升1倍，为当地居民带来持续稳定的租金收入。

二　夜经济发展面临的一些问题

随着网红夜市、地摊经济的持续火热，盲目扩张、低水平复制、同质化严重等问题逐渐显现。夜经济良性健康持续发展，需要政府与社会各界守正创新，规范引导。

1. 警惕无序扩张，夜市扩张规模应与市场需求匹配

随着地摊经济持续走热，长沙市内夜市规模迅速扩张。据不完全统计，长沙市各区 2022 年新开夜市 28 家，还有不少夜市正在筹备开业。这些新开业的夜市大部分在开业初期人气尚可，但持续稳定获客存在困难。据调研组的调研，以一个两米的小吃摊位为例，成本按表 1 计，以摊贩净利润最低 5000 元维持生计和小吃行业 50% 的毛利计算，一个摊贩一个月至少营收要达到 30000 元左右，也就是摊贩日均营收达到 1000 元才可以生存下去。夜市小吃客单价一般在 12～15 元，意味着每个摊位至少要匹配 67～84 位顾客消费。而夜市的迅速扩张必然导致客流的分散，市场需求能力无法匹配夜市的扩张速度。如果缺乏有序规划与引导，一味跟风、一哄而上，对夜经济的持续稳定发展将极为不利。

表 1　两米小摊单月预估经营成本

单位：元/月

项目	市均摊位租金	员工工资	操作间租金（40 米^2）	水电
成本	2000	5000	1800	700

2. 夜经济急需整体规划与标准化管理，提升品质

一是食品安全问题。夜市摊贩属于流动经营，食材准备制作与商品销售场所分离，导致食品安全生产过程缺乏监督，极易出现食品安全问题。这将直接导致消费者对夜市商品品质缺乏信任，当夜市被贴上“质量低劣、不安全、不卫生”的标签时，重塑信任与形象的难度将是巨大的，这对于发

展夜经济生态非常不利。二是经营合法性问题。部分夜市主办方没有办理经营许可或手续，仅凭借短期的场地租赁协议，就开始大量招商，向摊贩收取驻场押金。信息的不对称使摊贩权益得不到保障，容易导致夜市还没开业或者开业后不久，主办方就跑路撤场，致使摊贩投入的血汗钱直接打水漂。这种情况极易引发摊主与主办方之间的矛盾，影响治安及社会稳定。三是消防问题。夜市人流量大、易燃物品多、摊位密集，其中又以小吃餐饮摊位居多，市场方对商户与摊贩的用电、用气安全管理较为松懈，缺乏配备专业消防设施与合理布局安全疏散通道，造成一定的消防安全隐患。

3. 夜经济急需创新场景主题，与文旅深度融合

党的二十大报告指出，要推进文化自信自强。根植于文化传统与地方特色的城市夜经济才有强大生命力。湖南省大大小小的夜市众多，不管是在产品设计、场景搭建或是服务创新方面，大都没有形成文化特色，在展现社会主义文化和意识形态方面还缺少精心的策划。同时，场景主题的挖掘、文旅融合的深度严重不足。南京的夜泊秦淮、上海徐汇，都是利用历史街区、地标性建筑、独特的自然环境，来打造差异化的夜经济模式。其中上海在第一届夜生活节，推出夜间博物馆等 48 个夜上海特色消费示范项目，人民广场南京路、新天地等 12 个标志性夜生活集聚区营业至凌晨四点，47 家博物馆开放夜场，夜经济质量较日间升高（见图 3）。南京以夫子庙为核心的秦淮区，年度游客量达 5500 万人次，旅游总收入近 600 亿元。长沙可借鉴其经验，融合城市风俗与湖湘文化，增加夜市文化产品的供给与场景的打造，形成长沙独有的夜经济模式。

三　打造全国夜经济示范地的对策建议

湖南以长沙为代表的夜经济基础深厚，升级储备资源丰富、优势明显，要着力于推进湖南夜间经济进一步蓬勃发展、升级提速，需要围绕标准、品质、平台、品牌、商圈、政策六大方面，多维度助力湖南快速壮大夜间经济集聚区。

图 3　部分城市夜间消费单均金额较日间提升幅度

资料来源：美团平台大数据。

1. 立标准：率先出台夜经济服务标准体系，形成全国标杆

由文旅部门指导、行业协会牵头，各夜市、商圈、企业参与，并邀请相关专家一同研究，在全国率先出台并不断修订《湖南省夜经济服务标准体系》。一是硬件方面。研究规范全省夜经济可能风险点，对包括公共设施、交通、消防、防疫、应急体系等在内的公共设施硬件进行升级。二是软件方面。尽快研究出台夜经济服务全过程的行动指南。从夜经济管理者、经营者到消费者，尽可能地细化和标准化，为业内操作提供指导，并在全国范围内推广和输出，推动“湖南标准”成为“全国标准”。

2. 提品质：实现夜经济管理品质化和规范化提升

打造火热而有序的湖南夜经济，形成品质与品牌，需要构建治安、环卫、食安三位一体协同共治的管理体系。一是治安管理。夜市管理者要与公安局、派出所、夜市安保、商户志愿者形成群防群治快速支援体系，公示各项制度牌、食品安全卫生制度、夜市平面示意图、安全疏散图等。二是环境卫生管理。采用循环打扫制度，实行“门前三包”；消防防爆方面，配备专业消防设备，进行消防演练和专业消防培训。三是食品安全管理。强化随机抽检与责任落实。配备专员监管监察，整体把控夜间经济经营规范和品质。

3. 搭平台：搭建网上夜市信息服务共享平台

建设集管理服务、政策宣传、信息交流、社交购物功能于一体的“网上夜市”。一是畅通沟通渠道。建立消费者与消费者、消费者与商家的沟通渠道，便于收集消费者投诉与反馈，迅速提升管理与服务品质。二是为夜市宣传引流。平台可通过短视频分享、网络直播等新业态助力夜经济集聚区，吸引更多客流，刺激夜经济消费增长。如扬帆夜市建立数字化平台查安康App，不仅可以把摊位许可证等监管业务过程展示给消费者，方便经营者开展监管工作，也可以使经营资质透明化，让消费者更放心。

4. 创品牌：文化IP赋能与融媒推广并重

一是用好湖南红色、历史的文化资源。根据党的二十大精神，强化社会主义文化要素在夜市中的体现和影响，将湖南的红色文化和历史文化通过潜移默化的影响嵌入夜市的场景布局和内容设计上，通过多彩夜经济展示和引导湖南人民文化创新创造活力。二是用好“锦绣潇湘”“山水洲城”的自然资源。结合岳麓山、橘子洲头、黄兴步行街、白沙液老街等历史街区，优化夜游路线，合理规划太平老街、坡子街等美食街区，进行再创造，展现长沙独有的精神面貌和文化引领力。三是用好网红打卡点的时尚资源。打造代表长沙等各城市记忆的经典文化IP，围绕其设计文创、主题烟花表演等，构造丰富多元新业态。四是用好湖南的媒体资源。依托湖南卫视等媒体资源及长沙作为“世界媒体艺术之都”的优势，叫响湖南夜经济品牌，把握湖南广电和线上短视频平台宣传机会，为文化IP、夜游经济打开知名度，加速夜间经济增长。将湖南夜游作为旅游业发展重要投入，以城市名片作为切入点，在全国甚至国际范围内拓展湖南的影响力和美誉度，构建新名片。

5. 扩商圈：夯实夜经济提档升级的增长极

商圈是推动夜经济逐渐走向品质化、稳定化的重要载体。为促进夜间消费，全国多个城市商圈启动“夜间消费”相关活动。一是鼓励形成夜间消费新常态。通过鼓励商场发展“深夜食堂”、延长营业时间、丰富夜间文化演出市场和其他消费热点等，形成夜间消费新常态，打造城市夜间消费网红地标，使夜间商圈消费成为拉动城市消费的重要引擎。二是打造一批特色夜间经济集聚区。要避免局部过剩，伴随着夜间经济集聚区概念的提出，无疑对商圈建设提出了更高的要求。湖南长沙应该紧跟重庆、青岛等商圈建设领先城市，立足于各城市布局与城市特色，避免中心城区商圈局部过剩。三是打造一批有代表性的高端商圈。致力于促进中高端消费，激发城市消费活力，打造文化夜市，引领湖南夜间经济体与国际接轨，发掘国际消费资源，发展国际消费服务，进行全面的夜间经济升级。

6. 颁政策：加强政策创新和政策支持

一是明确部门职责，形成多部门协同的夜经济支持体系。进一步明确夜经济主办单位，由各区县政府负责组织实施夜市街区建设，协调监督本行政区内夜市街区规划建设工作，做到“谁主办、谁管理、谁负责”。明确文旅、商贸、财政、交通等相关职能部门在夜经济发展中的职责和分工，并形成多部门联动的支持体系。如文旅部门负责将品牌夜市街区纳入旅游精品线路，指导评定A级景区，加强营销推介。二是对标国内外一流夜经济发展城市，出台夜经济发展优惠扶持政策。在政策环境上，积极推动发展新兴夜间经济，如夜间自习室、博物馆等，提供良好的经营环境，出台具体的公共服务政策。根据湖南夜间消费产业特点，制定有针对性的帮扶政策，为其提供更强劲的源动力。如参照连续三年位居中国城市夜经济影响力十强城市首位的重庆市，对创业型夜市经营者按规定使其享受各级各类财政扶持政策和税收优惠政策，其经营性水、电、气价格执行民用标准，差额部分由属地政府财政补贴。

参考文献

鬼虎子：《夜间经济学》，北方文艺出版社，2019。

丁乐、李平、谢奔：《多地“夜经济”亮点纷呈促消费》，《经济参考报》2022年9月27日。

林龙飞、汤晨曦：《长沙夜间经济消费发展研究》，《现代营销》（下旬刊）2022年第4期。

唐洁、俞诗婷、张浩然：《夜色繁城：“夜经济”发展的南北差异、成因及提升路径》，《商业经济》2022年第1期。

政策评估

湖南省湘江保护和治理三个“三年行动计划”实施效果评估报告

湖南省人民政府发展研究中心评估组*

湘江是湖南人民的“母亲河”。2013 年以来，湖南省政府将湘江保护和治理作为“一号重点工程”，连续实施湘江保护和治理三个“三年行动计划”，推动实现湘江流域（以下简称流域）“江水清、两岸绿、城乡美”的美好愿景。截至 2021 年底，湘江保护和治理第三个“三年行动计划”实施期限届满。根据湖南省政府主要领导指示，受湘江保护和治理委员会委托，评估组对湘江保护和治理三个“三年行动计划”开展实施效果评估，现将评估情况报告如下。

---

* 评估组组长：谈文胜，原湖南省人民政府发展研究中心党组书记、主任。评估组副组长：侯喜保，原湖南省人民政府发展研究中心党组成员、副主任；蔡建河，原湖南省人民政府发展研究中心党组成员；彭蔓玲，原湖南省人民政府发展研究中心二级巡视员。评估组成员：唐文玉、周亚兰、罗会逸、彭丽、龙花兰，原湖南省人民政府发展研究中心研究人员。

一　政策及评估工作概况

为深入推进湘江保护和治理“一号重点工程”，湖南省接续出台了三个“三年行动计划”实施方案。鉴于三个“三年行动计划”实施方案对重点目标和任务进行了系统性、连续性安排，综合考量政策实施的时效性，评估组重点以《湖南省湘江保护和治理第三个“三年行动计划”（2019—2021年）实施方案》（湘政办发〔2019〕62号）（以下简称《方案》）为对象开展本次评估。

（一）“三年行动计划”主要内容

湘江保护和治理“三年行动计划”按照“远近结合、分步实施”的原则，区分轻重缓急，以“堵源头、治与调并举、巩固和提高”为导向，按三年一个周期开展三轮治理行动。

1. 第一个“三年行动计划”（2013~2015年）

以“堵源头”为主要任务，大力推进重点行业工业企业污染防治、城镇污水收集处理设施建设和升级改造、规模化畜禽养殖和网箱养殖污染防治、尾矿库和渣场环境安全隐患整治、饮用水水源地环境保护等五项重点工作，实现了“到2015年，确保流域企业污水稳定达标排放，涉重金属企业数量和重金属污染物排放量比2008年下降50%，局部地区水质恶化趋势得到彻底遏制，全流域水质实现初步好转”的目标。

2. 第二个“三年行动计划”（2016~2018年）

治与调并举，部署了加强水资源保护、提高用水效率、强化工业污染防治、加快推进城镇生活污染治理、全面开展农业农村污染防治等十项重点任务，加快形成“政府统领、企业施治、市场驱动、公众参与”的工作格局。通过第二个“三年行动计划”，实现七项主要工作目标。

3. 第三个“三年行动计划”（2019~2021年）

重在巩固和提高。通过前两个“三年行动计划”（2013~2018年）的实施，流域产业结构进一步优化，水环境质量得到明显改善。为进一步推进湘江保护和治理工作，着力深化支流污染、城乡生活污染、农业面源污染等突出环境问题治理，接续实施了第三个“三年行动计划”。从《方案》的主要内容来看，主要包括六大总体目标、十大主要任务以及四项保障措施，主要任务详见表1。

表1　《方案》的主要任务

序号	政策内容	序号	政策内容
（一）	持续改善流域水环境质量	（六）	加强水生态治理和修复
（二）	持续巩固重金属污染治理成效	（七）	全面开展农业污染治理
（三）	持续推进五大重点区域综合整治	（八）	强化城乡生活污染防治
（四）	优先保障饮用水水源安全	（九）	深入推进工业污染防治
（五）	实行最严格水资源保护	（十）	持续强化交通污染防治

资料来源：根据《方案》内容整理。

（二）评估工作概况

为准确评估《方案》的推进情况和实施效果，专题评估组综合采用自查自评、座谈、实地调研等方法进行评估。一是组织自查自评。组织湖南省发展改革委、省工业和信息化厅、省自然资源厅、省生态环境厅、省住房和城乡建设厅、省水利厅和省农业农村厅等17个相关省直部门和长沙、株洲、湘潭、衡阳、岳阳、郴州、永州、娄底等8个市开展自评。二是开展座谈交流。与湖南省生态环境厅、省住房和城乡建设厅、省自然资源厅等主要牵头部门进行座谈交流，听取政策实施情况。三是进行实地调研。调研组分赴长沙、株洲、衡阳、岳阳、郴州等5市进行调研走访，实地考察了城镇生活污水处理厂、循环经济产业园的运行情况，以及黑臭水体治理、湿地生态修复、历史遗留矿山生态修复等项目的进展和成效。四是综合评估，撰写评估报告。

二　总体目标完成情况

《方案》确立了6项总体目标（见表2）。其中，第1~5项目标总体完成情况较好，第6项部分目标缺乏定量考核要求，具体如下。

1. 总体完成较好的指标

①2021年，流域考核评价断面水质优良率为98.7%；②地级城市集中式饮用水水源水质实现了100%达标；③重点行业的重金属排放量比2013年下降12%以上；④用水总量达159.86亿立方米，万元工业增加值用水量达43.13立方米；⑤对污水进行处理的行政村比例达50.9%。

2. 部分地区未完成的指标

①部分支流考核断面未达标，如2021年湘潭市雨湖区跃进水库断面为Ⅳ类、衡阳市衡山县梅桥村断面为Ⅴ类、郴州市临武县马家坪电站大坝为劣Ⅴ类；②岳阳市2020年重点行业的重金属排放量较2013年下降4.2%，未完成目标；③湘潭市、岳阳市2021年万元工业增加值用水量分别为82.48立方米和85.61立方米，未完成目标任务；④湘潭市的爱劳渠未完成黑臭水体整治任务；⑤流域8市建成区的生活污水集中收集率未完成“污水全收集”目标。

表2　《方案》总体目标完成情况

序号	指标要求	完成情况	备注
1	干流和主要支流考核评价断面水质稳定达到或优于Ⅲ类标准	完成。2021年，流域干流和主要支流考核评价断面水质优良率为98.7%，干流47个断面全部达到Ⅱ类。部分支流断面未达标，如湘潭市雨湖区跃进水库断面为Ⅳ类、衡阳市衡山县梅桥村断面为Ⅴ类、郴州市临武县马家坪电站大坝为劣Ⅴ类	跃进水库等三个支流断面水质未达标
2	地级城市集中式饮用水水源水质全部达到国家标准	完成。2021年，地级城市集中式饮用水水源水质达标率100%	流域8市全部达标

续表

序号	指标要求	完成情况	备注
3	重点行业的重金属排放量比 2013 年下降 12%以上	完成。2021 年,流域重点行业的重金属排放量比 2013 年下降 12%以上,其中株洲削减 32.7%,衡阳、娄底下降 17%以上,长沙、湘潭、郴州、永州 4 市均完成目标。岳阳市该指标 2020 年较 2013 年仅下降 4.2%	部分市未完成目标
4	流域用水总量控制在 185 亿立方米以内,万元工业增加值用水量控制在 50 立方米以内	完成。2021 年,流域用水总量 159.86 亿立方米,万元工业增加值用水量 43.13 立方米;2021 年,长沙、株洲、湘潭、衡阳、岳阳、郴州、永州和娄底 8 市万元工业增加值用水量分别为 23.67 立方米、32.30 立方米、82.48 立方米、49.23 立方米、85.61 立方米、33.92 立方米、24.41 立方米和 32.53 立方米(由水利厅提供 2021 年流域各市数据)	流域及 8 市数据用的是上年不变价,未涉及火电用水折算相关技术要求,数据偏高
5	地级城市建成区黑臭水体基本消除,县级城市建成区黑臭水体得到有效控制	完成。流域内地级城市建成区黑臭水体 143 个,截至 2021 年底,共 142 个黑臭水体完成整治	湘潭的爱劳渠未完成整治任务
6	地级城市建成区基本实现污水管网全覆盖,污水全收集、全处理	持续推进。截至 2021 年底,流域 8 市生活污水集中收集率 73.95%,生活污水处理率 98.33%,地级城市建成区全面消除生活污水直排口和管网空白区;长沙、株洲、湘潭、衡阳、岳阳、郴州、永州和娄底 8 市建成区生活污水集中收集率分别为 82.86%、64.87%、68.15%、60.08%、69.68%、71.35%、69.53%和 69.54%	数据由省住房和城乡建设厅提供,2021 年流域 8 市建成区生活污水集中收集率为 73.95%
6-1	较大规模的建制镇(建成区常住人口 5000 人以上)污水处理设施全覆盖	完成。截至 2021 年底,流域内 512 个乡镇建成乡镇污水处理设施 543 座,长沙、株洲、湘潭、衡阳、岳阳、郴州、永州、娄底 8 市建成的乡镇污水处理设施分别为 91 座、53 座、28 座、90 座、103 座、53 座、36 座、89 座,实现较大规模的建制镇污水处理设施全覆盖	流域 8 市乡镇污水处理设施处理规模为 70.9 万吨/日
6-2	对污水进行处理的行政村比例达到 50%以上	完成。流域农村生活污水处理率 50.9%;长沙市 80%以上,岳阳市 73%,湘潭市、永州市 70%以上,株洲、衡阳、郴州、永州 4 市均在 50%以上	—

续表

序号	指标要求	完成情况	备注
6-3	乡村生活垃圾收集处理基本覆盖	基本完成。截至2021年底，流域内城市建成乡镇垃圾中转设施704座，其中长沙、株洲、湘潭、岳阳、郴州、永州、娄底7市建成的乡镇垃圾中转设施分别是93座、68座、58座、174座、111座、20座、101座（合计625座），基本实现农村生活垃圾收转运全覆盖	衡阳自评报告称“已覆盖”，未有建成乡镇垃圾中转设施的具体数据

资料来源：根据湖南省直有关部门及流域8个地级市提供的自评报告整理。

三　主要任务完成情况

湖南省各级政府及相关部门将湘江保护和治理列入“污染防治攻坚战”及“夏季攻势”“河长制”“民生实事”等重点工作，有效推动《方案》各项任务落地落实。

1. 突出不达标水体整治，持续改善水环境质量

一是加强重点支流的污染整治。持续开展蒸水、龙荫港、郴江、舂陵水等流域综合治理，强化枯水期等特殊时段水生态环境管理，重点推进蓝藻水华防控。2019~2021年，流域干流和主要支流考核评价断面水质持续稳定改善，水质优良率分别达到98.7%、99.4%、98.7%。二是加强城镇黑臭水体治理。截至2021年底，地级城市建成区黑臭水体消除比为99.3%。三是全面排查整治入河排污口。加强入河排污口监测溯源，截至2021年底，完成流域4562个入河排污口的初步溯源；编制《湖南省入河排污口溯源技术指南（试行）》；启动湘江干流和6条省领导任河湖长的河湖的入河（湖）排污口市级排查建档工作。

2. 加强重点行业和区域整治，切实解决突出环境问题

一是加强涉重金属行业污染防控力度。加快历史遗留污染治理，累计完成600余个重金属污染治理项目；推进土壤污染治理与修复技术应用试点，

农用地修复面积约7590亩，污染地块风险管控或治理修复面积约13264亩，处置历史遗留废渣约302万方；2021年，流域重点行业重金属排放量比2013年下降12%以上。二是开展非煤矿山与尾矿库的综合整治。开展露天矿山和尾矿库综合整治专项行动，2019~2021年，流域8市累计关闭不具备安全生产条件的非煤矿山275座；尾矿库数量从2019年初的293座下降到2021年底的267座。三是持续深入推进五大重点区域环境整治。株洲清水塘工业区261家企业全部搬迁退出，已修复污染地块2800多亩，完成52家企业污染地块环境调查，重点建设用地安全利用率100%，受污染耕地安全利用率高于90%。湘潭竹埠港完成沿江化工企业搬迁改造工作，竹埠港地区28家化工企业均已关停拆迁。衡阳市水口山地区，完成水口山及合江套地区7个场地治理；常宁水口山铅锌煤矿区生态修复试点工程已全面完工，实现修复耕地6700亩，林地3000亩。郴州三十六湾地区，完成甘溪河流域11个重金属治理项目；以陶家河为重点，投入20余亿元，完成了湘江支流陶家河治理项目及34个中省资金支持项目。娄底锡矿山区域，妥善处置历史遗留废渣，砷碱渣无害化处理及配套填埋场投入运行，400亩污染土壤得到治理，渣场生态修复3000多亩。

3. 严格水资源管理，持续巩固水安全保障

一是统筹水资源管理。完成流域内515条主要河流和2个主要湖泊确权划界，常态化落实流域内15个主要控制断面生态流量监测预警和调度保障措施。完成涔天河水库扩建，加快推进毛俊、椒花、犬木塘等骨干水源工程建设，新建白石洞、阳升观等中型水库。持续推进农业节水增效、工业节水减排、城镇节水降损，南岳区、长沙县等27个县（市、区）完成县域节水型社会创建，流域8市用水总量均严格控制在红线以内。2021年流域用水总量159.86亿立方米，万元工业增加值用水量43.13立方米。二是优先保障饮用水水源安全。截至2021年底，流域8市完成县级及以上城市集中式饮用水水源地名录核定，基本完成农村其他千人以上水源保护区划定，共划定各类水源保护区2436处。深入开展水源地环境问题排查整治，完成郴州市山河水库、娄底市大科石埠坝水源地等超标水源更换；完成215个乡镇级

千人以上饮用水水源地保护区生态环境问题整治。强化城市二次供水、农村供水、应急水源等规范化建设；截至2020年底，流域内实现100%的乡镇通自来水，农村自来水管网覆盖91.2%的行政村；长沙市河东城区、岳阳市、郴州市、娄底市已建成应急备用水源配套设施。三是坚持防洪与抗旱并重。新增16个城市防洪圈闭合区，完成长沙湘江东岸等重点薄弱堤防和险工险段整治任务以及534座病险水库除险加固，成功防御2019年湘江大洪水。投入9.6亿元用于流域内83处大中型灌区现代化建设及续建配套，增加保灌面积27.55万亩。2021年启动实施农村小水源供水能力恢复三年行动。

4. 强化水生态治理和修复，持续优化河湖生态面貌

一是深入开展河湖清理行动。出台《湖南省河道采砂管理条例》及采运管理单制度，开展河道非法采砂整治行动，严厉打击非法采砂行为。整治河湖“四乱”，全面清除非法网箱养殖、拆除违法建筑、开展非法码头渡口整治行动，水府庙、欧阳海水库等库区面貌焕然一新。推进小水电清理整改，完成流域内232座立即退出类和2599座整改类电站的整改任务。二是强化生态系统治理和管护。大力实施退耕还林、石漠化综合治理、退捕禁捕、自然保护地体系建设、天然林资源保护、湿地保护修复等工程，强化流域生态保护修复。持续推进良好湖库水质保护，水府庙、东江湖等被纳入国家水质较好湖泊专项规划支持。三是矿区生态修复初见成效。开展砂石土矿、露天开采非金属矿专项整治，有序退出各类保护地内已设矿业权，加快绿色矿山建设。截至2021年底，流域建成绿色矿山187家，占全省的65%，其中郴州市、衡阳市分别以60家、40家分列全省第1、第2。

5. 开展农业农村污染治理，全面夯实农业发展基础

一是加强畜禽养殖污染治理。流域8市已完成了畜禽养殖禁养区划定和分区管理。加快推进规模养殖场粪便污水贮存、处理、利用等配套设施建设。2019~2021年，流域8市规模养殖场粪污处理设施装备配套率和畜禽粪污综合利用率均超过《方案》要求。二是推进水产健康养殖。全面禁止投肥养鱼，重点实施农业农村部集中连片内陆养殖池塘标准化改造和尾水治理项目，组织开展国家级水产健康养殖示范场创建活动，2021年底流域8市

已创建国家级健康养殖示范场248家。三是全面推进渔民上岸、退捕禁捕。加强禁捕水域执法监督，构建禁捕水域网格化管理体系，加快推进智慧渔政系统建设，禁捕水域秩序总体较好。截至2022年4月底，流域8市建档立卡渔船9917艘、渔民13595人，符合参保条件的退捕渔民13503人已全部参加基本养老保险。四是有效防控种植业污染。深入开展化肥使用量零增长行动，落实测土配方施肥、有机肥替代化肥、绿肥种植等措施，化肥使用量逐年减少；2020年流域8市化肥使用量较2018年减少7.93%。深入推进农作物病虫害绿色防控与统防统治，2021年，流域8市农药使用量比2018年减少11.5%。

6. 加强城乡生活污染防治，不断改善居民生活条件

一是加快城乡污水处理设施及配套管网建设。实施县级及以上城市污水处理提质增效三年行动，截至2021年底，流域共建成99座县级及以上城市生活污水处理厂；地级城市污泥无害化处理处置率达到100%；流域内512个乡镇建成乡镇污水处理设施，实现较大规模的建制镇污水处理设施全覆盖；地级城市建成区生活污水直排口、管网空白区基本消除，生活污水处理率为98.33%。二是加强城乡生活垃圾治理。推进生活垃圾焚烧发电项目建设，加快厨余（餐厨）垃圾处理设施建设。2020年底，长沙市率先实现生活垃圾“全量焚烧”。2021年底，流域8市生活垃圾焚烧处理能力占无害化处理总能力的比例达75.99%；建成餐厨垃圾处理厂6座，剩余2座计划于2022年建成。加强农村生活垃圾治理，全面推进实施流域内农村人居环境整治“三年行动计划”（2018~2020年），到2020年，完成较大规模的农村非正规生活垃圾堆放点整治，完成8000个以上行政村整治、验收；截至2021年底，流域8市建成乡镇垃圾中转设施704座，基本实现农村生活垃圾收转运全覆盖。

7. 推进工业污染防治，持续厚植绿色发展底色

一是优化空间布局。编制湖南省有色金属、冶金、化工、建材和新材料行业等“十四五”发展规划，编制河湖岸线保护与开发利用专项规划，制定河湖岸线准入负面清单。大力推动沿湘江化工企业搬迁，有序推动城镇人

口密集区危险化学品企业的搬迁改造。2019~2021年，流域8市共有575家企业利用能耗、环保、质量、安全、技术五大标准依法依规退出落后产能。二是持续加强重点行业企业整治。流域8市通过提升改造、整合搬迁、关停取缔等举措整治“散乱污”企业2772户。完成重点行业企业排污许可证核发工作，持续开展排污许可证专项执法检查。三是深入推进工业园区水污染治理。组织流域88家省级及以上园区开展规划环评，编制生态环境准入清单，明确分类管理要求，实现88家园区污水集中处理设施省级监控平台“全覆盖”。强力推进园区问题整改，建立定期排查整治机制，组织园区全面查清环境管理状况。

8. 强化交通污染防治，着力解决水运污染顽疾

一是加强顶层设计。印发了《湖南省交通运输水环境保护及水运绿色发展三年行动计划（2018年—2020年）》，成立了水环境保护和水运绿色发展领导小组，细化和明确了具体工作任务、工作目标和工作措施。二是强化船舶污染治理。严格执行船舶检验规范关于防污染的要求，不符合要求的不核发船舶检验证书。加快淘汰单壳油轮和单壳化学品船，已停止检验单壳化学品船、600载重吨以上的单壳油船。强化危险品船舶进出港申报源头管理和现场执法。三是加强港口码头污染防治。船舶污染物接收、转运及处置设施建设按进度推进，截至2020年底，66个船舶污染物接收站点全部建设完成；完成了岳阳、长沙2个应急监管救助基地建设；2021年8月，岳阳港危化品船舶洗舱站建成投运。船舶污染接收转移处置联合监管制度有效运行，2021年底，全省船舶污染物转运处置量占接收量的比重达82%。

四　政策实施成效

通过实施湘江保护和治理“三年行动计划”，流域水环境持续改善、水生态逐步优化、水安全保障不断巩固，“江水清、两岸绿、城乡美”的愿景已成为美好现实。

1. 江水更清：流域水质进一步提升

2021 年，流域 232 个地表水考核评价断面水质优良率达到 98.7%，比 2012 年提高了 10.6 个百分点，干流考核断面连续多年保持在Ⅱ类；永州市在全国地表水考核断面水环境质量状况排名第 18 位。2021 年，湘江干流镉、汞、砷、铅和六价铬浓度均达到或优于Ⅱ类，分别比 2012 年下降了 84.0%、47.0%、31.4%、70.6%和 59.4%。2021 年，流域深入推进流域铊污染专项整治，整治工作开展一年以来，流域重点断面、重点支流铊平均浓度下降 50%，饮用水源铊平均浓度仅为标准限值的 30%左右，有效消除了环境风险隐患。

2. 两岸更绿：流域生态进一步改善

南岭山脉、湘江源头等重要生态功能区纳入生态红线保护范围，流域 16.5%的面积纳入生态红线。推动构建全流域生态涵养带，2021 年，流域湿地保护面积达到 564 万亩，湿地保护率达到 75.46%；2020 年，流域森林覆盖率为 57.2%，比 2012 年提高了 3 个百分点，活立木蓄积量比 2012 年增加了 45%。开展水系连通及水美乡村示范创建，湘江入围全国最美家乡河，浏阳河成功创建为国家首批 18 条示范河湖之一，越来越多的江河湖库呈现“水清岸绿、鱼翔浅底”的美景。

3. 城乡更美：流域发展进一步优化

加快推进新旧动能转换，五大重点工矿区转型升级取得突破性进展，流域累计淘汰涉重企业 1200 余家；工业新兴优势产业链迅猛发展，流域高新技术企业超过 9000 余家；2021 年，流域 8 市财政收入占全省的比重为 68.8%，比 2012 年的 65.5%提高 3.3 个百分点，实现高水平保护与高质量发展相互促进。地级城市黑臭水体基本消除，涌现出了一批典型案例，如长沙市龙王港、岳阳市东风湖等从昔日的黑臭水体变身为“水清、河畅、岸绿、景美”的生态休闲河湖；持续推进农村人居环境整治，全省创建美丽乡村示范村 7500 余个。老百姓“水缸子”安全得到切实保障，截至 2021 年底，流域 8 市已按既定目标完成农村其他千人以上水源保护区划定，流域地级及以上城市集中式饮用水水源水质实现 100%达标。

五　存在的主要问题

湘江保护和治理取得显著成效，但离国家要求和群众期待还有较大差距，仍面临不少问题和困难。

1. 部分水体生态环境质量改善不足

一是部分支流断面水质仍然超标。由于区域污染负荷重、背景值高等原因，陶家河、龙荫港水质还未稳定达标，蒸水、捞刀河等水质不稳定，枯水期水质下降问题较明显。如2019～2021年，蒸水入湘江口、跃进水库、梅桥村、马家坪电站大坝等断面出现水质超标问题，其中马家坪电站大坝断面连续多年为劣Ⅴ类水。二是饮用水水源安全威胁仍然存在。重金属污染、季节性微污染或突发性污染等时有发生，应急水源建设未全面达标。如2021年1月，衡阳有2处县级集中式饮用水水源出现锰超标；长沙市河西片区、株洲、湘潭、永州等地应急水源配套设施建设缓慢。三是部分区域生态退化。一些区域湿地、湖库生态功能退化，部分河湖"四乱"问题仍然较多，部分整治的黑臭水体存在"返黑返臭"现象。

2. 突出环境风险隐患依然存在

作为有色金属之乡，生猪养殖、粮食生产重要基地，流域主要污染物、重金属排放总量还处于高位，历史遗留矿山生态修复任务十分艰巨。郴州三十六湾、娄底锡矿山等重点区域历史遗留矿山污染治理形势严峻，遗留废渣、矿井涌水污染尚未得到全面彻底解决。如郴州三十六湾矿区沉积大量重金属尾砂，治理任务艰巨；娄底锡矿山地区地表水锑浓度短期内难以大幅度下降；铊等重金属污染事件时有发生。

3. 农业面源污染治理难度大

一是农业清洁生产推行不力。农作物种植结构复杂，复种指数高，农作物病虫害常年多发、频发、重发，散小农户科学施肥用药意识不强，过多依赖大药、大肥的粗放生产模式，农药化肥减量增效面临多重制约。二是畜禽水产污染治理难。小散养殖污染监管治理难，污染物排放占比高，畜禽粪污资源化利用、水产养殖尾水治理等相对滞后。三是资金人才支持不力。关于有机肥施用、绿肥生产、测土配方施肥、农作物病虫害绿色防控与统防统治等方面的财政资金投入不足，基层土肥、植保专业人才流失或老龄化问题突出，严重制约农药、化肥减量增效工作成效。

4. 环境基础设施建设存在短板

一是城镇生活污水收集处理效能低。老城区管网雨污合流，老化、淤塞、破损问题突出，建筑密集导致雨污分流改造施工难度大；新建城区雨污分流不到位，存在混接、错接和漏接等现象，管网溢流和汛期直排问题较普遍。县级及以上城市生活污水处理厂普遍存在污水集中收集率低和进水污染物浓度低现象，2021 年，流域 100 座城镇污水处理厂有 75 座进水 COD 浓度低于 200 毫克/升，27 座低于 100 毫克/升。二是生活垃圾分类处理缺乏长效机制。除长沙市外，其他各地仍存在生活垃圾终端处理设施与分类要求不匹配、分类收运体系不完善等问题。三是环境基础设施建设运维困难。大多项目公益性强、收益性较差，建设投资渠道单一，以政府投资为主，地方财力难以支撑，资金缺口大。乡镇、村生活污水处理设施逐步建成，但由于缺乏有效的运维机制，陷入“建好了但运行不了”的局面。

5. 治理能力有待提升

一是体制不顺。湘江保护和治理涉及众多职能部门，部分职责交叉重叠，项目建设统筹协调不够，难以形成治理合力。如排水管理涉及住建、水利、城管等部门职责，难以全面统筹；污水处理实行厂网分离，建设管理主体多元；生态环境部门和农业农村部门关于农用地土壤污染防治监管未形成合力。二是资金短缺。地方普遍反映国省专项预算内补助资金比例小，地方资金配套压力大。尤其是在当前经济面临三重压力和基层政府债务包袱较重的背景下，如何填补资金缺口是个亟待解决的难题。三是科技支撑不够。信息化监测网络体系有待全面构建，距离空天地一体化生态环境监测网络的要求还有较大差距。农业面源污染治理、重金属废渣废液的资源化无害化利用等技术亟待攻关。四是基层监管执法能力薄弱。基层生态环境监测、监管能力薄弱，“小马拉大车”问题突出。县级层面缺乏相对专业统一的管理和执法机构，乡镇执法人员不足，高素质专业人才短缺，执法装备比较落后，先进监测管理技术应用不够。

六　总体评价

（一）政策评价

1. 政策规范性：表达严谨规范

“三年行动计划”严格遵循相关法律法规，表达严谨规范，突出整体部署、分步实施，做到任务衔接贯通，时效性强，为湘江保护与治理工作提供了及时有力的保障。

2. 政策知晓度：总体知晓度高

评估发现，《方案》的社会知晓度高、实施反响好，受访的省直有关部门及流域8市均高度重视湘江保护和治理“一号重点工程”，及时出台相关政策，工作推进有力、成效显著，许多江河湖库呈现出“漫江碧透”“鱼翔浅底”的美丽画卷，群众生态环境获得感、幸福感越来越强。

3. 政策完备性：体系完整，责任分工需进一步细化

“三年行动计划”围绕湘江保护和治理的总体目标，以问题为导向，对各个阶段的目标、任务等设置体现了差异性、递进性，内部逻辑关系较清晰，具有较强的连续性和完整性。但从任务分工来看，部分条款（尤其前两个“三年行动计划”）责任划分过于宽泛，有两个或以上牵头部门时，部门职责分工不清晰，关于财政投入、科技支撑等保障措施不够具体。

4. 政策可操作性：条理分明，个别指标难以落实

“三年行动计划”明晰了每一阶段的目标，细化了每项重点工作任务的要求，政策措施条理分明，责任分工较明确，操作性较强。但《方案》部分指标或任务要求过高，导致难以按期实现目标。如指标6中的“地级城市建成区基本实现污水管网全覆盖，污水全收集、全处理”，其中“污水全收集”的目标难以在2021年末落实。国家发改委、住房城乡建设部2021年

6月印发的《“十四五”城镇污水处理及资源化利用发展规划》明确到2025年，全国城市生活污水集中收集率力争达到70%以上。事实上，2019年全国城市污水收集率为64%，当年湖南为51%；2021年湖南地级城市污水集中收集率为71.43%，流域8市建成区均未达到“污水全收集”的目标。

（二）工作评价

1. 高规格组织推进

坚持“一把手”推动，“一盘棋”谋划，把修复生态环境摆在压倒性位置。2013年以来，湖南省委、省政府先后成立高规格的湘江保护和治理委员会、湖南省生态环境保护委员会等组织领导机构，湖南省委、省政府主要领导担任主任，多次组织召开专题会议，研究部署湘江保护和治理重点任务。

2. 高质量攻坚突破

湘江保护和治理“一号重点工程”历时9载，坚持山水林田湖草沙系统治理，上下游、左右岸、干支流联防联控，对标对表《水污染防治行动计划》《长江保护修复攻坚战实施方案》等要求，推动实现湘江保护各项主要任务、总体目标、保障措施等协调统一。尤其针对中央环保督察反馈问题，以刮骨疗毒、壮士断腕的勇气全力推进整改攻坚，加快解决了一批长期以来想解决而未解决的重点问题。

3. 高强度持续投入

近年来，湖南省级财政对湘江保护和治理的投入力度持续加强。据不完全统计，2019~2021年省财政安排湘江流域市县生态环保资金367.03亿元，年均增速2.47%，其中累计安排56.63亿元用于流域水污染防治工作，争取全国山水林田湖草生态修复试点项目资金20亿元，安排流域相关市县重点生态功能区转移支付资金52.32亿元，安排39.66亿元支持流域造林绿化行动，安排60.87亿元用于农业农村污染治理。

4. 高标准保障落实

一是健全法制保障。大力实施《湖南省湘江保护条例》等法规，完善《湖南省农村生活污水处理排放标准》等标准体系，为湘江保护治理提供法律支撑。二是完善责任体系。2015年，在全国率先出台《湖南省环境保护工作责任规定》（2018年修订），按照“党政同责、一岗双责”的要求，明确了各级各有关方面的“责任清单”，实现党委、政府及（纪检）监察、审判、检察机关共38个省直相关单位环保责任全覆盖。三是严格考核奖惩。协同推进政府绩效考核、党政主要领导干部自然资源资产离任审计、生态环境保护督察、真抓实干激励、河湖长制等工作机制，不断健全湘江保护和治理工作考核机制，层层压紧压实责任，形成了“横向到边、纵向到底”的流域齐抓共管合力。

（三）评估结论

2013年以来，尤其是《方案》出台以来，湖南省持续将湘江保护和治理列为“一号重点工程”，协同推进流域水安全保障、水资源保护、水生态修复和水污染治理，大力推动流域水环境质量持续改善，人民群众的获得感和幸福感不断提升。在《方案》的实施过程中也存在一些问题，主要有部分水体环境质量改善不足、突出环境风险隐患依然存在、环境基础设施建设存在短板、治理能力有待提升。下一阶段，建议根据生态文明建设面临的新形势和新要求，与“十四五”时期相关规划做好衔接，出台更具针对性和可操作性的政策，并在健全湘江保护治理体制机制、加快推动绿色发展、持续深化重点领域污染整治、加大生态保护修复力度、不断提升治理能力等方面持续发力，努力做好湘江保护和治理这篇大文章。

七　对策建议

湘江保护的问题在水里，根子在岸上，治理在当下，受益在长远。要坚持以习近平生态文明思想为指引，牢记习近平总书记“守护好一江碧水”殷殷嘱托，自觉践行绿色发展理念，持续发力，久久为功，努力做好“管水”“兴水”“治水”“净水”“护水”五篇文章，以更高标准打好湘江碧水保卫战，着力打造升级版的“一号重点工程”。

（一）健全湘江保护治理体制机制，做好“管水”文章

湘江保护和治理工作是一项系统工程。健全湘江保护治理体制机制是持续巩固成效、推动流域生态文明建设迈上新台阶的重要基础。

一是加强组织领导。按照党中央、国务院以及省委、省政府的决策部署，各级各部门要坚决扛起湘江保护和治理的政治责任，以抓铁有痕、踏石留印的韧劲持续攻坚克难，做到善始善终、善作善成。进一步优化流域整体规划，实现省、市、区整体联动，一张蓝图绘到底。落实、落细河长制，推动各级河长巡河常态化、规范化、制度化，实现河长制从“有名”向“有实”转变。

二是加强统筹协调。进一步健全部门联动工作机制，强化部门信息共享和联动监管，采取定期通报、联席会商等形式沟通信息，加强日常工作衔接协调和应急响应处置联动。建立完善部门协作和对基层指导帮扶工作机制，强化省直部门与流域 8 市党委和政府的沟通协调，在方案制定、项目设置、资金安排、考核奖惩、监督检查等方面做好整合优化。

三是完善联防联治机制。推动流域上下游、左右岸协同保护治理。充分考虑上、中、下游差异性，因地制宜突出工作重点，统筹推进全流域山水林田湖草沙系统治理和保护。在长株潭开展生态同治的基础上，推动全流域上下游共护、共治、共享，重点推进流域水质信息共享、水生态环境治理技术联合攻关推广、联合执法等行动。

四是优化考核奖惩机制。进一步完善、细化湘江保护和治理责任体系，按照“分级管理、属地负责、党政同责、一岗双责、失职追责”的原则，层层压紧压实责任，推动形成分工明确、配合紧密的强大工作合力。健全科学合理的水质考核标准和机制，在现有单一的水质类别的考核基础上，进一步细化基于水质主要指标的具体考核指标。

（二）加快推动绿色发展，做好“兴水”文章

牢固树立“绿水青山就是金山银山”发展理念，推动流域建立健全绿

色低碳循环发展体系。

一是优化绿色发展空间布局。严格落实“三线一单”制度，对流域 315 个环境管控单元实施差异化管理，构建国土空间开发保护新格局。进一步优化流域水资源配置，着力解决部分地区水资源短缺问题。制定流域绿色产业发展规划，推动产业规范布局和结构调整。因地制宜发展飞地经济，加强重点、优势产业园区共建共享。以长株潭都市圈发展、长株潭衡“中国制造 2025”试点示范城市群、郴州国家可持续发展示范区和岳阳长江经济带绿色发展示范区建设等为抓手，做优做强智能制造、生态环保等产业链、产业集群。

二是持续加强工业转型升级。持续整治“散乱污”企业，重点做好重化工企业转型升级和搬迁入园工作。全面落实排污许可制度，全面推动有色、化工等重点行业企业、产业园区实施清洁化改造，强化工业园区环境整治专项行动，实现工业污水集中收集、处理。推进郴州、耒阳、湘乡 3 个国家工业资源综合利用基地建设，做好省级工业固废资源综合利用示范基地、企业、项目认定培育工作。

三是开展绿色发展示范创建。推广绿色制造模式，开展绿色设计产品、绿色工厂、绿色园区和绿色供应链等示范，重点培育绿色产品和绿色供应链，探索具有湖南先进制造业特点的产业发展绿色途径，鼓励园区形成绿色发展的体制机制。大力发展生态农业、林业，积极创建国家、省级现代生态循环农业示范基地。依托流域丰富的文化旅游资源，积极开发流域红色革命教育、绿色自然风光、蓝色湖湘文化三条精品旅游线路，创建“红色湘江”“绿色湘江”“蓝色湘江”等全域旅游品牌。推动流域市县开展生态文明示范创建，积极创建国家生态文明建设示范区和“绿水青山就是金山银山”实践创新基地。积极稳妥推进碳减排、碳中和，加快推进一批低碳发展示范区、低碳示范城市、碳中和示范区建设。

（三）持续深化薄弱领域污染整治，做好“治水”文章

坚持问题导向，重点聚焦不达标水体、重金属污染、农业面源污染等问

题，分期分批实施一批重点整治项目，努力补齐重点薄弱领域整治短板，持续降低流域环境风险。

一是持续整治不达标水体。按照“一河（湖）一策”要求，综合整治陶家河、龙荫港等水质不达标或不稳定水体；深化黑臭水体整治，确保城镇黑臭水体整治“长制久清”，逐步消除农村地区房前屋后和群众反映强烈的黑臭水体。加强入河排污口排查溯源，逐一明确责任主体，并按照“取缔一批、合并一批、规范一批”要求分类整治。

二是强化蓝藻水华防治。健全流域航电枢纽库区蓝藻水华监测预警和应急处置机制，探索应用物理、化学、生物等方法进行综合防控，积极推进植物、水生动物除藻。

三是加强农业面源污染整治。以生猪养殖大县为重点，强化粪污资源化综合利用整县推进项目建设，大力发展有机肥，鼓励规模以下畜禽养殖户采用“种养结合”等模式消纳畜禽粪污。在水产养殖重点地区加快推广养殖尾水治理模式。建议各级加大测土配方、科学施肥和农药减量方面的专项资金投入，切实加强基层土肥、植保队伍建设，深入推进农药、化肥减量增效。积极推进农田退水“零直排”综合性示范工程建设。

四是强化重金属污染防控。持续推进历史遗留污染治理，巩固郴州三十六湾、娄底锡矿山等五大重点区域综合整治成效，强化风险管控，推广砷碱渣资源化无害化等先进治理技术，逐步消除历史遗留废渣、矿井涌水、污染场地等隐患。

五是补齐环境治理基础设施短板。加快实施一批流域保护和治理基础设施建设重点项目，重点落实县以上城市污水治理提质增效三年行动和乡镇污水处理设施建设四年行动，深入推进省级及以上工业园区环境整治专项行动，完善生活污水、工业废水等集中收集、处理设施建设等。统筹农村厕所革命，因地制宜加快推动实现乡镇生活污水收集处理设施全覆盖。在加大项目建设力度的同时，提升监管水平，定期开展绩效评估，确保相关设施持续稳定运行。

（四）加大生态保护修复力度，做好“净水”文章

按照“自然修复为主、人工修复为辅”的原则，坚持山水林田湖草沙系统治理，不断提升流域生态保护修复水平。

一是加快整合优化自然保护地。调整优化自然保护区、风景名胜区、湿地公园、水产种质资源保护区等功能分区，推动构建以国家公园为主体的自然保护地体系，切实解决保护规定不一致、监督执法难到位问题。

二是推进生态保护修复。全面停止流域天然林商业性采伐，有序推进天然林保护、封山育林、湿地保护恢复、水土流失治理、废弃矿山植被恢复等重点生态修复工程。在沿江沿湖因地制宜划定生态隔离缓冲区域，严格控制与生态保护无关的开发活动，对受损河湖缓冲带进行生态修复，强化污染拦截和净化能力。在湘江源头区域，科学开展水源涵养林建设，提升水源涵养能力。进一步明确流域重点河湖生态流量目标任务和保障措施，确保江河湖库枯水期生态流量。加快推进小水电分类清理整治。

三是加强生物多样性保护。加强流域珍稀、濒危、特有物种“三场一通道”等关键栖息地保护力度。严格执行禁渔期、禁渔区等制度，科学实施水生生物洄游通道和重要栖息地恢复工程。建议湖南省级层面高位推动，在岳阳建设湿地生态修复和生物多样性保护文化科普宣教中心。

（五）不断提升治理能力，做好“护水”文章

坚持问题导向和目标导向，加大改革创新力度，不断提升治理能力，推进生态环境治理体系和治理能力现代化。

一是加强科技支撑。充分利用卫星遥感、铁塔视频等现代信息监测手段，建立健全流域生态环境监测长效机制。加强研究重金属污染治理、蓝藻水华防范、饮用水安全保障、农业面源污染治理、矿涌水治理等治理技术研发和推广，切实提升流域生态环境保护和治理的科技支撑能力。

二是加大资金投入。建立财政投入动态增长机制，提高关于城市污水管网建设改造、垃圾填埋场整改提质等基础设施建设项目的补助比例或增加专

项债支持。推行“地方为主、省级引导，绩效评价、财政奖补”的财政支持方式，引导市县财政加大投入。成立湘江保护和治理专项基金，探索推动生态环保投资领域资产证券化。统筹生态公益林补偿、粮食补贴、库区移民补助以及湘江横向流域生态补偿等资金补助，推动流域生态补偿系统化、制度化。

三是完善市场机制。建议由湖南省国资委牵头，推动国有平台公司成立大型环保集团公司，整合资源，以市场化方式统筹推进污水垃圾处理一体化、专业化建设运营。积极推广 PPP、污染治理第三方服务、园区环保管家等模式，在重点区域、园区积极推进 EOD 模式（生态环境导向的开发模式）。争取国家绿色发展基金、国家低碳转型基金等支持。支持更多本土环保企业融入资本市场。稳妥推进污水处理收费机制改革，进一步完善污水处理成本分担机制、激励约束机制和收费标准动态调整机制，科学合理制定污水处理费标准。

四是激发群众参与。大力弘扬生态文明理念，加强湘江文化资源收集整理、文艺题材创作推广，讲好湘江保护和治理故事，营造良好社会氛围。紧紧依靠群众，构建环境治理全民行动体系，积极引导全民践行绿色生活方式，打好湘江保护和治理的人民战争。

参考文献

潘碧灵、彭晓成：《2020 年十年治一江 纵深推进湘江保护和治理》，载谈文胜、唐宇文、蔡建河主编《2020 年湖南两型社会与生态文明建设报告》，社会科学文献出版社，2020。

张萍：《长株潭湘江流域环境综合治理进展与成效》，载张萍、朱有志、史永铭、胡亚文主编《长株潭城市群发展报告（2016）》，社会科学文献出版社，2017。

谢瑾岚、杨顺顺、刘敏、罗黎平：《流域综合治理的“湘江模式”》，载谢瑾岚、杨顺顺、刘敏、罗黎平主编《长江经济带绿色发展报告（2019）》，社会科学文献出版社，2020。

谢亚军、赵毅、张清玲等：《湘江保护治理对水质的影响及原因分析》，《农业现代化研究》2023 年第 44 期。

湖南省人民政府办公厅：《湖南省“十四五”生态环境保护规划》（湘政办发〔2021〕61 号），http：//www. hunan. gov. cn/hnszf/xxgk/wjk/szfbgt//202110/t20211022_ 20838349. html，最后检索时间：2022 年 5 月 17 日。

湖南省生态环境厅等 17 个部门：《湖南省深入打好长江保护修复攻 坚战实施方案》（湘环发〔2023〕16 号），http：//sthjt. hunan. gov. cn/sthjt/xxgk/zcfg/gfxwj/202304/t20230417_ 29314918. html，最后检索时间：2022 年 5 月 17 日。

加强乡村教师队伍建设，促进教育优质均衡发展

——对《关于加强乡村教师队伍建设的意见》的政策评估

湖南省社会科学院（湖南省人民政府发展研究中心）评估组*

党的二十大报告指出，“加快义务教育优质均衡发展和城乡一体化”“培养高素质教师队伍”。教育优质均衡发展发力的重点在农村，农村教育的关键在教师。2019 年，为贯彻党的十九大和全国教育大会精神，全面落实乡村振兴战略，湖南省出台了《湖南省人民政府关于加强乡村教师队伍建设的意见》（湘政发〔2019〕18 号）（以下简称《意见》）。根据湖南省领导指示和《湖南省人民政府重大决策实施效果评估办法》（湘政办发〔2017〕45 号）的要求，评估组开展了《意见》实施效果评估，并对未来乡村教师队伍建设的政策进行了展望，现将评估情况报告如下。

一　概况

近年来，乡村教师的重要性愈加凸显，国家相继出台系列重大政策。湖南省《意见》提出了 10 条加强乡村教师（县市区人民政府驻地以外的乡镇中心区、村庄学校教师）队伍建设的举措（见表 1），这既是发展农村教育、建强乡村教师队伍的现实需要，也是对国家相关政策的积极落实响应。

---

* 评估组组长：钟君，湖南省社会科学院（湖南省人民政府发展研究中心）党组书记、院长（主任）。评估组副组长：侯喜保，湖南省社会科学院（湖南省人民政府发展研究中心）党组成员、副院长（副主任）。评估组成员：彭丽、郑劲、黄晶、文必正，湖南省社会科学院（湖南省人民政府发展研究中心）研究人员。

表1 《意见》10条举措及政策依据

《意见》举措	核心内容	政策依据
1. 加强师德师风建设	将师德教育作为乡村教师培养培训的首要内容；推行师德考核负面清单制度，将师德考核结果作为教师职称评审、岗位聘用、评优评先等工作的重要依据	2019年，教育部等七部门印发《关于加强和改进新时代师德师风建设的意见》，强调“师德师风是评价教师队伍素质的第一标准”，从目标任务、工作措施、师德准则、考核评价、监督体系等方面构建师德师风建设制度体系
2. 提高乡村教师待遇	乡村教师平均工资收入水平不低于或高于当地公务员平均工资收入水平；落实乡村教师享受艰苦边远地区津贴、乡镇工作补贴和贫困地区乡村教师人才津贴政策	2016年，国务院颁布《关于统筹推进县域内城乡义务教育一体化改革发展的若干意见》，实行农村教师生活补助和收入分配倾斜政策，要求县域内义务教育阶段教师的平均工资收入水平不应低于当地公务员的平均工资收入水平
3. 加强乡村学校教职工编制配备	对乡村小规模学校和乡镇寄宿制学校实行编制配备倾斜政策，按照班师比核定乡村小规模学校和教学点教职工编制；严禁挤占、挪用和截留教职工编制，严禁“有编不补”、长期聘用代课教师	2018年，国务院颁布《关于全面深化新时代教师队伍建设改革的意见》和《关于全面加强乡村小规模学校和乡镇寄宿制学校建设的指导意见》，提出编制向乡村小规模学校倾斜，按照班师比与生师比相结合的方式核定，严禁挤占、挪用、截留编制和“有编不补”
4. 加强乡村教师培养补充工作	四大补充来源：公费定向培养、“银龄讲学计划”、“特岗计划”、“三区”支教	《乡村教师支持计划（2015—2020年）》（2015）与《教师教育振兴行动计划（2018—2022年）》（2018）均提出推进地方积极开展师范生公费教育工作，要以地方师范院校为基地，为农村学校定向培养优秀教师、本土教师和“一专多能”教师。2018年，教育部、财政部印发《银龄讲学计划实施方案》
5. 通过“互联网+教育”助力乡村教师队伍建设	完善数字教育资源公共服务体系，推动城区学校音体美等教师为农村学校学生在线开设相关课程；组建一批“名师网络教研联盟”，实施新周期中小学教师信息技术应用能力提升工程	2018年，教育部印发《教育信息化2.0行动计划》首次提出“人工智能+教师队伍建设行动”。2019年，教育部发布的《关于实施全国中小学教师信息技术应用能力提升工程2.0的意见》提出，依托名师课堂、名校网络课堂对乡村教师开展“双师教学”培训、网络教研及示范性教学活动

续表

《意见》举措	核心内容	政策依据
6. 加大乡村教师职称支持力度	增设中小学正高级教师岗位；乡镇中小学的中级、高级专业技术岗位实行总量控制、比例单列；对满足工作年限要求、目前还是中级职称、符合评审条件与标准的乡村教师，直接评聘为基层高级教师	2017 年，人社部办公厅、教育部办公厅发布《关于做好 2017 年度中小学教师职称评审工作的通知》，明确指出农村教师职称评审的考核重点从学历、论文与外语等转为工作业绩与工作年限
7. 推动校长教师合理流动	加大“县管校聘”改革力度，推行音体美等紧缺学科教师走教制度，完善强校带弱校、城乡对口支援等办学机制，推进义务教育学校校长教师交流轮岗工作	《乡村教师支持计划（2015—2020 年）》（2015）和《关于全面深化新时代教师队伍建设改革的意见》（2018 年），均提出要实行义务教育教师“县管校聘”，实行学区（乡镇）内走教制度，推动县城学校教师到乡村学校交流轮岗，乡镇中心学校教师到村小学、教学点交流轮岗
8. 加强乡村教师培训工作	加大教师培训经费投入，增加乡村教师培训机会，“国培计划”“省培计划”向乡村教师倾斜，健全乡村学校校本研修制度	2015 年，《乡村教师支持计划（2015—2020 年）》明确提出，到 2020 年前，对全体乡村教师校长进行 360 学时的培训，把乡村教师培训纳入基本公共服务体系，保障经费投入。从 2015 年起，“国培计划”集中支持中西部地区乡村教师校长培训
9. 加大对乡村教师的表彰奖励和支持力度	扩大乡村教师的表彰奖励覆盖面，省优秀教师评选表彰对乡村教师单设，对在乡村从教满 20 年以上的教师按照有关规定颁发荣誉证书，“芙蓉教学名师支持计划”向乡村教师倾斜	2015 年，《乡村教师支持计划（2015—2020 年）》提出，建立专门的乡村教师荣誉制度。2016 年，教育部、人社部印发《关于做好乡村学校从教 30 年教师荣誉证书颁发工作的通知》，正式组织开展“乡村学校从教 30 年教师荣誉证书”颁发工作
10. 加强乡村教师周转房建设	加大教师周转房资金和政策支持力度，利用闲置校舍改扩建、适度新建一批教师周转宿舍	2015 年，《乡村教师支持计划（2015—2020 年）》提出，加快实施边远艰苦地区乡村学校教师周转宿舍建设，将符合条件的乡村教师住房纳入当地住房保障范围

资料来源：根据政府网站公开文件整理。

为准确评估《意见》的推进情况和实施效果，专题评估组综合采用自查自评、座谈交流、实地走访、访谈交流等方法进行评估。一是请湖南省教育厅、省委编办、省人社厅等相关部门和14个市州开展自查自评；二是赴湖南省教育厅召开专题座谈会，听取政策实施情况；三是深入永州、湘西等地的乡村学校进行实地调研走访，听取各方面的意见建议；四是分年龄、分学科、分来源、分层次与乡村教师代表开展逐一面对面访谈，深入了解乡村教师队伍建设的现状、困难和期待；五是综合评估，形成评估报告。

二　评估主要内容

（一）《意见》实施情况

《意见》出台以来，相关责任单位认真落实，积极作为，做了大量工作，可归纳为以下四个方面。

第一，拓宽乡村教师补充渠道。“数量充足”是乡村教师队伍建设的首要条件。《意见》明确了四大补充来源，一是定向培养公费师范生。湖南省公费师范生的招生规模从2006年的1000人扩大到1万人以上，累计为湖南省乡村学校输送了近4万名毕业生，还有6.4万名学生在校就读，公费定向师范生培养规模居全国之首。二是积极实施“银龄讲学计划”。自2018年实施“银龄讲学计划”以来，5年累计招募银龄教师1696人，安排到乡村学校任教。三是扎实开展“特岗计划”。2019~2022年招收农村特岗教师分别为4546人、5409人、4435人、3328人，4年合计17718人。四是继续实施“三区”支教。2019~2022年，共选派“三区”支教教师5661人，每年选派教师均在1300人以上。

第二，提升乡村教师综合素质。“质量精湛”是乡村教师队伍建设的核心目标。一是把师德师风建设摆在首要位置。坚持师德考核“一票否决”制，将2021年确定为全省“师德师风建设年”，成立湖南省师德师风建设工作领导小组和工作专班，全年查处师德违规问题2115起。二是通过“互联网+教育”助力乡村教师队伍建设。在信息能力提升工程1.0实施阶段，湖南省构建了省、市、县、校四级培训体系，累计培训教师 42.75 万人次，占全省中小学教师总人数的 86.45%。2020 年 8 月，湖南省启动信息能力提升工程 2.0 试点工作，先后遴选确定长沙浏阳市等 60 个县市区为提升工程 2.0 试点县，以乡村教师为主体完成了 8.7 万名教师的信息能力提升培训任务。自 2016 年起，每年举办全省中小学教师在线集体备课活动，覆盖全省 14 个市州、122 个区县，覆盖率 100%，累计参加教师人数近 30 万。推进湖南省“人工智能助推教师队伍建设试点行动”，长沙市、湘西自治州、湖南第一师范学院成功获批教育部第二批试点单位，全面提升了乡村教师信息化水平。三是加强乡村教师培训工作。5 年来，累计争取中央财政“国培”资金近 7 亿元，培训中小学幼儿园教师、校园长近 50 万人次，年均 9 万余人次，覆盖了湖南省全部（原）贫困县以及乡村教师、校园长。仅 2021 年，就培训农村中小学教师、校长 8.8 万余人次。

第三，理顺乡村教师管理体制。“管理顺畅”是乡村教师队伍保持活力的有力支撑。一是加强乡村学校教职工编制配备。根据《关于做好统一全省城乡中小学教职工编制标准工作的通知》（湘编办发〔2017〕18 号）文件精神，将县镇、农村中小学教职工编制标准统一到城市标准，同时明确编制配备向农村边远地区适当倾斜，对在校学生数在 200 人以下的村小和教学点，统一按照教职工与班级比 1.7∶1 的标准单独核定基本编制，充分考虑农村寄宿制学校、课程改革、全面二孩政策等因素，在核定基本编制的基础上把附加编制由 3%提高到 5%。建立动态调整机制，根据各地公办学校在校学生数量和小规模学校班级数量变化情况“两年一调”，2017 年、2019 年、2021 年省级下达各市州教职工编制总量分别为 54.28 万、54.33 万、54.87 万，为乡村教师及时入编提供根本保障。二是推动校长教师合理流动。积极推进义务教育学校校长教师交流轮岗和“县管校聘”改革，2015~2020 年，组织三轮义务教育学校校长教师交流轮岗试点工作，全省 38 个县市区参与试点。三是加大乡村教师职称支持力度。先后出台《湖南省中小学教师系列职称申报及管理办法》（湘职改办〔2019〕8 号）、《关于建立湖南省基层中小学教师职称制度的实施意见

（试行）》（湘职改办〔2020〕13号）等相关文件，在职称评审条件、评审通过率、晋升条件等各方面向农村教师倾斜。截至2021年底，湖南省各市州共评审出“基教高（副高）”1954人、“基教中”1103人，直接评聘资深乡村教师“基教高（副高）”12973人、基层中小学正高级教师59名。

第四，提高乡村教师待遇地位。“工作幸福”是乡村教师队伍得以持续向好发展的重要保障。一是全力提升农村教师待遇。按国家和湖南省政府相关文件规定的比较口径，2019年、2020年、2021年全省县域义务教育教师年人均工资为7.19万元、7.26万元、9.36万元，比同期公务员年均工资分别高出8011元、7549元、7338元；2019年、2020年、2021年全省县域义务教育教师人均奖励性补贴为15333元、15035元、17870元，与同期公务员奖励性补贴的差额分别为4358元、2310元、1284元，差额逐年缩小。乡村教师在与当地乡镇公务员同样享受乡镇补贴的基础上，额外还享受150~700元不等的乡村教育人才津贴，全省享受该项补贴教师的比例达到义务教育阶段教师的65%左右，补贴金额达到全省义务教育教师年人均1850元。此外，各地因地制宜、各尽所能，积极构建“越往基层、越是艰苦、待遇越高”的激励机制，如永州最高的艰苦边远生活补贴标准达到1000元/月，乡村教师班主任补助标准不低于500元/月；湘西州所有农村偏远学校人才津贴均提高到1200元/月。二是加大农村教师表彰奖励力度。“徐特立教育奖”“湖南省优秀教师”“湖南省教书育人楷模”等表彰项目向乡村一线教师倾斜，并专门设立“湖南省优秀乡村教师”表彰项目，每2年表彰100名长期在乡村学校任教的一线优秀乡村教师。进一步健全完善乡村教师荣誉激励制度，为在乡村学校从教满20年的教师颁发荣誉证书共计106635册，激励广大乡村教师扎根基层安心从教。三是加强乡村教师周转房建设。截至2022年10月，全省累计建成乡村教师周转宿舍118385套，其中利用中央预算内投资建设周转宿舍28320套、利用保障性住房政策建设公租房74386套、其他类型建设周转宿舍15679套，农村教师周转宿舍覆盖率57.5%（已有教师周转房/有需求的农村教师总数）。

（二）《意见》实施效果

1. 乡村教师“下不去”的问题得到基本扭转

为充实乡村教师队伍，《意见》出台了多项举措，教师补充向乡村倾斜成为主要政策方向。“公费师范生”向乡村输送了大量的优质教师，已成为乡村中小学教师补充的最重要、最优质的来源。调研走访中发现，公费师范生带的班级，活力明显更足、学生更加开朗；校领导对这一群体的评价普遍较高，认为他们“专业强，上手快，心思稳”；多名年轻公费师范生教师谈到乡村孩子时都忍不住流下心疼的泪水，反映出他们平时对学生倾注了真挚的情感。“三区”支教与“县管校聘”统筹了城乡教师资源，吸引了更多的优秀教师到农村教学。多地将“乡村教学经验”作为职称评比的必要条件，鼓励教师城乡交流。评估组在永州市新田县与乡村教师交流时，有一名老师称，自己是从县城交流到乡村学校来的，但出于待遇、荣誉、情感等多方面的原因，交流期满后选择长期留任。“特岗计划”的实施有力改善了乡村学校教师队伍的年龄、学历、学科结构。在各项政策的支持下，5 年来，湖南省乡村专任教师共计增长 3.4 万人，其中小学乡村专任教师增加了 1.5 万人（见表 2）。

表 2　2017~2021 年湖南省乡村专任教师数量情况

单位：万人

乡村专任教师	2017 年	2018 年	2019 年	2020 年	2021 年
小学	19.94	20.11	20.68	21.11	21.47
初中	13.01	13.01	13.30	13.56	13.84
高中	4.73	4.98	5.24	5.50	5.75
总数	37.68	38.10	39.22	40.17	41.06

资料来源：根据湖南省教育厅提供数据整理。

2. 乡村教师“教不好”的问题得到切实改善

针对乡村教师基础偏弱、“教不好”的问题，《意见》的政策手段集中在乡村教师师德建设、探索吸引高校毕业生到乡村任教的新体制机制、推动城镇优秀教师向乡村流动、加强农村教师培训等方面。从各地实施情况看，相应的实施细则陆续出台，相关的职后培训逐步完善，教师的职业发展条件得到有力保障。比如，各地基本都将“师德师风”置于首要位置，凡是评优评奖，师德师风是第一关；“公费师范生”计划的出台吸引了众多优秀人才报考师范院校，培养了大批优秀的乡村教师，探索了高校、地方政府与中小学校协同培养教师的新机制；“信息能力提升工程”和“国培”“省培”等农村中小学教师系列培训计划切实提升了乡村教师的专业能力和信息化水平，对乡村教师知识更新产生了巨大的促进作用。5 年来，湖南省乡村教师本科及以上学历占比从 71.6%提升至 81.3%，尤其是小学乡村教师，本科及以上学历占比提高了 20 个百分点（见图 1）。

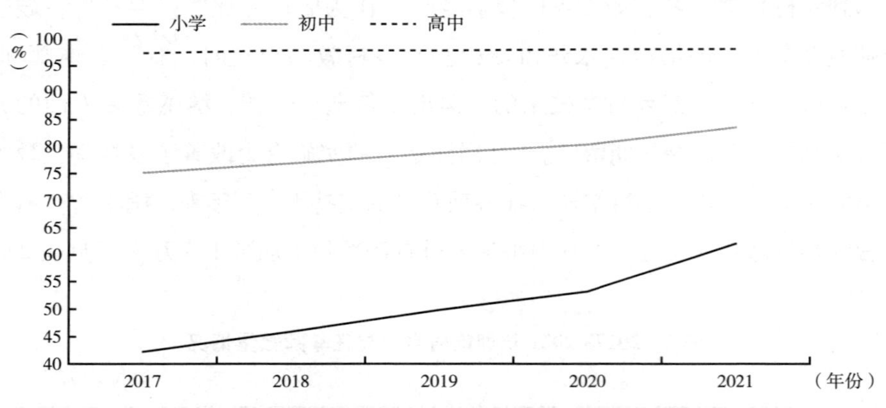

图 1　2017～2021 年湖南省乡村教师本科及以上学历占比情况

资料来源：根据湖南省教育厅提供数据整理。

3. 乡村教师“留不住”的问题得到有效缓解

针对乡村教师待遇差、“留不住”的问题，《意见》的政策手段集中在提高乡村教师待遇地位，在工资、津贴、职称、荣誉、住房等方面实行倾斜政策。由于地方经济发展和财政收入水平存在差异，不同市州之间、同一市州不同县域之间、同一县域不同乡村之间，教师的待遇可能不一样。但从调研情况来看，全省所有县市区都实现了“义务教育教师平均工资收入水平不低于当地公务员平均工资收入水平”这一既定目标，乡村教师的工资津贴大幅提高。访谈中，祁阳县下马渡中心小学一名34年教龄的高级教师告诉评估组，他每月工资能达到9000多元，表示“非常满足”。在职称和荣誉评比方面，评估组发现，“当乡村教师职称晋升快、荣誉给得多”已成为教师的共识，刚刚任教的公费师范教师更是对自己的职称晋升充满信心，表示“应该不难”。走访中同时也看到，大多数乡村学校都建设了教师周转房（宿舍），住宿条件大为改善。《意见》使乡村教师相较于城市教师在津贴、职称、荣誉、住房等方面得到一定的倾斜和照顾，成为鼓励优秀人才到乡村任教、改善乡村教师生活现状、提高乡村教师吸引力的重要手段，为推动乡村教师队伍建设发挥了巨大的激励作用。

（三）政策评价

1. 体现了支持农村教育政策的连续性和阶段性，强化了支持教育均衡发展的政策导向

《意见》是湖南省第一个专门为乡村教师出台的政策文件，是党的十八大以来实施的一系列支持教育、教师政策的继续和深化。以往湖南省出台支持乡村教师的政策比较分散，政策实施的主要目的也在于满足农村中小学“保运转”、农村孩子“有学上”的基本需求，在此基础上如何在更高水平、更深层次上提升农村中小学办学“软实力”、实现农村孩子“上好学”成为湖南省当前和今后一段时期义务教育发展的重点。全面加强农村教师队伍建设、提高农村教师素质是实现这一目标的重要途径。《意见》10条举措将加强农村教师队伍建设作为支持农村教育的重点，不但体现了湖南省支持农村教育政策的连续性和阶段性，也进一步强化了促进教育均衡发展的政策导向。

2. 创设了支持农村教师队伍建设的新方式，体现了鲜明的政策创新

第一，《意见》改变了以往政策安排中单一的“数量补充”或“质量提高”的支持方式，每一项举措既体现着对乡村教师队伍的“数量补充”，也涉及“素质提高”。如“特岗计划”“公费师范生培养”等，是数量和质量兼顾的教师政策。第二，《意见》也改变了以往“就农村论农村”“就教育论教育”的支持农村教育发展方式，而是立足“城乡互动、城乡交流”，站在“缩小城乡差距”的角度思考和规划农村教师队伍建设，如“县管校聘”“交流轮岗”“三区支教”等，既是教育项目，也是农村社会发展项目；既是农村教育的重要内容，也是城市教育的重要方面。

3. 产生了积极的正外部效应，推进了农村教育与经济社会的一体化发展

第一，《意见》的实施，有利于缩小教育的阶层差距，促进社会公平。如公费师范生政策、“特岗计划”等，不但有利于保障贫困家庭学生接受高等教育，而且扩大了高校毕业生的就业渠道，为青年到基层锻炼提供了机会。第二，《意见》的举措促进了现有乡村教师素质的提高。“特岗计划”“交流轮岗”等政策吸引优秀城市毕业生、城市教师到农村任教，有效优化了农村学校及乡村社会的文化氛围和社会风尚，这对促进农村教育与经济社会的一体化发展有着积极的作用。

4. 对乡村教师队伍建设缺乏整体规划，需进一步完善和调整，以适应党的二十大后新的发展形势

《意见》从10个方面提出了支持乡村教师的举措，内容较为丰富，但随着党的二十大“办好人民满意的教育”“加快义务教育优质均衡发展和城乡一体化”等更高目标的提出，需加强对乡村教师队伍建设的整体规划，进一步明确党的二十大以后乡村教师队伍建设的要求、目标、重点任务、实现路径等，进一步推动乡村教师队伍高质量发展。

（四）评估结论

湖南省乡村教师政策的制定和调整以国家相关政策为基础，体现了政策从中央到地方的一以贯之。《意见》10条措施，贯彻落实了国家系列政策，从着重解决乡村教师数量补充转向大力提升整体素质，从通过外部补充转向关注内涵发展，从单纯依赖外部力量转向积极激发乡村内生力量，政策的层次不断上升，政策的内容也在不断完善和扩展。

《意见》实施3年以来，湖南省乡村教师队伍面貌发生了巨大变化，乡村教育质量得到显著提高。但从调研的情况来看，乡村教师队伍建设还存在不少现实困难，未来一段时期，乡村教育发展还将面临学龄人口变动、城乡格局变化、农村学校布局调整和家庭教育缺位等多重挑战，这对湖南省乡村教师队伍建设提出了新的更高要求。湖南省要全面贯彻落实党的二十大精神和习近平总书记关于教育的重要论述，遵循“办好人民满意的教育”，进一步完善和调整乡村教师政策，努力造就一支热爱乡村、数量充足、素质优良、充满活力的乡村教师队伍。

三　问题与挑战

（一）现实困难

1. 编制管理存有矛盾

一是隐性缺编严重。以 2021 年底全省中小学在校学生人数为基数，按照规定比例（师生比高中 1∶12.5、初中 1∶13.5、小学 1∶19），湖南省中小学教职工编制可核定 50.67 万名，2021 年、2022 年编办实际核拨 54.87 万名、55.42 万名，超出国家标准 4 万多名。从国标来看，湖南省所有市州的编制数均超标，但是，湖南省小规模学校、教学点大量存在，10 人以下的教学点就有 2400 多个，学生人数虽少，但学校和班级数并未相应减少，若结合班师比的标准（1∶1.7），长沙、株洲、郴州、怀化、娄底、永州、邵阳等 7 市的教师编制数与实际核拨编制数有一定的差距，其中，长沙市缺口近 4500 名。①

虽然从数据来看，只有一半的市州存在缺编情况，但从各市州反映及走访调研的情况来看，几乎所有市州都有强烈的增编诉求。具体到各地各学校，部分区域及学校呈现满编或超编运行态势，自然减员腾出的编制只能用于消化超编人员和落实农村教师特岗计划、公费定向师范生计划所需，基本

① 缺口=实际核拨编制-省标应核编制。

没有空间用于自主招聘教师和人才引进。此外，乡镇公办中心幼儿园挤占中小学教职工编制、教师因病长期不能上岗、女教师休产假等在编不在岗的情况不同程度存在，教师编制隐性缺口较大。按照规范民办义务教育发展的有关要求，2022 年底民办义务教育在校生规模占比控制在 5%以内，预计湖南省将有 57.6 万多名学生回归公办学校，教师储备明显不足。

二是人员结构失衡。学科结构方面，农村学校英语、体育、音乐、美术、科学、信息技术等学科教师严重缺乏，像常德市音体美、心理健康教师与实际配备有 1400 多人的缺口，一些村小和教学点为开足开齐国家规定课程，几乎全依赖老师兼职、走教和远程教学。同时，高中学校面临新高考综合改革，“3+1+2”的选科模式使学生选科具有不确定性且在年际间具有随机性，导致物理、地理、政治、生物等科目教师非常紧缺。性别结构方面，农村教师队伍男女比例失调，新进教师以女教师为主。如常德市小学、初中、高中阶段女教师占比分别为 69.19%、56.58%和 46.37%；永州市预测未来 5~10 年内，全市女教师占比可能达 80%以上。功能结构方面，农村寄宿制学校的兴建急需配备专任的生活教师、心理健康指导教师和医疗保健师等专业化编制，而目前这部分工作大部分由任课教师兼任。

三是精准调配困难。农村教师编制动态管理面临体制障碍和技术壁垒。一方面，县级教育行政部门缺乏统筹管理本辖区教师编制的权限，教育部门难以根据农村学龄人口的变化和农村学校的实际需求来动态调整和配置各个学校的教师编制，更难引导城镇学校教师和超编学校教师向农村学校和缺编学校流动。另一方面，实现农村教师编制动态管理面临准确预测农村学龄人口、科学测算农村教师编制和精准调配教师编制等技术壁垒。在城镇化和生育政策的双重影响下，想准确掌握农村学龄人口的分布和变化不是一件容易的事情；同样核算农村教师编制也不能仅依“师生比”“班师比”指标，而应把多维指标如课时量、学科结构等纳入农村教师编制测算模型，然而这在增加核编科学性的同时势必也增加了编制测算的技术难度。

四是交流轮岗不畅。“县管校聘”和交流轮岗在编制使用、岗位设置、财政保障等关键问题上，涉及编办、人社、财政等多个部门，面临诸多体制性障碍。如编办将编制数核定到学校，教育行政部门无法根据每年学生数的变化及实际的教师需求，对学校的编制及时进行增减；岗位设置由人社部门设定到学校，如果实施“县管校聘”或交流轮岗，一名具有高级职称的教师就无法交流到没有设置高级岗位或高级岗位已满的学校；校聘落选人员安置渠道少、难度大。从访谈的情况看，有些校长、教师对交流轮岗意愿不强，主要原因是交流调动后工资待遇福利得不到保障，而且交流后面临着工作环境改变、家庭孩子难以照顾等现实问题。

2. 职业吸引力不强

一是补充难。近年来全省乃至全国中小学教师紧缺，优秀人才更愿意到经济发达地区工作，湖南省地理偏远、经济偏弱的地区每年教师招聘时都有大量岗位报名人数不足的现象，乡村教师更是难以得到有效补充。例如，邵阳市近三年招聘的教师仅完成计划数的78%，永州部分县市区甚至只能完成招聘计划的一半左右，尤其是生物、化学、物理等学科老师更加难招。另外，新入职教师不愿到村小教学点任教，导致村小等小规模学校教师紧缺的现象尤为突出。

二是晋升慢。乡村教师晋升初级职称比较容易，但晋升中级尤其高级职称比较难。目前湖南省幼儿园、小学、初中学段的高级职称岗位设置比例分别是4%、8%、15%，与一些中部省份相比偏低，如河南省的幼儿园、小学、初中学段的高级职称岗位设置比例分别为10%、20%、30%。并且，中小学教师职称分档设置比例，高级职称评定即属“终身制”，如职数已达限额，想参评的教师必须等待。访谈中学校管理层和老师都无奈表示“不是不优秀，实在是没有空的职数”“未来十几年都不要想评职称的事了”，很大程度挫伤了教师工作热情，滋生了“佛系”心理。

三是任务重。乡村学校规模小、教师少，教师跨年级、跨学科教学导致备课、批改作业、课业辅导的负担相对城区学校要重得多，特别是湖南省农村留守儿童多，乡村初中寄宿学校也比较多，乡村教师对留守儿童和寄宿生教育管理、生活照顾、安全保障的难度更大、挑战更多。此外，很多乡村教师反映，平时还需承担大量非教学任务，如各级各类督导验收检查，扫黑除恶、禁毒、艾滋病预防、普法等各类宣传宣讲，寒暑假的安全巡河、扶贫走访等，一旦没完成或完成质量不高，还可能被追责，给教师造成了较重的心理负担。

四是留不下。很多学校反映，一些青年老师或因工作条件艰苦、或因个人问题难以解决、或因待遇偏低、或因职业发展受阻，在乡村学校工作得不安心、不专心、不舒心、不甘心，很难稳定下来。现有的乡村教师政策性补贴对教师的吸引力还不够强，一部分优秀骨干教师、高学历教师和专业教师流向市（县）中心城区、近郊地区或者外市（主要是省会长沙），如常德市国家特岗教师流出率超过20%，怀化市每年外流优秀教师300人左右。访谈中，有不少青年教师坦言，“服务期满后，肯定还是要考走的”。一位乡村学校校长告诉评估组，“之前招了一位年轻老师，学校对他寄予了厚望，结果来了在学校转了一圈、看了一眼，第二天就辞职走了”。

3. 素质能力有待提升

一是师德师风问题仍然偶发。从实际情况看，师德师风问题难以做到完全杜绝，中小学教师违规有偿补课、个别教师公开发表不当言论的现象仍时有发生，损害了教师队伍整体形象。一些地方和学校对师德违规行为不敢动真碰硬，问责查处力度不大；个别教师对师德师风建设认识不高，表面文章多，未触及灵魂。

二是教师质量参差不齐。由于乡村教师招聘门槛低、专业不受限和需求总量大，一批专业不适、基础较弱、就业较难的大学毕业生进入教师队伍，特别是大量的非师范毕业生进入乡村教师队伍，虽然在数量上弥补了缺口，但在质量上与岗位需求仍有较大差距。另外，一部分乡村教师是从民师转公、代课教师转正等途径走上教学岗位的，这部分教师学历不高、没有接受过系统性专业教育，缺乏专业的教学理念和教学方法，一定程度影响了教学质量的提高。

三是在职培训困难较多。虽然教育主管部门每年都有培训指标下达，但由于工学矛盾、年龄、能力、经济等方面原因，农村教师参加培训的积极性不高，教师培训难以全面落实。具体表现为：乡村教师大多是“一个萝卜一个坑”，甚至“一个萝卜管几个坑”，一些校长直言，“越是优秀的老师越难脱产外出学习培训”；农村大量小规模学校，教师数量少，教研、培训、学习氛围难以形成；目前培训以远程网络培训为主，重理论轻实践，缺乏针对性和专业引领；部分乡村学校还存在将培训经费移作他用保运转的情况。

（二）形势挑战

1. 出生人口减少——教师总量不足与局部富余的矛盾凸显

从湖南省人口数据来看，2009~2017 年，湖南省人口出生率处于一个较高水平，年均人口出生率为 13.4‰，从 2018 年起，湖南省人口出生率快速下降，到 2020 年仅为 8.5‰，出生人口比 2012 年高峰时减少了 41 万人。出生人口的减少，也意味着学龄人口减少。根据湖南省当前出生人口数与在校生人数的情况估算，处于高中（普高）、初中和小学阶段的人数分别占出生人口的 56.5%、100%、94.1%，假设相关情况不变，2025 年后，小学在校学生人数将减少 71.6 万人，初中和普高在校学生人数分别增加 27.3 万人、20.7 万人，按照师生比测算，小学教师要减少 3.8 万名，初中和普高教师分别需增加 2.02 万名、1.66 万名，合计要减少 1200 名教师。此测算方法虽不一定精准，但可预见的是，未来 5 年，湖南省将呈现中学阶段教师更加紧张、小学阶段教师相对富余的状态（见表 3、表 4）。

表 3　湖南省分教育阶段出生人口及在校生规模情况

单位：万人

所处教育阶段		出生年份	出生人口数	在校生数	
高中	普高	2004~2006 年	239.8	135.4	210.1
	职高			74.7	
初中		2007~2009 年	257.4	257.4	
小学		2010~2015 年	563.1	530.1	

资料来源：《湖南统计年鉴 2021》《2021 年湖南省教育事业发展统计提要》。

表 4　湖南省 2023~2025 年分教育阶段在校生规模估算

单位：万人

所处教育阶段	出生年份	出生人口数	预估在校生数	与当前在校生差距
小学	2015~2020 年	487.2	458.5	−71.6
初中	2012~2014 年	284.7	284.7	+27.3
普高	2009~2011 年	276.3	156.1	+20.7

注：因本文讨论的中小学教师编制不涉及中等职业教育，故在估算中未将职高算入。
资料来源：《湖南统计年鉴 2021》。

2. 城镇化进程加快——乡村学校布局“分散”与“集中”的平衡点更难把握

一方面，乡村小规模学校将长期大量存在。随着农村“撤点并校”的开展，2011~2020 年，湖南省乡村普通小学减少了 3870 所，而教学点却增加了 1503 个；截至 2022 年 10 月，湖南省 200 人以下的农村小规模学校 9365 所（含教学点 6876 个），占农村学校和教学点总数的 61%，教学点数量仅次于江西、河南、广西、四川，为全国第 5。湖南省乡村小规模学校和教学点数量众多，虽然满足了山区、偏僻地区农村孩子“有学上”的基本需求，但同时也意味着师资难以补充稳定、教育投入难以保障等现实难题。

另一方面，大量农村孩子“进城上学”。2020 年，湖南省常住人口城镇化率为 59%，而在校生的城镇化率（小学至普高阶段城镇在校生数/在校生总数）为 83%，在校生城镇化率反超常住人口城镇化率，反映的是大量农村孩子“进城上学”的现实。但值得注意的是，湖南省教育城镇化的重点在于“镇”，根据《中国教育统计年鉴 2020》数据，湖南省城区、镇区、乡村的在校生人数（小学至普高阶段）分别占总在校人数的 32.32%、50.69%、16.99%，镇区在校生占了一半以上。乡镇学校是村小学生向上流动的首选，比去县城上学的成本更低，也是为县城学校分流、控制大班额的重要渠道。

未来，如何兼顾“城镇挤、乡村空”与“乡村大量小而散教学点”同时并存的教育现实，在财政偏紧的情况下统筹配置教师资源，平衡公平与效率，对各地政府而言都是一个重大考验。

3. 留守儿童偏多——乡村寄宿制学校需求量大

湖南省是人口外出务工大省，据湖南省民政厅数据，湖南省留守儿童达42.4万人。大规模的留守儿童，不仅催生了大量的心理、情感问题，也产生了巨大的寄宿需求。据湖南省教育厅统计，2019~2021年，湖南省义务教育阶段寄宿生从194万人增长至208万人，其中农村寄宿生从150万人增长至169万人，农村学生寄宿率从27%上升至32%，农村小学生寄宿率达到16%。农村寄宿制学校的运行经费远高于普通学校，对教师编制的需求也更多，在实际运行中存在着办学经费紧张，食品、安全、卫生、医疗等各方面难以保障等一系列复杂的问题。在走访中评估组也发现，目前湖南省乡村寄宿学校特别是寄宿小学条件比较艰苦，生活老师几乎全靠班主任兼任，一间宿舍住十来个孩子，上下床生锈老化，更没有风扇空调等设备，在永州市祁阳市下马渡中心小学，评估组正好看到一个年幼的孩子在阴暗潮湿的宿舍里跳着脚往比自己还高的毛巾架上挂毛巾，着实让人心酸。未来，如何提升农村寄宿制学校软硬件条件，是“办好人民满意的教育”必须要着力解决的重大问题。

四　政策建议

党的二十大之后，在乡村振兴战略和教育优先发展的理念推动指导下，乡村教育事业发展将迎来新的机遇，乡村教师队伍建设也将开启新的阶段。湖南省要以“办好人民满意的教育”为目标，着眼教育优质均衡发展，直击乡村教师队伍建设中的“痛点”“堵点”，在顶层设计、政策倾斜、协同发力等方面完善相关政策体系。

（一）强化系统思维，在政策“设计”上做升级

1. 贯彻落实中央重大战略

党的二十大报告指出，“教育、科技、人才是全面建设社会主义现代化国家的基础性、战略性支撑”“我们要坚持教育优先发展”“办好人民满意的教育”“培养高素质教师队伍”。这些重要论述深刻阐明了中国特色社会

主义教育事业的本质特征，明确了教师队伍建设的根本目标。湖南省要把乡村教师队伍建设作为乡村振兴战略、人才强国战略的基础性工程来抓，在政策设计时，要从发展战略、政策支撑和资金资源等方面加大对乡村教育的倾斜，聚焦人民群众所急所需所盼，坚持问题导向、目标导向和效果导向相结合，以建设高质量高素质乡村教师队伍为契机，不断推进乡村教育现代化。

2. 积极对接国家教育政策

推动湖南省、市做好地区乡村教师发展战略目标与《中国教育现代化2035》《关于加强新时代乡村教师队伍建设的意见》等国家教育政策的整体规划对接，按照国家政策的总体要求、目标任务，制定湖南省的实施行动路线图，落实各项具体工作。各市县区还须与国家和省级教育现代化目标对接，从本地教育发展的实际出发，体现国家和省政府重大教育决策的基本精神，大胆创新摸索，走自己的特色发展道路。

3. 加快制定“1+N”政策体系

“1”指以省政府名义出台《湖南省乡村教师支持计划（2023—2027年）》，进一步明确湖南省乡村教师队伍建设的总体要求、任务目标、主要举措、时间节点和负责部门，对照国家教育政策，重点突破体制机制创新，建立定期调度和跟踪督查机制，推动乡村教师队伍建设快速发展。“N”指一系列配套方案和实施细则，如《小规模学校和寄宿制学校教职工编制核定标准和实施办法》《中小学岗位设置管理办法》《深入推进县（区）域内义务教育学校教师“县管校聘”管理改革实施办法》《建立乡村教育实践基地的指导意见》等。

（二）强化均衡发展，在政策“倾斜”上求突破

1. 编制配备倾斜

一是立足农村学校的实际需求，以学校为基本核编单元，在师生比乡村>县镇>城市的基础上，结合班师比、科师比进行“精准核编”。二是增加农村教师编制弹性。在保障教师基本编制数的基础上，根据本地教师中育龄女教师、生病教师的实际状况和教师参与培训的周期和时长，确定教师机动

编制的弹性系数，预留编制空间。对因长期患病或身体原因不能胜任教学工作的教师，教龄超过25年的实行内部退养，其余按国家规定办理病退手续，不占用教师编制。三是以县为单位，建立中小学教师编制“周转池”，重点用于农村教师的统筹调配。探索“教师共享编制”，由乡镇中心学校统一管理、多个学校共享小学科教师编制，通过教师“走教”的方式实现音体美、英语、科学等小学科教师编制共享，缓解农村教师结构性缺编问题。四是技术赋能编制动态管理。县级教育部门为每个农村学校建立电子信息台账，精准掌握每个学校的学生变化情况、课程开设情况，以及教师的数量、结构、分布等信息，按照“一校一核”“一年一调”的原则统筹调剂县域内校际编制的余缺，同时建立由编制、教育、财政、人事等部门共同参与的联席会议制度，化解农村教师编制动态调整的部门障碍。

2. 岗位职称倾斜

加快落实人社部、教育部2022年9月出台的《进一步完善中小学岗位设置管理的指导意见》，尽快出台符合湖南省实际的《中小学岗位设置管理办法》。其一，湖南省人社厅、湖南省教育厅在充分调研、摸清底数的基础上，分学段、分类型科学设置教师岗位结构，以县为单位计算、分配、管理教师的岗位职级。县级教育部门按照班额、生源等情况，在核定的岗位总量内，统筹调配各校岗位数量，并适当向乡村学校倾斜。其二，设置乡村中小学特设岗位，用于引进急需紧缺高层次教师，特设岗位不受单位岗位总量、最高等级和结构比例限制。其三，湖南省人社厅与省教育厅根据湖南省实际情况设置“定向评价、定向使用”的乡村中小学教师岗位的总量和比例，以县为单位，实行总量控制、比例单列、专岗专用、单独管理。其四，同一县域内中小学教师岗位出现空缺的，教师可以跨校评聘，评聘成功后，应至少在参评学校服务5年。其五，在保证“‘十四五’期间，正高级教师岗位数量控制在全国中小学教师岗位总量的千分之五以内”的前提下，适当提高湖南省中小学高级教师岗位比例，用足用好国家政策。

3. 补充培养倾斜

第一，通过实施“六个一批”培养引进乡村教师，即：通过与高等院校、地方院校合作，扩大培养一批初中起点六年制本科公费定向培养师范生，采取定向招生、定向培养、定向就业等方式，精准培养本土化教师；通过安家费、提供保障住房等优惠政策，引进一批教育部直属师范院校公费师范生；通过“面试+考核”的方式直接从本科院校招进一批优秀师范毕业生，作为初中骨干教师培养；通过“县管校聘”改革流动一批优秀城区教师到乡村任教；通过公开招聘、退休返聘和临时选聘的“三聘”方式，重点补齐一批乡村学校小学科教师；借鉴北京怀柔九渡河乡村小学经验，选聘一批乡土能人作为辅导老师，开设湘绣、花炮、木工、烘焙、瓷器、剪纸等特色课外服务课。第二，大力实施“三个计划”，精准提升乡村教师能力素质，即“能力提升计划”，建强培训网络体系，形成“国培、省培、市培、县培、校培”五级培训网，针对中小学教育教学实际问题，实行“菜单点餐、自主选择”，分层次有重点地开展培训，充分利用寒暑假增加乡村教师参培机会；“教学比武计划”，依托市县教育科研机构定期开展教学素养展示、教学比赛和教学交流活动，促进教学理论与实践相结合，让教师在比拼中增长见识，开阔视野；“名师养成计划”，发挥特级教师、正高级教师、“芙蓉名师”、学科带头人等名师的示范、引领和辐射作用，建立“名师工作室”“教师工作坊”，财政预算保障至少5万每年的工作经费，让其成为集教学、科研、培训等职能于一体教师合作共同体。

4. 福利待遇倾斜

一是进一步强化农村中小学教师工资待遇保障机制，将确保农村中小学教师工资的责任落实到政府为民办实事的工作中去。二是进一步加强乡镇公租房建设，统筹基层教师、医生、公务员的公租房需求，配套较为完善的用水、用电、交通、娱乐等生活设施。三是启动农村青年教师生活补贴，在现有各类津贴基础上，加大对青年教师的关爱力度。

（三）强化协同精神，在政策“合力”上谋实效

1. 与乡村振兴发展战略相结合

乡村要振兴，教育当先行。一是把乡村教育融入乡村建设行动。把学校

建设项目与乡村振兴重点建设项目同规划、同预算、同施工，让美丽校园成为美丽乡村的一部分。鼓励乡村学校党组织与乡镇党委、村党支部开展联学联建活动，引导乡村教师真正深入当地百姓生活，通晓乡情民意，增强教育实效。二是支持乡村学校建成乡村文化振兴高地。探索乡村小班化教学模式，充分融合当地风土文化，跨学科开发校本教育教学资源，引导教师立足乡村大地，做乡村振兴和乡村教育现代化的推动者和实践者。注重发挥乡村教师新乡贤示范引领作用，塑造新时代文明乡风，促进乡村文化振兴。

2. 与乡村教育发展方向相协调

一是进一步优化各地学校布局，确保与当地经济社会发展、人口分布状况、生育水平和城镇化进程等相适应，逐步改变校点分散、办学规模小、办学效益低的局面。尤其审慎布局偏远农村的极小规模教学班、教学点，科学安排教与学，力求在质量和覆盖之间找到合适的平衡点。二是在农村寄宿学校经费上优先保障，保证农村寄宿学校心理健康教师编制，探索以政府购买服务的方式，缓解寄宿学校生活老师和后勤保障人员配备不足的问题。三是提前思考小学教师向中学教师转型的途径，可在九年一贯制学校、大型教育集团率先试点，探索可复制、可推广的经验。

3. 与部门相关政策相统筹

一是探索建立跨部门、跨领域的创新政策联席会议制度，加强教育部门与财税、编制、人社、农业农村等部门的统筹协调，形成目标一致、协作配合的政策合力。二是建立常态化的第三方政策评估机制，充分发挥第三方评估的政策评价作用，在后期政策修改、调整时，可邀请评估部门作为重要部门共同参与。

参考文献

刘善槐、邬志辉：《我国农村教师编制的关键问题与改革建议》，《人民教育》2017年第7期。

覃彤、茅锐：《改革开放以来我国农村教师政策的变迁历程、基本特征及展望》，《辽宁行政学院学报》2021 年第 6 期。

石连海、田晓苗：《我国乡村教师队伍建设政策的发展与创新》，《教育研究》2018 年第 9 期。

邓亮、赵敏：《我国乡村教师队伍建设政策执行困境与突破路径——基于多重制度逻辑的视角》，《教育理论与实践》2019 年第 34 期。

邵泽斌：《新世纪国家对农村教师队伍建设的特别性支持政策：成效、问题与建议》，《南京师大学报》（社会科学版）2010 年第 5 期。

石娟：《新世纪以来我国乡村教师政策的审思》，《教师教育学报》2022 年第 2 期。

《湖南省人民政府关于加快推进农业机械化和农机装备产业转型升级的实施意见》政策实施效果评估报告

湖南省社会科学院（湖南省人民政府发展研究中心）评估组*

党的二十大报告指出，要“强化农业科技和装备支撑”。为此，评估组对《湖南省人民政府关于加快推进农业机械化和农机装备产业转型升级的实施意见》（湘政发〔2019〕22号）（以下简称《实施意见》）开展了实施效果评估。针对文件提出的主要目标、八项重点任务和两项保障措施，通过收集22个省直部门和14个市州自评材料，结合实地调研和座谈，评估组认为《实施意见》出台三年来，各项目标完成较好，推动了湖南省农机装备水平、作业水平和管理服务水平稳步提升；但也存在政策执行不畅通、农业机械化发展不平衡、农机装备制造业发展质量不高、农机推广应用的基础设施不完善和农机社会化服务体系不健全等不足；下一阶段必须有针对性地完善相关政策措施，切实推动《实施意见》全面贯彻落实。现将评估情况报告如下。

一 《实施意见》的贯彻落实情况

《实施意见》基本涵盖了农业机械化和农机装备产业转型升级的各个重要

* 评估组组长：钟君，湖南省社会科学院（湖南省人民政府发展研究中心）党组书记、院长（主任）。评估组副组长：侯喜保，湖南省社会科学院（湖南省人民政府发展研究中心）党组成员、副院长（副主任）；蔡建河，湖南省社会科学院（湖南省人民政府发展研究中心）二级巡视员。评估组成员：李学文、王颖、黄玮、夏露，湖南省社会科学院（湖南省人民政府发展研究中心）研究人员。

环节，在探索农业作业补贴、开展县级自主选择品目补贴试点、推动农机服务业态创新以及农机“走出去”方面具有新亮点，初步建立了多部门协同推进的工作机制。政策出台以来，湖南省直相关部门和市州积极推进，通过出台系列政策、完善支撑保障体系等，有效推进了《实施意见》落实落地。

1. 抓好主产作物机械化薄弱环节、丘陵山区特色农机具使用、农机社会化服务推广和基础设施建设，全面提升湖南省农业机械化水平

一是推进了水稻油菜的全程全面机械化。加大了粮油生产重点环节机具补贴力度，2020 年以来实施补贴资金 21.13 亿元。实施了水稻机插机抛秧作业补贴试点，累计投入省级财政资金 2.62 亿元，促进全省水稻机械化种植水平年均提升 5 个百分点以上。推进了水稻油菜机收减损工作，通过广泛开展水稻油菜机收减损大调研、大培训、大比武、大宣传，控制水稻机收损失率在 3%以内，2021 年减少稻谷损失 4.94 亿斤，2022 年降低油菜机收损失 3.6 个百分点。

二是提升了丘陵山区特色农机具使用水平。加大了丘陵山区特色农机具补贴力度，将喷滴灌、茶叶加工、生猪生产等一批设施设备纳入补贴范围；自走式旋耕机等 8 个丘陵山区急需农机具补贴比例提高至 35%。研发了部分适用装备，成功研制自走式电动履带水果辅助采摘平台、辣椒钵苗移栽机、油茶生产多种作业共享动力平台、茶叶全自动闷黄机等一批新机具。制定了技术规范，研究制定了油菜、油茶、水果、茶叶机械化生产技术要点，发布了《油茶果机械化采收技术规程》和《果蔬机械化烘干技术规程》。

三是提高了全省农机社会化服务水平。实施了农机“千社工程”优化升级，2020 年以来，湖南省财政每年安排 6100 万元资金，持续支持创建 120 家现代农机合作社、60 家示范社和 25 家全程机械化综合农事服务中心。建成了全省农机合作社服务平台系统和农机作业监测系统，接入县级平台 97 个，安装农用北斗监测终端 1.2 万多台，作业过程和面积监测直通田间。

四是补齐了农机作业基础设施短板。加快机耕道建设，2019~2021 年，全省累计投入 36.86 亿元，建设机耕路 9897 公里、生产路 511 公里、其他田间道路 898.9 公里。开展果菜茶田土宜机化改造试点工作，完成改造任务 3.3 万亩以上。支持修建竹林道 1000 余公里。

2. 抓好产业链协同推进机制、企业主体培育、研发创新攻关和农机“走出去”，推动湖南省农机装备产业加快发展

一是构建了部门协同推进机制。瞄准打造智慧智能农机产业链发展高地目标，建立了由分管副省长任链长，农业农村、工信、科技、财政、发改等相关部门为成员的农机产业链联席会议制度，成立了工作专班。

二是培育壮大了一批企业主体。引导三一集团、中联重科、山河智能、铁建重工四家工程机械产业全球 50 强企业全部进入农业机械领域，引领带动农机产业链集聚发展，截至 2022 年 4 月底，全省拥有规模以上农机生产企业 149 家。

三是推动了智能农机研发。搭建了创新平台，依托农友机械集团建设了国家企业技术中心，依托中联重科建设了湖南智慧智能农机创新研发中心，布局建设 4 个省级以上科技创新平台和 20 余个省级企业技术中心，重点开展了丘陵山区轻量化智能通用动力底盘、水稻有序抛秧机等先进适用机具和适合南方丘陵山区特色机具的研发攻关。

四是推动了湘产农机“走出去”。借助中非经贸博览会、中国中部（湖南）农业博览会、湘博会、中国（湖南）—非洲（肯尼亚）农业机械供需对接会等平台，打造农机“走出去”综合服务平台，开展“农业带农机”的配套合作方案，促进湘产农机出口。

3. 抓好工作考核、政策配套、资金支持和技能培训，完善了湖南省农业机械化的支撑保障体系

一是加强了工作考核。将农业机械化列入乡村振兴、“六大强农”和粮食安全等工作考核和省政府督查激励事项，有力压实了各部门单位工作责任，形成了推进合力。部分内容纳入每年《省农业农村厅真抓实干督查激励措施实施办法》予以考核，具备激励性和约束性。

二是出台了配套细化政策。围绕《实施意见》核心任务，责任部门相继在推进水稻油菜生产全程全面机械化、发展农机产业和农业机械化、提高农机社会化服务水平、农机生产安全与产品质量监管等方面出台了系列配套政策措施（见表 1）。

表 1　责任部门出台的支持农业机械化和农机装备产业政策

方面	政　策
推进水稻油菜生产全程全面机械化	《关于做好水田深翻耕及机械化同步深肥补贴试点工作的通知》《湖南省水稻机械化种植推进行动方案》《关于申报机抛秧作业补贴试点县的通知》《关于申报机抛秧及果菜茶田土宜机化改造补贴试点县的通知》《关于开展水稻机插秧和有序机抛秧作业补贴试点的通知》《关于做好水稻机收减损相关工作的通知》《2022 年主粮作物机收损失监测调查方案》等
发展农机产业和农业机械化	《湖南省智能农机产业"十四五"发展规划》《补齐农机装备短板、打造智慧智能农机产业链发展高地实施方案(2022—2025 年)》《关于推进设施农业发展的实施意见》《进一步强化农机购置补贴政策实施加快推进农业机械化发展的若干措施》《湖南省 2021—2023 年农业机械购置补贴实施方案》等
提高农机社会化服务水平	《湖南省 2020~2022 年现代农机合作社建设实施方案》《关于做好湖南省农机作业用油保障工作的通知》《湖南省常态化农机应急作业服务队建设工作方案》等
农机生产安全与产品质量监管	《关于加强拖拉机安全管理工作的实施意见》《湖南省非法生产、销售机动车、变型拖拉机及电动自行车专项整治行动实施方案》《湖南省农业机械报废更新补贴实施方案》《关于加快变型拖拉机报废淘汰的指导意见》《关于开展农业机械安全生产责任保险的实施意见》等

资料来源：湖南省农业农村厅。

三是争取了中央财政补贴。2019~2022 年，全省累计获得中央财政补贴资金 31.72 亿元，补贴各类农机具 51.2 万台（套），受益农户达到 40.19 万户。2022 年农业农村部安排 3 亿元资金，支持湖南开展农机购置与应用补贴和农机研发制造推广应用一体化双试点。

四是开展了技能培训。创造性开展"政企社联动""强技能稳就业"等各类主题农机技术培训，每年在农机操作、育插抛秧、维修护理、设施农业等各方面累计培训农民 10 万人次以上，为农业机械化发展提供坚实技能支撑。

二　《实施意见》取得的主要成效

政策实施以来，在推动湖南省农业机械化、农业生产作业等方面取得明显成效，对推进农业现代化起到积极作用。

1. 推动了湖南省由传统农业大省向现代农业强省转变

2021 年，湖南省水稻、油菜耕种收综合机械化水平分别达到 80.05%、64.77%，较 2019 年分别提高 3.6 个百分点、4.57 个百分点。从全国来看，2020 年湖南省农业机械化总动力为 6589 万千瓦，位于全国第 6、中部第 3（河南省第 2、安徽省第 4）。农民普遍接受机械化生产作业，推广了机插机抛秧技术、机收减损技术、机械化移栽技术等节本增收技术，生产效率大大提高。

2. 推动了农业生产作业由粗放型向集约型转变

实现了农机合作社等新型农业经营主体由规模小、分布散转向适度规模经营，全省农机合作社总数达 6200 家，其中省财政扶持建设 3263 家。示范社 703 家、全程机械化综合农事服务中心 75 家，全省农机合作社经营和作业覆盖面积超过 50%。2022 年，益阳市资阳区十代全程水稻专业合作社联合社的“十代服务”（代育秧、代耕、代种、代施肥、代防治、代收、代烘干、代储存、代加工、代销售）入选农业农村部农业社会化服务典型。

3. 推动了农机装备产业由分散向集聚转变

2021 年，湖南省农机制造业总产值约 280 亿，位于全国第一方阵，初步形成了以常德高新区、娄底双峰、郴州苏仙为核心的农机产业集聚区，聚集了中联重科智能农机、农友机械、农夫机电、龙舟农机、郴州粮机等骨干企业 20 余家，其中湖南农夫机电等四家企业获批国家专精特新“小巨人”企业。2022 年 8 月，湖南农机装备产业发展经验获得全国推介。

4. 推动了农机产品由低端低质向国内领先转变

在丘陵山区农机和大米加工设备等方面，打造了一批拳头产品，其中小型组合米机、中小型水稻联合收割机、履带式旋耕机、轻型履带式拖拉机、水稻有序抛秧机、烘干机等产品市场占有率均居全国前列。如郴州粮机的粮食成套加工装备国内市占率达 30%，居国内第 1、世界前 3；农夫机电的橡胶履带拖拉机国内市占率在 60.0%以上；中联农机的有序抛秧机填补省内市场空白。

三　落实《实施意见》中亟待解决的主要问题

调研发现，当前湖南省农业机械化和农机装备产业主要面临政策条款操作性不强、农业机械化发展不平衡等问题。

1. 政策执行不畅通，部分条款可操作性和部门思想认识有待提升

一是部分条款可操作性有待加强。例如《实施意见》中“鼓励各级财政对先进适用、绿色发展和畜禽水产养殖等机具进行累加补贴”等措施，未能充分考虑到地方财政压力较大等问题，尤其是丘陵山区经济发展相对滞后，政府财政困难，农民购机实力不足，政策落地较难。二是有些部门仍存在思想认识不到位的情况。如部分地方领导对农业机械化工作研究部署不够，部分丘陵山区干部存在畏难情绪，工业主管部门对农机装备产业的政策支持力度不足等。

2. 农业机械化发展不平衡，在不同作物、不同环节、不同区域间存在较大差距

一是不同农作物的生产机械化水平相差较大。在粮食、油料生产方面推广机械化力度较大、可用机械较多，但畜牧业、渔业、林果业、设施农业及农副产品加工方面推广支持力度小、可用机械较少。二是不同生产环节的机械化水平相差较大。2021 年全省水稻机耕率为 97. 77%，机收率为 92. 10%，但机插率仅为 44. 38%，主要原因是机插秧、机抛秧对育秧技术要求高、机具购买成本高。全省油菜的机械播栽面积也只占到油菜面积的 34%，且机收损失率较高。三是区域间农业机械化水平相差较大。从全国来看，湖南省水稻耕种收综合机械化率低于全国 5. 54 个百分点。从湖南省内来看，有 7 个市州的水稻耕种收综合机械化率低于全省平均水平，最低的张家界市与最高的益阳市相差 19. 84 个百分点；有 6 个市州油菜耕种收综合机械化率低于全省平均水平，最低的湘西自治州与最高的湘潭市相差 53. 23 个百分点（见表 2）。

表 2　2021 年湖南省水稻、油菜耕种收综合机械化水平

单位：%

地　区	水稻耕种收综合机械化水平	油菜耕种收综合机械化水平
全　省	80.05	64.77
长沙市	83.51	77.79
株洲市	83.69	78.14
湘潭市	83.55	84.89
衡阳市	80.65	63.39
邵阳市	77.71	58.90
岳阳市	84.00	66.00
常德市	81.50	69.41
张家界市	65.32	35.42
益阳市	85.16	76.93
郴州市	76.09	68.20
永州市	76.33	48.37
怀化市	71.60	53.90
娄底市	76.60	72.00
湘西自治州	73.19	31.66

资料来源：根据湖南各市州自评材料整理。

3. 农机装备制造业发展质量不高，集中体现为企业主体实力不强、农机可靠性差和研发制造能力存在明显短板

一是农机制造企业实力不强。农机制造企业中规模以上企业仅占比33%，企业间产品同质化竞争严重，专业化分工协作意识不强。二是农机装备可靠性较差。部分农机具故障率高、使用寿命短。以收割机使用寿命为例，国外品牌一般要比国产品牌长 3 年。部分轮式旋耕机、拖拉机容易对农田耕作层产生破坏，泥脚越来越深使得农机经常陷在田里。农机可靠性差导致湖南省 60%左右的高端农机市场被省外、国外产品占领。三是研发制造能力存在明显短板。部分关键核心技术、重要零部件、材料受制于人，以插秧机为例，用户反映好用的国产或湘产插秧机，底盘和发动机均为日本进口。农机人才缺乏，全省储备的农机专业人才仅 200 余人，仅有 1 名国家级领军人才、2 名国务院津贴专家。

4. 农机推广应用的基础设施不完善，农田的宜机化改造和机棚机库等配套设施建设相对滞后

一是农田宜机化改造不够。一方面，湖南省农业机械化耕种条件较差，全省有32.25%的耕地位于坡度高于6度的丘陵山地，不利于修建机耕道，部分地区“有机无路”现象比较常见。另一方面，高标准农田建设补贴标准（1600元/亩）远低于实际建设成本，使得有些高标准农田没有修建机耕道和下机坡，有些修建的机耕道和水渠过窄，导致农业机械下不了田；而除高标准农田以外的机耕道和标准化果园建设，由于没有中央和湖南省财政资金支持，宜机化改造更难。二是农机设施配套建设亟待加强。林地、一般耕地转建设用地指标非常紧张，育秧工厂、机棚机库等农机配套设施建设滞后，使得很多拖拉机、收割机等大中型农机具只能露天停放，影响机械使用寿命。

5. 农机社会化服务体系不健全，农机合作社数量少，服务能力不强，作业项目单一，从业队伍素质不高

一是农机合作社发展不足。湖南省的农机合作社数量少、分布不均衡，特别是山区县，平均一个乡镇不足一家农机合作社。二是农机服务能力不强。大多数合作社都是“自给自足”，辐射能力差；有的农机合作社不愿承担分散田块的社会化服务，没有发挥社会化服务应有的效应。三是作业项目比较单一。大多以粮食生产机械化作业为主要服务内容，且以从事机耕、机播、机收服务居多，其他作业环节的农机社会化服务水平不高，经作林果业农机社会化服务水平还比较低。四是农机从业队伍素质不高。以经济基础较好的长沙市为例，全市农机从业人员高中及以上文化程度的仅占24%，大多数人员难以适应农机智能化发展趋势；从业人员老龄化严重，在全市拥有农机驾驶证的13621人中，50岁以上的占77%，30岁以下仅占1.28%。

四　推动《实施意见》落实的政策建议

“十四五”是全面推进乡村振兴战略、加快农业农村现代化的关键时

期，农业机械化发展迎来了新的机遇，湖南省要扛牢粮食生产政治责任，补齐农机装备弱项，在补短板、抓产业、强基础、拓服务和优机制五方面重点发力，进一步完善相关政策体系。

1. 补短板：推动农机补贴向薄弱环节和落后领域倾斜，制定丘陵山区农业机械化解决方案，进一步提升农业生产的全程全面机械化水平

一是补贴向农业机械化短板倾斜。在补贴标准上，适当提高机插（机抛）等薄弱环节、急需农机的补贴额，降低保有量过剩、技术落后农机的补贴额。稳步扩大补贴范围，实施水稻机械化育秧、插秧和烘干环节作业补贴；引导补贴资金向果菜油茶生产、畜禽水产养殖等机具外延，争取将水肥一体灌溉设备、电动剪枝机、风送式喷雾机、畜禽水产设备、监测设备等纳入补贴范围。二是加快推进丘陵山区“机器换人”。制定适合丘陵山区的特色作物生产全程机械化解决方案，出台果菜茶全程机械化支持政策，选取一批果菜茶园基地作为机械化路线建设的试验示范片，把不同机具投入到该类基地进行使用，摸索出一套相对完整的机械化解决方案，打造国家丘陵山区农机化发展样板。

2. 抓产业：加快培育壮大农机制造企业，加大农机新产品和关键核心技术研发力度，打造智慧智能农机产业链高地

一是加快培育壮大农机制造企业。组建大型综合农机制造应用集团，对产业链上下游进行整合，形成发展合力。加快推动中小农机企业转型升级，工信等部门要引导企业用好用足现有专精特新“小巨人”企业认定、企业技术改造、首台（套）重大技术装备保险补偿机制试点、农机购置与应用补贴等政策，创建一批国家级和省级“小巨人”企业。二是加大新型农机具和农机关键技术的研发推广。对农业机械底盘、发动机等关键技术开展“揭榜挂帅”式攻关。搭建联合攻关研发平台，成立由科研院所、高校、农机企业等组成的农机创新研发推广联盟，探索农机创新产品“边研边用边改边支持”，解决特殊地貌、复杂田地无机可用、无好机可用的问题。支持双峰县建设丘陵山区农机装备国家重点实验室，推动实用高效丘陵山区农机装备研发制造。三是加快“走出去”步伐。由湖南省商务厅、省贸促会等部门协调推进，布局建设海外农机维修基地，搭建农机出口服务平台和农机境外售后服务平台，协调湘产农机在海外的融资等问题。

3. 强基础：推进农田的“宜机化”改造，加快急需配套设施建设，进一步改善农机生产作业条件

一是加快农地“宜机化”改造。对高标准农田建设中的相关技术指标进行“宜机化”调整；在全省开展农田适机化改造专项工作，全面提升农机通达水平。加快推出湖南省丘陵山区农田宜机化改造的地方标准，统一改造要求，因地制宜明确适宜不同地形特点的改造技术方案；采用先建后补、定额补助、差额自筹的机制，推动家庭农场、合作社、农业公司、村集体经济组织等新型农业经营主体，参与到丘陵山区高标准农田和机耕道建设中去。二是强化农机配套设施建设。加强宣传引导，指导农机户改变“重修轻管”思想；将晒场、机具库棚等配套设施纳入高标准农田建设范围，采取“项目补贴+银行信贷+农户自筹”的方式，为农机配套设施建设提供政策倾斜；加强农业农村、国土、城建、电力和建设主体所在乡镇（街道）等部门的协调沟通，结合乡村振兴、美丽乡村建设机会，简化用地、用电审批手续，为农机库棚等基础设施的建设创造条件。

4. 拓服务：深入实施农机合作社“提质升级”行动，强化智能化农机服务平台和农机人才队伍建设，推动农机社会化服务提质增效

一是实施农机合作社“提质升级”行动。高标准建设一批全程机械化综合农事服务中心，解决“有机用得少、好机不会用、无钱用好机”等问题，通过订单作业、生产托管、承包服务等模式，为小散农户提供服务。推广“十代十化”等社会化服务模式，广泛开展农业生产托管，推进农机社会化服务向农业生产全过程、全产业延伸。以农机合作社为主体，支持建设区域性农机维修服务中心，有效缓解农机维修难、维修贵的问题。二是加强农机智能化服务平台建设。实现农机装备的实时监测、统一调度、协调管理，提高农机管理智能化水平和精准服务水平；整合小农机户、部分粮食专业合作社的农机装备到平台上统一使用，提高机械使用效率。三是不断加强农机人才队伍建设。实施“人才强机”工程，将农机人才培养纳入定向公益性人才培养计划并予以扶持；依托大中专院校、科研院所开展继续教育、专题培训，培养掌握多种农机操作和维修的实用综合性技能型人才；将农机研发、维修人员纳入基层工程师或初中级技师范畴，按照各地人才优惠政策给予对应待遇；积极引进农机专业的大学生到基层工作，完善基层农机人才的收入和生活待遇，解决职级职称晋升、下基层服务交通补贴等实际困难。

5. 优机制：优化推进机制、综合评价机制、投入机制，提高统筹协调能力

一是优化推进机制。成立由湖南省政府分管领导任组长的农业机械化补短板领导小组，设立农机装备制造应用、基础设施宜机化改造等功能组，设工作专班。二是优化综合评价机制。借鉴浙江省建立农业机械化综合评价指标体系，持续监测农业机械化发展动态，从农机化程度、农机化质量、农机化效益、农机化管理服务四个方面进行评价，将评价结果纳入乡村振兴等考核范围。三是优化投入机制。向上积极争取中央财政农机购机补贴政策，加快出台和建立社会资本、金融资本支持农业机械化和农机装备产业的政策体系，例如，出台针对湖南省农机装备产业的贷款贴息政策，发挥财政资金的杠杆作用；鼓励银行等金融机构针对紧缺急需、权属清晰的大型农机装备开展抵押贷款和融资租赁业务。

参考文献

浙江省农业农村厅：《深入实施机械强农行动 全力建设丘陵山区农业机械化发展先导区》，《农机科技推广》2022 年第 4 期。

王五明、贺孝兵、刘丽芳、王小军、刘坤：《山西省丘陵山区农田宜机化改造探讨》，《当代农机》2022 年第 4 期。

李风云：《广西丘陵山区农业机械化发展对策研究》，《广西农业机械化》2022 年第 6 期。

陈弘：《打造农机产业发展高地 助力全面推进乡村振兴》，《当代农机》2022 年第 10 期。

杨经学：《关于智能农机产业发展的观察与思考》，《当代农村财经》2022 年第 10 期。

欧阳安、崔涛、林立：《智能农机装备产业现状及发展建议》，《科技导报》2022 年第 11 期。

邬亭玉、周海球、姚婷、石海林、李维思：《湖南省智能农机产业创新发展对策建议》，《科技中国》2022 年第 5 期。

谢先华：《舟山市农业机械库棚建设现状与对策》，《现代农机》2017 年第 3 期。

乔金亮：《激发农机企业创新活力》，《经济日报》2022 年 11 月 22 日。

《加快推进中国（湖南）自由贸易试验区高质量发展的若干意见》实施效果评估报告

湖南省社会科学院（湖南省人民政府发展研究中心）评估组*

2020 年 12 月，湖南出台《加快推进中国（湖南）自由贸易试验区高质量发展的若干意见》（湘政发〔2020〕17 号）（以下简称《意见》），《意见》的出台对于湖南自贸区切实承担好“为国家试制度，为地方谋发展”的责任，将自贸区真正打造为湖南落实“三高四新”战略定位和使命任务的重要战略支撑有重要意义。根据湖南省领导指示和《湖南省人民政府重大决策实施效果评估办法》（湘政办发〔2017〕45 号），评估组近期开展了对《意见》实施效果的评估工作，形成本评估报告。

一　评估工作基本情况

为准确评估《意见》落实情况和实施效果，重点开展了 4 个方面的工作。一是成立由湖南省社会科学院（湖南省人民政府发展研究中心）领导牵头的评估工作小组。二是制定评估方案。明确评估目的、评估对象、评估内容、评估标准和评估方法。三是组织开展自评。评估组请 27 个相关部门、

* 评估组组长：钟君，湖南省社会科学院（湖南省人民政府发展研究中心）党组书记、院长（主任）。评估组副组长：侯喜保，湖南省社会科学院（湖南省人民政府发展研究中心）党组成员、副院长（副主任）；蔡建河，湖南省社会科学院（湖南省人民政府发展研究中心）二级巡视员。评估组成员：刘琪、张鹏飞、李迪，湖南省社会科学院（湖南省人民政府发展研究中心）研究人员。

3 个自贸片区开展自查自评。四是开展实地调研。评估组先后赴相关片区进行实地调研，与相关部门、企业代表进行座谈，听取政策落实情况，深入了解自贸区建设面临的现状、困难和期望。

二　评估主要内容

（一）政策总体评价

1. 完备性方面：基本形成了完备的政策体系

《意见》基本覆盖了推进湖南自贸区高质量发展的重点环节和重点方面，基本形成了相对完备的政策体系。各条款间层次分明、逻辑清晰、架构合理。

2. 规范性方面：部分责任部门的职责不明晰

《意见》所界定的政策范围、政策类别、政策执行主体以及政策流程严谨规范，规定的具体措施为相关省直部门、市州推进自贸区发展提供了方向。但从评估情况来看，存在部分责任部门职责不清晰的问题。例如，加强生活服务保障部分涉及的责任部门有 10 个，且任务较宽泛，个别部门自评时反映不清楚本部门的工作重点和任务目标。

3. 可操作性方面：存在个别条款“难落地”的情况

《意见》针对湖南省自贸区发展的痛点难点堵点，在贸易投资便利化、重要素支撑、鼓励创新创业、建设国际物流通道等核心关键上提出了对应举措，为改革的落地见效奠定了坚实基础。但从评估情况来看，仍存在个别条款难以落地的情况。例如《意见》第 4 条“加大财税支持力度”明确规定，“3 年内自贸区新增税收属地方分享部分的 50%以上专项用于自贸区建设发展”。在政策落实中，湖南省财政以市和直管县为单位下拨增值税和企业所得税增量奖励，没有对自贸区新增税收实行单独核算，导致此项支持政策很难落地。

4. 有效性方面：有力推进了湖南自贸区高质量发展

《意见》针对性较强，有效解决了湖南自贸区高质量发展问题，尤其在促进投资贸易和实体经济高质量发展方面取得了明显成效，对湖南服务和融入新发展格局、建设国内国际双循环重要载体发挥了重要作用。

5. 知晓度方面：基本做到全覆盖

相关责任部门和三市政府都通过新闻媒体、官网、微信公众号等平台对《意见》进行了大范围、高强度的宣传，并利用工作部署会、责任分工会、现场协调会等途径向相关部门（单位）、产业园区及企业宣传相关政策。各级相关职能部门（单位）、企业人员等对《意见》的知晓度较高。

（二）政策落实情况

《意见》出台以来，相关责任单位积极作为，开展了大量工作，《意见》总体落实情况良好，可归纳为五个方面。

1. 围绕“健机制”构建了较完善的管理推进体系

省级层面高位推动，成立了高规格的省自贸工作领导小组，形成了湖南省四大家领导定期专题调研调度机制。长沙、岳阳、郴州三市参照湖南省成立领导小组并设立片区管委会，湖南省自贸工作领导小组成员单位同心协力，下放97项经济社会管理权限，出台40多项专项支持政策，形成了“指挥有力、协调顺畅、运转高效”的管理推进机制。

2. 围绕“优制度”形成了较完备的政策规划体系

先后编制了省级和三个片区“1+3”建设实施方案、三大特色战略定位和三大片区“3+3”专项发展规划，完成自贸区建设发展的顶层设计。同时，结合外部环境和发展阶段的变化，相继出台了《中国（湖南）自由贸易试验区条例》《深入推进中国（湖南）自由贸易试验区改革创新的若干措施》等一系列法规条例、政策文件，逐渐形成了较为完备的政策支持体系。

3. 围绕“促创新”探索了较鲜明的创新成果体系

湖南省市两级各部门把改革创新作为自贸区建设发展的核心，围绕贸易便利化、投资便利化、政府职能转变等领域，形成了一批具有鲜明湖南自贸特色的制度创新成果。截至2022年10月，《总体方案》121项改革试点任务已经实施115项，实施率超过95%；形成首批制度创新成果47项，其中全国首创性成果23项，首创率高于全国平均水平。“邮快跨业务集约发展新模式”“进口转关货物内河运费不计入完税价格”等 13 项特色鲜明的首创性成果正向国家申请复制推广。

4. 围绕“抓落实”建立了较科学的考核评价体系

为高标准高质量推进自贸区建设，鼓励各片区各相关部门大胆试、大胆闯、自主改，省自贸办联合有关部门充分发挥考核“指挥棒”作用，建立了较全面的自贸区统计、考核制度，将片区改革试点任务推动情况和省级以上制度创新成果作为片区市绩效考核的重点考核指标。

5. 围绕“强保障”构建了较多元的要素支撑体系

财政资金方面，湖南省财政厅会同省商务厅制定了《支持中国（湖南）自由贸易试验区加快发展的若干财政政策措施（试行）》，为自贸区量身打造了 19 条支持政策。自贸区设立以来，累计支持项目 84 个，支持资金总额 2.9 亿元；省财政连续 3 年安排专项债券共计 100 亿元。

人才支持方面，首创外籍人才来湘工作管理服务“一口受理、并联审批”，审批环节缩减一半，办理时间压缩 2/3；支持外籍人员子女学校发展。成立专家智库，明确了 29 名在投资、贸易、金融、数字经济、口岸物流等领域的领导、学者作为首批智库专家。举办“推进自由贸易试验区建设专题对口培训班”，着力提升自贸干部能力素质。创建国家级人力资源服务出口基地。

金融服务方面，2021 年 1 月至 2022 年 9 月，湖南自贸区共实现直接融资 4882.55 亿元，其中企业债券融资 329.9 亿元，短期融资券融资 1201.8 亿元。三大片区新设 2 家融资租赁公司、2 家融资担保公司和 1 家小额贷款公司。搭建小微企业统保平台，推出“单一窗口+出口信保”政策，对符合条件的小微出口企业实施出口信用保险统一承保，2022 年 1~10 月，湖南信保累计服务小微客户 1887 个，同比增长 5.9%。岳阳片区区属企业观盛公司累计为区内 109 家企业提供融资 1000 亿元。

（三）政策实施效果

1. 主要经济指标成绩喜人

2022 年 1~10 月，湖南自贸区实现外贸进出口总额 1693.85 亿元，同比增长 22.08%，占全省进出口总量的 30.09%，其中，长沙片区增幅达到 44.93%。实际使用外资（FDI）金额 26313 万美元，同比增长 72.5%，其中郴州片区增幅达到 171.35%。新设立企业 12817 家，同比增长 124.19%（见表 1）。外贸实绩企业 1128 家，同比增长 37.56%。新引进重大项目 135 个，投资总额 1270.54 亿元，其中“三类 500 强”企业投资项目 16 个，投资总额约 407.1 亿元。

表 1　2022 年 1~10 月湖南自贸区主要经济指标情况

片区	实际使用外资				外贸进出口				新设企业	
	总额（万美元）	排名	增幅（%）	排名	总额（亿元）	排名	增幅（%）	排名	数量（家）	排名
长沙片区	18660	1	22.59	2	1106.82	1	44.93	1	6616	1
岳阳片区	1325	3	上年同期为 0	—	422.29	2	-2.19	2	1820	3
郴州片区	6328	2	171.35	1	164.74	3	-14.23	3	4381	2
合计	26313	—	72.5	—	1693.85	—	22.08	—	12817	—

资料来源：进出口资料来源于长沙海关，新设企业数来源于湖南省市场监管局、三市片区。

2. 引领作用日益凸显

通道优势持续扩大。首开湖南至非洲（长沙—亚的斯亚贝巴）直飞货运航线，开通岳阳城陵矶港至香港江海直航和湘粤非铁海联运。平台优势开始显现。长沙黄花综合保税区二期即将投入使用，通关效率有望再提 30%；国际金融港和国际人才港集聚效应明显；中非经贸博览会、湖南（岳阳）口岸经贸博览会等展会影响力持续扩大。对非经贸合作迎来井喷式增长。中非跨境人民币中心成功设立，与多家非洲银行开展人民币账户合作。中非经贸合作促进创新示范园建成运营，易货贸易完成首单试点，打通咖啡、可可、腰果等 10 条进出口产业链。2021 年，湖南自贸试验区长沙片区实现对非贸易额 27.7 亿元，同比增长 531%；2022 年 1~10 月，实现对非进出口额 72.8 亿元，同比增长 273.3%。

3. 营商环境明显优化

以市场化、法治化、国际化为目标，打造全省最优、全国领先、国际一流的营商环境。深化“放管服”改革，全面推行极简审批，97 项省级经济社会管理权限下放承接到位；推进“证照分离”改革全覆盖，拓展“一件事一次办”服务领域，在全省率先落地市场主体登记确认制。强化法治服务保障，在全国第六批自贸试验区中率先出台条例，以法治“护航”自贸；设立自贸法庭，加强司法服务保障，长沙片区对外贸易诉讼案件审判入选全国法院服务保障自贸试验区建设十大典型案例。岳阳片区创新推出“惠企十条”，95%以上的事项可实现“一窗办”“网上办”，落地了全省首宗“拿地即开工”项目。郴州片区在全省率先推出《政商交往正负面清单》，明确 10 项正面行为和 8 项负面行为。

（四）政策实施中存在的主要问题及困难

1. 制度创新纵深推进面临较大困难

自贸区获批以来，湖南自贸区的制度创新工作已有较好表现，制度创新数量丰富，形成多项首创性成果。但从创新成果质量看，多数创新成果仅限于流程优化、技术手段升级等，触及规则、规制的系统性、集成性创新成果少。制度创新往往涉及国家、省、市等多个层级，部分制度创新需要对接中央部委和垂管部门，申请周期长、程序烦琐，推进较为困难。同时，部门间对某些制度创新的理解认识不一致、态度不统一、执行进度不同步等也影响了制度创新的推进。如省内诉求强烈的“保税混矿”事项，涉及商务、财政等多部委突破禁限目录、税则归类等相关法规，实施难度大。根据中山大学自贸区综合研究院发布的 2021～2022 年度“中国自由贸易试验区制度创新指数”，湖南自贸区得分为 73.98 分，在全国 21 个自贸区中排 17 位（见图 1）。分片区来看，长沙、郴州、岳阳三个片区得分分别为 75.75 分、70.82 分和 69.92 分，在全国 54 个自贸片区中分别列第 27 位、第 40 位和第 52 位。

2. 放权赋权改革有待优化

一方面，在评估调研过程中，各片区均反映一定程度存在省级审批权限下放不精准、与片区需求脱节的现象。另一方面，各片区内部放权赋权改革

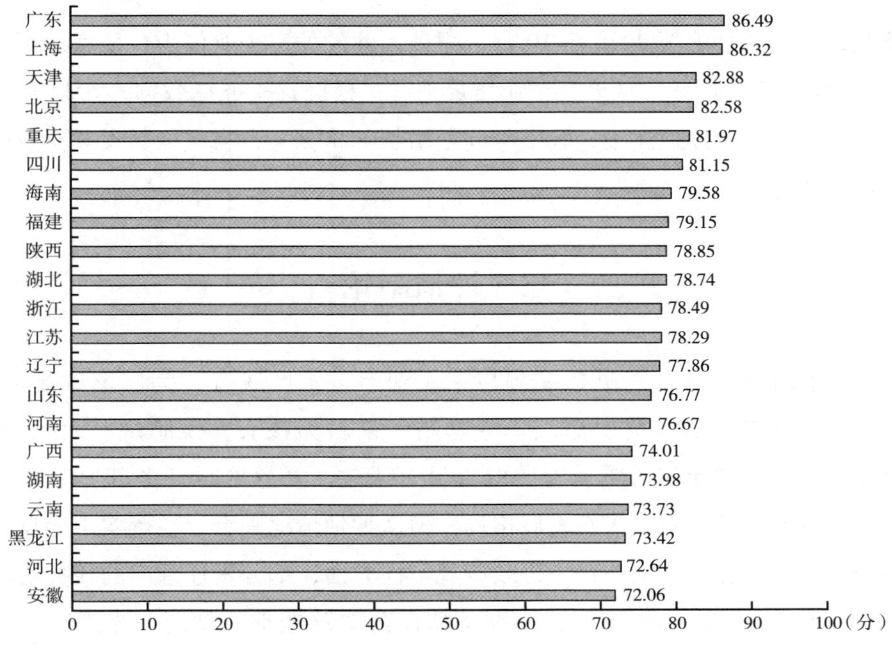

图 1　2021~2022 年度 21 个自贸试验区制度创新指数

推进难度也较大。例如，长沙片区内有雨花、芙蓉、经开、临空、会展五个区块，芙蓉区、雨花区、长沙县“三区县叠加”，管理机构、平台多，行政审批业务统筹难度大。长沙片区在放权赋权之前，芙蓉、雨花区块主要行使区级审批权限，经开区块可直接行使市级审批权限，会展区块由市、县派驻人员行使市、县审批权限，临空区块无审批基础，且芙蓉和经开区块已实行相对集中行政许可改革，其他区块为传统审批模式，导致同一事项难以实现五区块审批流程标准化。

3. 市场主体活力有待增强

从企业数量结构来看，截至 2022 年 6 月，湖南自贸区一、二、三产业企业数量结构为 1.7%、15.9%、82.4%，第三产业企业数量占主导地位，第二产业中小微企业发展相对不足。从外资企业数量规模来看，2022 年 1~10 月，自贸区实际使用外资（FDI）金额 2.63 亿美元，而与湖南省同期获批的安徽自贸区达到6.15亿美元，为湖南省的2.34倍；根据办理税务登记情况，自贸区挂牌至2022年10月，累计入驻的外资企业仅160余家，不到入驻企业总数的1%。从设立企业质量来看，根据省税务局数据，2022年上半年939户企业办理注销，较上年同期增长163.76%，自贸区新设立企业的质量有待提高。

三　评估结论

综上所述，自《意见》实施以来，湖南自贸区践行“为国家试制度，为地方谋发展”的重要使命，坚持以制度创新为核心，大胆试、大胆闯、自主改，改革创新和高质量发展取得显著成效，《意见》任务部分基本落实，有力推进了湖南融入新发展格局。但从评估情况来看，在落实中还反映出一些问题，主要体现在：一是政策规范性方面，部分责任部门的任务要求不清晰；二是可操作性方面，个别条款存在“落地难”情况。为进一步发挥自贸区对湖南省开放发展的引领作用，建议相关职能部门和三市政府对标国内外一流自由贸易园区，根据政策评估情况和自贸区建设出现的新情况，以市场主体需求为导向，以贸易自由和投资自由为重点，加快监管和服务创新，明确《意见》相关措施的实施细则，不断提高湖南自贸区的发展水平。

四　政策建议

（一）明确实施细则，推进政策落实落地

一是明确《意见》部分措施的实施细则。建议省商务厅、省发改委、省财政厅等责任部门，以自贸区发展和市场主体需求为导向，针对自贸区重大事项和重大项目“一事一议、一企一策”的财税支持、企业和机构的生产经营性用房租金“三免两减半”等政策措施出台具体实施细则，让市场主体有“明确预期”。二是优化调整部分具体措施。建议省直责任部门和市

州政府根据自贸区发展现实需要和政策评估情况，评估分析《意见》具体措施实施情况，对于需要优化调整的及时优化调整，对于需要修改的及时修改。例如，《意见》明确连续 3 年安排不少于 100 亿元债券用于自贸试验区建设发展。如今，自贸区正处于建设发展期，园区基础设施等还需要大量投入。因此，对于该项政策，是要延续、优化调整还是取消需要明确。

（二）强化考核联动，形成制度创新合力

一是建立健全部门间协调联动机制。建立健全部门间协调联动机制，实现联合作战、联合创新、协同攻关。针对联合创新的痛点、难点，及时协调解决。例如，针对目前在制度创新试点上层层请示、处处求人的申报机制，探索建立制度创新的“直通车”制度。二是树立自贸区“发展出成绩、成长有实绩”的示范导向。建议组织部门优配自贸区长沙片区、岳阳片区、郴州片区领导干部，重点选拔德才兼备、年富力强，有闯劲干劲的干部担任，对于发展来势好、制度创新水平高的片区领导干部重点提拔，推动形成自贸区“发展出成绩、成长有实绩”的良好示范效应，从而引导创新资源能够源源不断地进入创新场域。例如，苏州工业园区业已成为江苏省向地市级甚至更高层级输送优秀领导干部的基地。三是建立问效评估和容错纠错并行机制。建立由省委督查室、省政府督查室牵头对已发布的制度创新案例实施效果进行督察的跟踪问效机制，通过现场座谈、电话回访、窗口暗访等方式对制度创新成果进行督察评估。建立容错纠错、澄清正名和重新使用典型案例定期通报发布制度，以容错纠错激励担当作为。四是借鉴实施海南自贸港最大程度实现“园区说了算”的权限管理模式改革。实施“法定机构+市场主体”运行模式，根据自贸各片区发展需求，将省、市、区级政府及其有关部门有关管理权限分批下放或者委托自贸区管委会行使。

（三）坚持多管齐下，全力夯实要素保障

一是建立动态调整机制，创新探索双轨制供地管理模式。借鉴苏州工业园的经验，对自贸区现有工业企业开展亩均效益评级，实行资源要素差别化

配置，对亩均效益高的企业优先支持或予以倾斜。建立指标动态调整机制，优先在自贸区内推广“标准地+承诺制”用地模式。二是强化高水平人才支撑。安排长沙、岳阳、郴州自贸片区选派干部赴上海自贸区、海南自贸港等挂职交流，及时获取自贸港区建设政策、重大项目等信息和经验。创新引入国内高端人才机制，给予高端或紧缺人才适当补贴。探索创新外籍人才留居政策，将“人员自由流动”变为“人员自由执业”。举办高规格论坛、洽谈会，吸引两院院士和国外一流科学家来湘研究研修。三是持续优化自贸区金融要素支撑。重点开展产业链、供应链金融服务创新，完善区域金融支持体系。出台湖南自贸区外商投资股权投资管理办法，推动合格境外有限合伙人（QFLP）业务落地发展。加快对接中国人民银行贸易金融区块链平台，畅通税务、政务、海关、司法等信息数据流动，实现产业链、供应链上客户全方位“数字画像”。围绕中小企业培育、创新创业融资需求的痛点难点，开展有针对性的金融创新。例如，深圳市出台《2022年“首贷户”贷款贴息项目实施细则》，对“首贷户”从深圳辖区内商业银行获得的首笔贷款，给予年化2%的贴息，贴息期限不超过6个月，单户企业贴息金额最高可达20万元。

（四）锚定精准突破，提高产业竞争力

一是持续擦亮“湖南制造”名片。在自贸区培育先进龙头企业集群。加强行业集体商标、证明商标和地理标志注册管理，支持先进制造业龙头企业设立国际产品标准中心和行业技术标准中心，依托“一带一路”积极开展集聚创新、人才培训、技术研发等方面的合作。二是建设健康有序的产业生态，提升主导产业本地配套率。建议多部门联手建设先进制造业全产业链的一站式创新服务平台，鼓励龙头企业提出重大关键技术需求清单，制定关键配套产品工程化攻关清单和高端装备制造业等重点配套产品补链清单，引导自贸区龙头企业采购补链清单内的配套产品。三是推进以“政策”吸引外资向“生意”吸引外资转变。持续提升自贸区开放水平，在投资贸易便利化上，探索更大范围负面清单管理；在优化营商环境上，对标国际营商环

境标准。立足湖南特色和自贸区条件，把握俄乌冲突导致的欧洲企业外迁机遇，有针对性的引进一批符合湖南发展需求的外资企业。差异化探索，深入挖掘对非经贸合作潜力。利用好外资企业在产业导入、本地配套、先进经验输出等方面的作用，推动构建内外资共生共赢的产业生态。四是推动企业数字化赋能，搭建生产性服务业公共服务平台。依托长沙国家新一代人工智能创新发展试验区建设平台，在自贸区加快发展智能制造、智能驾驶、智慧教育和智慧医疗。重点做好智能制造装备和核心部件的研发制造、信息技术、检验检测认证和品牌管理等生产性服务业。

（五）推动联动发展，更好发挥政策放大效应

借鉴广东、福建、湖北等省自贸区的成功做法，加快推进自贸区协同联动区申报和落地，重点推动协同联动区与自贸区开展制度联动、政策联动、产业联动、创新联动的“四个联动”。一是制度联动。有重点、有针对性的复制推广自贸试验区制度创新成果，推动协同联动区与自贸试验区同步发展。协同联动区发展中遇到的制度性障碍，可安排在自贸试验区进行改革创新和压力测试。二是政策联动。根据协同联动区产业发展需要，将部分省级行政权力下放至具备承接能力和实施条件的协同联动区所在市。三是产业联动。加强自贸区与协同联动区上下游产业布局协调，推动形成共生互补的产业链。四是创新联动。支持协同联动区内有关企业、科研院所合作承担国家和地方科技计划项目。支持重大创新成果在协同联动区落地转化并实现产品化、产业化。鼓励企业、高等院校和科研院所合作共建自主创新平台。

参考文献

王浦劬：《自贸区建设的出发点与政府职能转变》，《深圳大学学报》（人文社会科学版）2015 年第 6 期。

郁建兴，黄飚：《当代中国地方政府创新的新进展——兼论纵向政府间关系的重构》，《政治学研究》2017 年第 5 期。

艾德洲：《中国自贸区行政管理体制改革探索》，《中国行政管理》2017 年第 10 期。

尹晨、周思力、王祎馨：《论制度型开放视野下的上海自贸区制度创新》，《复旦学报》（社会科学版）2019 年第 5 期。

郑展鹏、曹玉平、刘志彪：《我国自由贸易试验区制度创新的认识误区及现实困境》，《经济体制改革》2019 年第 6 期。

冯锐、陈蕾、刘传明：《自贸区建设对产业结构高度化的影响效应研究》，《经济问题探索》2020 年第 9 期。

高小平、刘一弘：《论行政管理制度创新》，《江苏行政学院学报》2021 年第 2 期。

高恩新：《跨层级事权约束下自贸区政府管理体制调适逻辑——以 21 个自贸区为例》，《苏州大学学报》（哲学社会科学版）2021 年第 6 期。

蔡玲、杨月涛：《自贸区政策与经济增长》，《现代经济探讨》2021 年第 6 期。

《湖南省人民政府关于健康湖南行动的实施意见》实施效果评估报告

湖南省社会科学院（湖南省人民政府发展研究中心）评估组*

健康是经济社会发展的基础，党的十八大以来，习近平总书记亲自谋划、亲自推动健康中国建设，把人民健康放在优先发展的战略地位，全方位、全周期保障人民健康。2019 年 12 月湖南省人民政府印发《关于健康湖南行动的实施意见》（湘政发〔2019〕23 号）（以下简称《意见》）。根据省领导指示和《湖南省人民政府重大决策实施效果评估办法》（湘政办发〔2017〕45 号）要求，评估组对意见实施情况及效果进行了评估，形成本报告。

一 评估概况

（一）政策概况

《意见》根据国务院《关于实施健康中国行动的意见》（国发〔2019〕13 号）、国务院办公厅《关于印发健康中国行动组织实施和考核方案的通知》（国办发〔2019〕32 号）制定。《意见》以 2022 年和 2030 年为节点，

---

* 评估组组长：钟君，湖南省社会科学院（湖南省人民政府发展研究中心）党组书记、院长（主任）。评估组副组长：侯喜保，湖南省社会科学院（湖南省人民政府发展研究中心）党组成员、副院长（副主任）；蔡建河，湖南省社会科学院（湖南省人民政府发展研究中心）二级巡视员。评估组成员：袁建四、贺超群、屈莉萍，湖南省社会科学院（湖南省人民政府发展研究中心）研究人员。

分阶段制定了健康湖南行动的总体目标，细化了15个专项行动的目标、指标、任务和职责分工，并从加强组织领导、强化宣传引导、调动各方参与、健全支撑体系、加强监测考核五个方面提出了保障措施。

（二）评估工作基本情况

评估工作主要分四个阶段。一是成立由院（中心）领导牵头的评估工作小组。二是制定评估和调研方案，明确评估目的、评估对象、评估内容和评估标准。三是开展调查研究，面向38个健康湖南行动推进委员会成员单位（省直部门）和14个市州发函书面了解政策落实情况，收集自评材料10余万字；同时深入相关部门听取意见，收到政府部门和企业反馈意见200余条。四是对收集到的自评报告、座谈记录进行整理、分析，撰写评估报告。

二　评估基本内容

（一）政策总体评价

1.《意见》完备性较好

以《意见》为基础，先后出台了《健康湖南行动推进委员会关于印发健康湖南行动（2020~2030年）的通知》《健康湖南行动推进委员会关于印发健康湖南行动组织实施和监测考核方案的通知》系列配套政策。《意见》与配套政策紧密衔接，形成了内容全面、结构完整的政策体系。

2.《意见》部分政策可操作性有待提高

据调研了解，部分政策只明确了大方向、大原则，没有明确“人财物”的具体保障措施，仅要求地方根据各自实际制定出台具体的实施细则和配套措施，一旦地方跟进不及时，政策就容易被“悬空”。

3.《意见》社会面知晓度有待提高

《健康湖南行动（2020—2030年）宣传工作方案》对健康湖南行动宣传、健康科普知识发布和传播的重点任务、宣传形式、工作制度、组织保障进行了明确，但深入单位、企业、社区、家庭开展的精准宣传不够，群众对健康湖南行动的参与意识不强，特别是对 15 个专项行动中的社会责任、家庭责任、个人责任的知晓程度不够高。

（二）政策落实情况

省级成立了以分管副省长为主任、40 个部门负责人为成员的健康湖南行动推进委员会，设立了 15 个专项行动工作组，14 个市州比照健康湖南推进委员会成立了专门班子。

1. 全方位干预健康影响因素落实情况

一是健全健康知识普及各方联动协作机制，在省级电视台、湖南省卫生健康委官网、“健康微湖南”官微以及省内主流新媒体平台开设健康专栏，设立吴安华、熊继柏、熊清泉、万欣 4 位形象大使。二是加强健康教育的针对性，突出对贫困地区、贫困人口及新冠疫情的健康科普。在湘雅医院、儿童医院、湘潭市五医院、长沙市一医院、长沙市中心医院等探索开展健康教育和促进绩效考核机制。三是建立健康科普“两库一机制”，组建由 229 名专家组成的首批省级健康科普专家库，14 个市州均建立了市级健康科普专家库。四是建立健康素养监测体系，使湖南成为全国首个出台居民健康素养监测地方统计调查制度的省份。五是建立突发事件心理危机干预和疏导机制，省级及 14 个市州均开通了心理援助热线，组建了心理危机干预队伍。六是推进社会心理服务体系建设，2018 年湘潭被确定为省级精神卫生综合管理试点城市，2019 年长沙启动社会心理服务体系建设试点工作，郴州、益阳、衡阳、株洲、常德、湘潭被纳入试点城市。七是开展群众性体育赛事活动，举办“健康湖南·云动潇湘”湖南省首届体育“云”动会、“健康湖南”全民运动会。娄底、邵阳协调推动多家公共体院场馆面向社会免费或低收费开放。

2. 维护全生命周期健康落实情况

一是全力守护母婴安全。将孕产妇死亡控制纳入各级政府目标责任制考核和卫生健康重点工作绩效考核；连续 6 年推进农村妇女“两癌”免费检查、孕产妇免费产前筛查工作。二是推进“一老一小”健康服务。实施出生缺陷三级综合预防工作，开展婚前医学检查、孕前优生健康检查等“八免两救助”公共卫生服务。启动湘潭长期护理保险制度国家试点工作。全省12个市纳入国家级居家和社区养老服务改革试点城市，衡阳、郴州纳入国家级居家和社区基本养老服务提升行动计划。三是促进中小学生身心健康。心理健康教育经费按生均10元标准单列。益阳、株洲、常德成立市儿童青少年近视防控领导小组、市级指导中心。四是开展17种重点职业病与职业病危害因素监测并报告，2017年起在全国率先开展“全省尘肺病农民工基本医疗救治救助”惠民项目，并将尘肺病纳入特殊病种范畴。五是参与制订肺癌、乳腺癌、食管癌、肝癌等癌种早诊早治国家指南。依托单病种专病联盟建立规范化诊疗监督体系。

3. 防控重大疾病落实情况

一是开展慢性呼吸系统疾病防治行动。依托湘雅医院打造慢性呼吸系统疾病防治学术平台。发挥医疗联合体作用，组建哮喘联盟、肺功能联盟、慢阻肺联盟、基层呼吸疾病防治联盟。二是开展高血压、糖尿病防治行动。建立了我国仅有的两家国家临床医学研究中心之一——国家糖尿病标准化防控中心（DPCC），并在平江县和芙蓉区（筹建）开展“乡村版”（县—乡—村）、“城市版”（区—街道—社区）试点。长沙市长沙县高血压医防融合试点、湘潭市糖尿病医防融合纳入国家试点。建立糖尿病、高血压患者按人头付费新模式。三是扎实开展传染病及地方病防控行动。新冠疫情发生以来，各级财政部门累计筹措资金203.4亿元，14个市州上解新冠疫苗专项资金66.86亿元。

4. 保障支撑体系建设情况

一是加大公共卫生财政投入。全省城乡居民医保财政补助水平从2019年的380元/人提升至2022年的610元/人，各级财政补助资金规模从2021年的321.6亿元提升至338亿元（预计），基本公共卫生服务人均补助标准从2021年的79元提高到84元；基本公共卫生财政补助资金规模从2021年的54.6亿元提高到55.8亿元，为全省居民免费提供了健康教育、建立健康档案、孕产妇及儿童保健等12大类服务。二是加强科技创新研究。省儿童医院成立了“湖南省儿童肢体畸形临床医学研究中心”。省妇幼保健院参与了国家重点研发计划：生殖健康及重大出生缺陷防控研究重点专项项目“单基因病扩展性携带者筛查新技术研发临床应用评估及救助体系构建”。

5. 监测考核落实情况

印发《健康湖南行动组织实施和监测考核方案》，分专项监测和地方监测两条线，对重点任务、过程指标、结果指标三项内容，通过初步评估、现场考核、综合评定、结果发布四个步骤进行考核，年度考核结果纳入省人民政府对各市州及省直有关部门年度考核的内容。岳阳、株洲、永州、常德将行动纳入县市区和市直部门年度考核，常德部分考核指标纳入全市高质量发展和医改考核内容。

（三）政策实施成效

1. 群众有了获得感

健康湖南行动以解决群众在健康方面的难事和烦心事为切入点，努力让群众在行动中得到实惠。《意见》实施 3 年来，全省人均预期寿命提升到 74.7 岁，婴儿死亡率、5 岁以下儿童死亡率、孕产妇死亡率分别下降至 2.37‰、4.10‰、6.07/10 万；城乡居民国民体质测定标准合格以上的人数达到 91.1%，居民健康素养水平提升至 24.05%；无烟党政机关建成率达 81.12%，省本级实现全覆盖；全省 122 个县市区均已经开展肿瘤登记和死因监测工作，实现全省县域全覆盖。

2. 专项服务能力提升

中医药服务能力显著提升，截至 2021 年底，全省二级及以上中医医院设置老年医学科的比例达到 60%以上，设置康复医学科的比例达到 90%以上，全省 65 岁及以上老年人健康管理服务率达到 71.6%。省—市—县—乡四级心理健康服务网络不断健全，全省现有 159 家精神专科医院，65 家二级以上综合医院设有精神（心理）科门诊；所有市州均设有市级精神专科医院，115 个县市区设有精神专科医院或至少一所综合医院设立精神科（或心理科）门诊；省市县均成立了精防机构，乡镇卫生院/社区卫生服务中心均有专职/兼职精防人员从事精神卫生工作。妇幼服务能力增强，全省市级妇幼保健机构达到三级标准的有 11 家，占比 79%；县级妇幼保健机构达到二级标准的有 93 家，占比 76%。

3. 城乡发展更为均衡

以慢性病防治为突破口，基层医疗服务能力得到显著提升。邵阳、怀化启动终末期肾病“腹透治疗可及性及基层管理项目”，探索建立重大疾病“县治、乡管、村访”的急慢分治医疗服务网络，肾病腹透患者往上级医院就诊率下降 32%。长沙县启动开展高血压、糖尿病基层慢病医防融合“五个一”项目试点，探索建立了以高血压为突破口的基层慢病医防融合管理新模式。全省县域住院就诊率已连续 3 年超过 90%，基层医疗卫生机构诊疗人次占比达到 56. 14%，实现了县域二级甲等综合医院全覆盖，实现“大病不出县”。加强村卫生室阵地建设，全省每万常住人口全科医生数为 2. 83 人，行政村卫生室标准化建设率达到 96. 82%、公有产权率达到 89. 47%。

（四）政策实施中存在的主要问题及原因

健康湖南建设已经初见成效，但也存在一些亟待破解的矛盾和问题，突出表现为“4 大障碍”。

1. 从“明战略”到“抓整合”，“各自为政”的机制障碍

健康湖南行动成员单位有 40 个，涉及教育、体育、生态、医保、住建、水利等众多部门和行业，仅有卫健部门成立了专职机构负责健康湖南的建设，各成员单位、各专项行动工作组、各市州推进健康湖南行动议事协调机构办公室多数没有成立工作专班，有时很难将健康湖南战略放在各项工作的首位，一些地方行动推进工作在较大程度上仍局限于卫健部门。尤其是跨部门联合任务，责任界限难以划分，行动主要靠会议、文件等行政力量驱使，专项行动开展无体系。

2. 从“谋创新”到“求实效”，“任务攀高”的政策障碍

一是举措创新不够。健康湖南行动尚未能结合中医药特色以及文化产业特色优势，探索形成特色专项优势；未能结合地区差异和下级部门的实际能力，系统构建健康湖南本地指标库。而江西、浙江围绕省际特色将健康中国

战略本地化，例如，江西实施“15+3”专项行动；浙江实施26大专项行动，浙江根据不同需求和工作侧重，在全国率先形成健康浙江行动指标、考核指标和评价指标等指标体系。二是财政投入不足。健康湖南活动越来越多、规模越来越大，原有经费、补助、预算标准已无法补偿各项支出，健康知识普及、合理膳食等行动部分任务无专项经费保障，每次开展健康主题促进活动必须寻找承办单位负责活动经费。部分市州反映，健康中国工作量增加但并未增加工作经费，更未安排专项经费，由于地方财政有限，各种非强制性政策在经济欠发达地区很难落实，相关活动内容和进程受到影响。

3. 从“深改革”到“新使命”，“战略配套”的能力障碍

湖南全面落实“三高四新”战略定位和使命任务，健康湖南建设如何与之紧密结合，亟须补齐改革力度、人力资源短板。一是改革成效甚微。对照《意见》中的15大专项120条具体任务，健康湖南推进形成的改革亮点少。如全省基层医改、公立医院人事改革和绩效改革花钱建机制成效甚微。部分市县财政资金购买基本公共卫生服务流于形式，分级诊疗体系不够完善，因病致贫、因病返贫仍是民生痛点。二是人力资源不足。基层医疗卫生机构、爱卫办等增加了健康中国行动工作任务后，未增加人员、编制，专业人才缺乏，服务能力瓶颈突出，现有人员难以履行健康湖南赋予的新职责。部分市州反映，各级疾控机构、基层医疗卫生机构专业技术人员配置不足，人才队伍不稳定，中小学心理健康师资不足，心理学专职教师匮乏，按照1∶1000的标准配备缺口较大。

4. 从“要我干”到“我要干”，“激励缺失”的动力障碍

一是缺乏共享的目标和激励约束机制。现有体制下，健康湖南任务目标主要是以文件、会议形式下发到各级，目标不共享，部分基层认为行动目标资料来源、实施方案和具体落实部门未明确。部门职权、利益不随任务职责的增加做相应调整，如少数市州卫生健康委和大部分县（市、区）卫健局未单设职业健康管理和执法机构，机构设置和人员配置与监管任务尚存在不匹配的现象。二是考核未真正落实。部分市州反映，国办发〔2019〕32号文件精神未真正落实，健康湖南行动的考核停留在监测评估上面，没有与各

级党委和政府的综合绩效考核相结合，没有压实各级党委、政府和相关部门的责任，没有成为各级推进健康湖南行动议事协调机构办推动工作的有效手段，依旧是卫健部门一家行动，唱“独角戏”。

三　评估结论

通过评估，《意见》是一个完备性好、可操作性较强的文件。《意见》实施以来，统筹推进15大专项行动落地，在全方位、全周期推进人民健康方面取得了显著成效。但部分政策可操作性、社会面知晓度有待提高，仍存在机制障碍、政策障碍、能力障碍、动力障碍等方面不足。下一步建议立足于新的时代特色和健康需求，进一步提高政策可操作性，明确对应专项“人财物”的具体保障措施；进一步巩固联动机制，提高“将健康融入所有政策”认知度；进一步完善监督考核机制，对健康湖南行动的成效进行科学测度。

四　对策建议

1. 强统筹：凝聚健康湖南推进合力

一是构建省市一体、各方协同一体化工作机制。建议按照宽职能、少机构、综合管理的要求，对各部门、单位的职能进行整合，细化落实省市（州）各级健康湖南领导小组责任，将各部门、单位的日常业务与健康湖南建设一体化推进，避免多头管理、工作标准不一致的问题。二是强化健康湖南推进效果督导和考核。将健康湖南推进工作作为各市州、各部门党政领导综合考核评价、干部奖惩任免重要考核工作内容，纳入省级综合绩效考核、真抓实干督查激励工作体系，每三年开展一次先进市县和先进集体的表彰，根据考核结果采取以奖代补的方式补充各地健康湖南建设的工作经费。借鉴浙江经验，加快构建健康湖南本土考核指标体系，进一步明确行动目标资料来源、实施方案，并由具体负责落实的机构或部门建立政策执行反馈机制，对健康湖南各类合作专项行动的实施效果进行评估，提升合作成果执行力。

2. 夯基础：助力健康湖南提质增效

一是进一步做好总结和整改，加大专项整治力度。对照《意见》目标和任务，组织健康湖南成员单位和14个市州，对2019年以来的健康湖南推进工作进行一次全面的梳理，补短板强弱项，结合新的形势和发展需要，形成具体的整改报告，明确未来健康湖南推进的总体方向、工作重点。结合实际每年选取几个专项行动开展整治行动，特别是围绕“一老一小一妇女”“重大疾病”“健康环境”等专项行动有针对性地开展部署，查处各类不作为、乱作为的现象。二是筛选一批成功的改革典型案例，面向全省乃至全国进行推广。对照《健康湖南“十四五”建设规划》目标和任务，依托部省属大型三级医院，在顶层制度设计、健康教育促进、基层医改、公立医院人事和绩效改革等方面充分发挥主动性和创造性，加大改革步伐，为健康中国提供更多湖南经验。三是进一步提升重大改革举措的成效。对国家临床营养科建设、区域性营养创新平台、长期护理保险、居家和社区养老服务改革、糖尿病医防融合等在全国率先开展试点的改革举措，对标先进地区找差距、学经验，进一步提升改革成效。

3. 强配套：打造健康湖南支撑体系

一是加大财政投入，建立政策调整机制。进一步明确政府、社会与个人的健康投入责任，探索建立公平、合理、可持续的分担机制，积极推动各级财政部门、人社部门、编制部门对健康行动的经费投入、政策支持力度。大湘西巩固脱贫攻坚成果任务繁重，要根据下级资金、能力和条件，合理分解任务，合理划定各级政府年度专项经费投入在公共卫生领域的投入占比。政策主体要审视分析不同时期健康湖南战略动态演进过程的特点，适时把握各项政策的开启、调整、关闭最佳时期，建立政策动态调整机制。二是加强人员配备，引入市场力量。建议提高省市县各级各部门专门从事健康湖南行动工作人员的比例，以适应日益繁重的工作需要。针对基层条件差、收入低等一时难以改变的现状，只能靠政策设计留住各类专业技术人才。完善人才委培政策，在职业发展上，给予服务基层特定年限后的个人考研、考公、职称评定、培训等一定优惠。针对基层部门能力不足的问题，可考虑以适当的方式引入市场力量，如让渡部分健康产业收益，借助市场运营管理能力提高基层部门执行力。

4. 聚焦点：优化健康湖南推进机制

一是出台《湖南省公立医院健康促进工作规范》。借鉴深圳经验，将健康促进与教育工作与医疗、科研摆到同等地位，将建设健康促进医院纳入医院发展规划、服务宗旨、目标责任考核，对典型、有代表性的科普品牌成果予以奖励和表彰，并与职称晋升、评先评优、表彰奖励等挂钩。二是探索共享目标体系。组织相关部门对健康湖南各阶段战略目标进行商讨分解，形成共享目标体系，并对相应权责和组织结构做出调整。针对健康湖南战略核心指标短期难见成效、活动时间跨度长特点，制定不同阶段的考评办法。短期以过程考核为主，以关键事件作为考核的重要依据，长期可根据健康湖南建设进展，对考核激励做动态调整。三是探索居民健康积分奖励制度。对居民参与健身、参加健康知识讲座、均衡营养等健康活动进行补贴激励。四是成立湖南省卫生健康监测与评价中心。借鉴浙江经验，依托省卫生健康委信息统计中心，成立湖南省卫生健康监测与评价中心，编制省级全民健康信息资源目录，承担相关规划、政策、重大工程和重大项目的健康影响评价评估，健康中国行动指标的动态监测，健康湖南考核评价，“健康细胞工程”推进等工作。

参考文献

王培刚、何启强：《健康中国研究（第一辑）》，社会科学文献出版社，2022。

王延隆：《习近平关于人民健康重要论述的思想内涵与实践价值》，《思想教育研究》2020 年第 3 期。

吴淑琴：《健康中国监测评估指标体系的构建及实证分析》，武汉大学博士学位论文，2022。

赵莉：《健康江苏背景下兴化市城乡居民基本医疗保险制度在农村的运行问题及解决对策研究》，江南大学硕士学位论文，2022。

方鹏骞：《推进健康中国发展战略研究——基于全民健康覆盖的视角》，科学出版社，2020。